中等职业教育“十四五”规划教材
职业教育课程改革规划创新教材

会计基础

龚渝 劳文鹤 主编

中国石化出版社
HTTP://WWW.SINOPEC-PRESS.COM
中国经济出版社
CHINA ECONOMIC PUBLISHING HOUSE
·北京·

内 容 提 要

本书是会计学的入门教材，以《小企业会计准则》《会计基础工作规范》为编写依据，在内容上跟踪财税改革动态及新发布或新修订的税收政策，确保教材内容的先进性、科学性、实践性。书中以小型工业企业为例，实训业务尽量涵盖小企业典型工作任务，经济业务以原始凭证形式呈现，以工作流程为导向，业务流程贴近企业实际，注重学生职业能力和职业素养的提升。

本书适用于中等职业学校会计事务专业和纳税事务专业的学生。

图书在版编目(CIP)数据

会计基础 / 龚渝，劳文鹤主编. — 北京 ：中国石化出版社，2024. 9. — ISBN 978-7-5114-7599-2

Ⅰ. F230

中国国家版本馆 CIP 数据核字第 2024C7C205 号

中国石化出版社出版发行

地址：北京市东城区安定门外大街 58 号
邮编：100011　电话：(010)57512500
发行部电话：(010)57512575
http://www. sinopec-press. com
E-mail：press@ sinopec. com
北京艾普海德印刷有限公司印刷
全国各地新华书店经销

*

787 毫米×1092 毫米 16 开本 15. 75 印张 367 千字
2024 年 9 月第 1 版　2024 年 9 月第 1 次印刷
定价：49. 00 元

PREFACE

前言

在“全面贯彻党的教育方针，坚持把高质量发展作为各级各类教育的生命线”的指引下，本教材以全面贯彻习近平新时代中国特色社会主义思想和党的“二十大”精神进教材作为切入点，充分发挥教材的铸魂育人功能，将思想道德建设和知识技能培养有机结合，以新型工业企业核算为核心，为培养德、智、体、美、劳全面发展的社会主义建设者和接班人奠定坚实基础。

本教材是会计学的入门教材，在编写过程中，主要体现了以下四个特点：

1. 以《小企业会计准则》《会计基础工作规范》为编写依据，在内容上跟踪财税改革动态及新发布或新修订的税收政策，确保教材内容的先进性、科学性、实践性。

2. 在打破学科体系上进行了一些尝试。教材贯彻“业财税融合”思想，体现“理实一体”的教学理念，融入实务操作、政策法规等，帮助学生理解会计与其他领域的关系，为学生终生学习提供必要的基础。

3. 在突破学习模式上进行了一些尝试。教材在每个项目中加入扫二维码进行知识拓展学习环节，并在“超星学习通”平台上配套建设了供学生在线学习的精品课程，有利于学生精细化学习，实现数字化学习。

4. 着眼于学生职业生涯发展，注重贴近岗位实际。全书分为13个项目，通过思维导图形式呈现项目整体内容，以小型工业企业为例，实训业务尽量涵盖小企业典型工作任务，经济业务以原始凭证形式呈现，以工作流程为导向，业务流程贴近企业实际，注重学生职业能力和职业素养的提升。

本教材另外配备了课程标准、教学设计、思政案例、课件、微课等教学资源，如有需要，请咨询出版社。

本教材主编龚渝、劳文鹤，副主编蔡锐、尹爱玲、王淼、潘誉，参编龙丽娟、张链、杨显彩。由于时间仓促，偶有错误和考虑不周，敬请专家和教师批评指正(联系邮箱：584056566@qq.com)。

编　者

2024年6月

CONTENTS

目录

项目一 企业预备知识

项目目标

1. 认识企业及会计工作、了解工业企业组织结构。
2. 理解工业企业生产经营流程、会计的对象、会计的基本职能。
3. 初步认识会计方法及会计核算方法。

项目内容

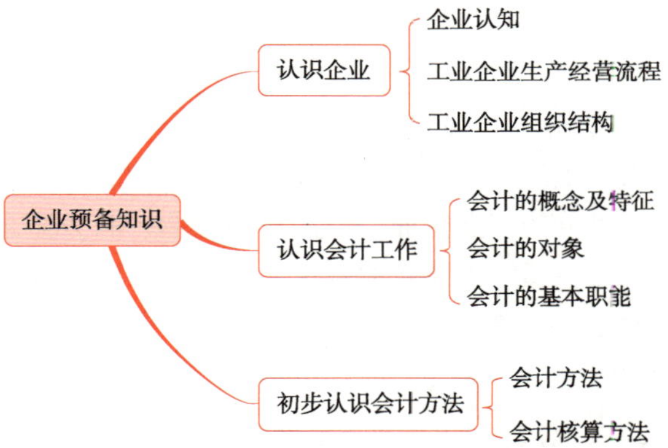

学时建议

2 学时

【导入案例】

重庆胜利铸件厂属于小型工业企业，于 2023 年 7 月 1 日注册成立，注册资金 200 万元。谭兴官以现金出资 100 万元，出资比例占 50%；张天舒以设备出资 60 万元，出资比例占 30%；刘浩以技术出资 40 万元，出资比例占 20%。

法人代表：谭兴官。

公司地址：重庆市歌乐山大天池村 00 号。

经营范围：铸铁件、铸钢件。

- 如何认识企业的行业类型？
- 如何设置工业企业组织结构？
- 如何组织企业的生产经营？
- 如何组织企业的会计核算与监督？

任务一　认识企业

【任务描述】

理解企业所属行业类型；了解企业组织结构；知晓企业经营活动过程。

【知识准备】

一、企业认知

我们熟知的可口可乐公司、王府井百货、重庆邦吉家政服务公司等，都可以称为企业。企业是按照市场需求自主组织生产经营并以营利为目的的社会经济组织。

企业按所属行业不同可分为工业企业、商品流通企业、服务业企业等。例如可口可乐公司，本身生产并销售产品，属于工业企业；王府井百货，购进商品后直接销售，本身不参与生产，属于商品流通企业；重庆邦吉家政服务公司，不生产也不销售商品，只提供家政服务，属于服务业企业。

企业按所属行业可分为工业企业、商品流通企业、服务业企业、农业企业……

本教材以【导入案例】中提及的小型工业企业重庆胜利铸件厂为例来进行讲解。

【知识拓展】

《中小企业划型标准规定》

二、工业企业生产经营流程

创立一个企业，先要有一定的资金、设备、技术。企业资金、设备、技术等可以来源于投资者投入，也可以来源于借款。现在，你手里有 100 万元，想开个铸件厂，可需要 228 万元启动资金，该怎么办？取得这 228 万元的过程，就是企业生产经营的第一环节：资金筹集阶段。

228 万元的资金有了，接下来该做什么呢？就需要买材料、买设备、租厂房等。于是，你就进入了生产经营的第二环节：采购阶段。

材料、设备、厂房都有了，就可以招聘工人，进入生产经营的第三环节：生产阶段。

产品生产完工后，就可以进入生产经营的第四环节：销售阶段。在此阶段，企业回笼资金并赚得利润。

工业企业就这样周而复始地不断成长壮大。其生产经营流程如图 1–1 所示。

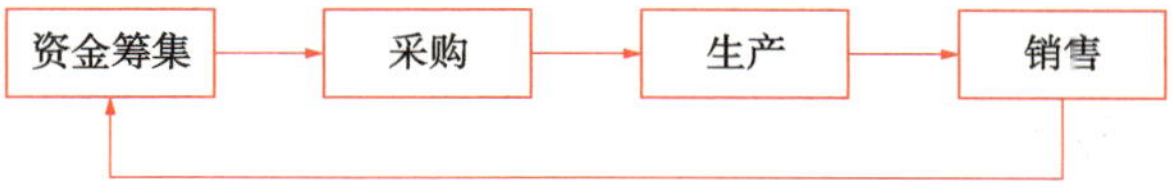

图 1–1　生产经营流程

【想一想】

商品流通企业的生产经营流程是怎样的？

三、工业企业组织结构

现在以重庆胜利铸件厂为例，说明工业企业组织结构。

重庆胜利铸件厂设总经理、副总经理，下设行政部、采购部、财务部、销售部、生产部五个部门。行政部设办公室主任，采购部设采购经理，财务部设会计主管，销售部设销售经理，生产部设车间主任，并且下设两个生产车间：铸铁件生产车间和铸钢件生产车间。具体组织结构如图 1–2 所示。

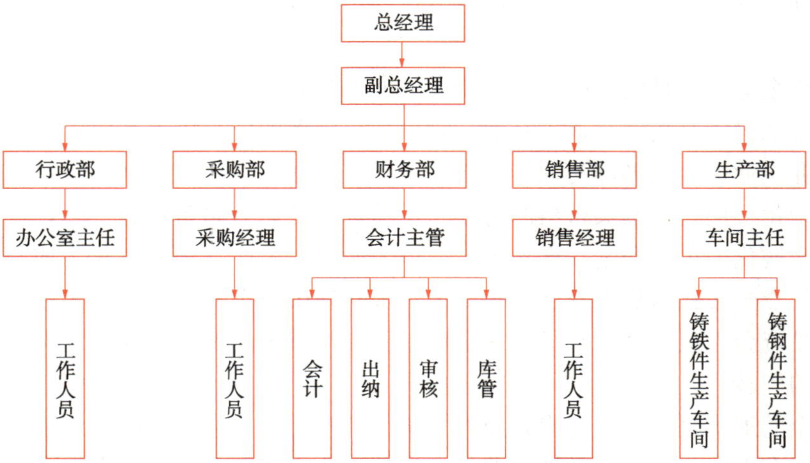

图 1–2　重庆胜利铸件厂组织结构

任务二　认识会计工作

【任务描述】

了解会计的概念；理解会计工作的特征；理解会计工作对象；掌握会计职能及各职能间的关系。

【知识准备】

一、会计的概念及特征

会计是以货币为主要计量单位，反映和监督一个单位经济活动的一种经济管理工作。

从会计的概念，我们可以看出会计的三个基本特征：

(1) 以货币为主要计量单位。任何单位的经济活动和财务收支，都需要对金额的增减进行记录，因此货币成了会计的主要计量单位。但货币不是会计的唯一计量单位，比如生铁等材料，除了要进行金额的记录外，还要进行数量的记录，数量成了材料和商品的辅助计量单位。

(2) 为特定会计主体服务。会计的服务对象是企业、事业、机关、团体等单位或组织。会计所服务的特定单位或组织就是会计主体。

(3) 会计工作在提供信息的同时，也参与经济管理，属于管理范畴。

二、会计的对象

任何工作都有其特定的工作对象，会计工作也不例外。一般来说，会计对象是指会计工作所要核算和监督的内容；具体来说，会计对象是指企业、事业、机关、团体等单位在日常经营活动或业务活动中所表现出的资金运动，即资金运动构成了会计核算和会计监督的内容。

企业的资金运动包括资金的投入、资金的循环和周转、资金的退出。

(1) 资金的投入是指资金进入企业，它包括投资者的资金投入和债权人的资金投入。

(2) 工业企业资金的循环与周转陆续经过供应过程、生产过程和销售过程，其形态也随之而发生变化。用货币购买材料的时候，货币资金转化为储备资金；生产产品领用材料时，储备资金转化为生产资金；产品加工完毕入库后，生产资金又转化为成品资金；产品出售时，成品资金转化为货币资金。我们把资金从货币形态开始，依次经过储备资金、生产资金、成品资金，最后又回到货币资金的过程叫作资金的循环，周而复始的资金循环过程叫作资金的周转。

(3) 资金的退出是指资金退出企业的资金循环和周转，它包括按法定程序返还投资者的投资、向所有者分配利润、缴纳税费等内容。工业企业资金运动过程如图 1-3 所示。

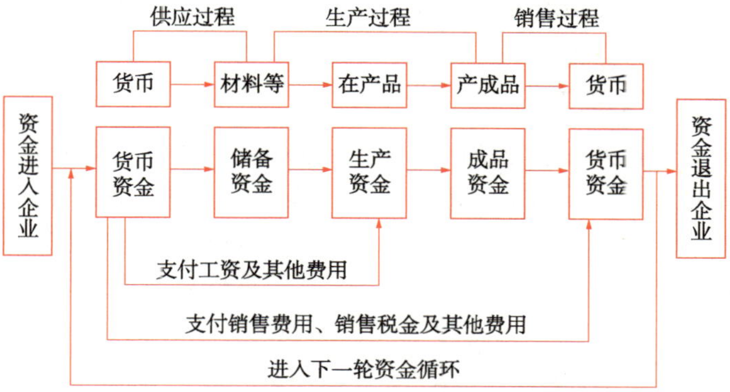

图 1-3 工业企业资金运动过程

三、会计的基本职能

会计的职能指会计的职责和功能。会计核算和会计监督是会计的两项基本职能。

（一）会计的核算职能

会计的核算职能是指会计以货币为计量单位，通过确认、计量、记录、报告等环节，对特定主体的经济活动进行记账、算账、报账，为各有关方面提供会计信息。

1. 确认

确认是将符合会计要素定义和确认标准的项目纳入财务报表项目的过程，包括将以文字和金额表述的项目纳入报表的总额中。

2. 计量

计量是以货币为单位，将已发生的经济活动或会计事项列示在报表项目中确定其金额的过程。

3. 记录

记录是通过一定的会计专业方法，按照计量的金额，将发生的经济业务或事项在会计凭证、会计账簿等载体上进行登记的过程。

4. 报告

报告是会计工作者通过编制会计报表的形式向会计信息使用者提供会计信息的过程。

【想一想】

去商场买衣服，标价1 000元，八折销售，实际支付800元。你认为衣服的成本是多少钱？

（二）会计的监督职能

会计的监督职能也称控制职能，是指会计人员在进行会计核算的同时，对特定主体经济活动的真实性、合法性和合理性进行审查。

会计监督包括参与经济预测决策的事前监督、经济过程的事中监督、考核经营业绩的事后监督。

（三）两种基本职能的关系

会计核算和会计监督关系十分密切，两者相辅相成。会计核算是会计监督的基础；会计监督是会计核算的目的，贯穿于会计核算全过程。只有将两者结合，才能正确、及时、完整地反映经济活动，有效地提高经济效益。如果没有可靠的、完整的会计核算资料，会计监督就没有客观依据；反之没有会计监督，会计核算得不到质量保障，就没有意义。

任务三　初步认识会计方法

【任务描述】

初步认识会计方法，知晓会计核算方法。

【知识准备】

一、会计方法

会计方法，指从事会计工作所使用的各种技术方法，有狭义和广义之分。广义会计方法一般包括会计核算方法、会计分析方法和会计考核方法、会计预测决策方法。狭义会计方法指的是会计核算方法，它是会计方法中最基本的方法。

1. 会计分析方法

会计分析方法是指根据会计核算提供的会计信息，应用一定的分析方法，对企业的经营过程及其经营成果进行定量分析和定性分析的方法。

会计分析的结果是进行会计预测和会计考核的主要依据。

2. 会计考核方法

会计考核方法是指通过会计核算和会计分析提供的资料，与预定目标比较，考核、检查企业的生产经营过程是否合理、合法；是否实现了预定目标；找出差异数量与产生的原因；检测和修订经济过程，使之按照预定的轨道运行的方法。

3. 会计预测决策方法

会计预测作为经济管理的重要手段，其目的是定量或定性地判断、推测和规划经济活动的发展变化规律，并对其做出评价，以指导和调节经济活动，谋求最佳经济效果。

二、会计核算方法

会计核算方法是会计方法中最基本的方法，主要包括以下几个方面。

1. 设置账户

设置账户是对会计核算的具体内容进行分类核算和监督的一种专门方法。

2. 复式记账

复式记账是指对所发生的每项经济业务，以相等的金额，同时在两个或两个以上相互联系的账户中进行登记的一种记账方法。

3. 填制和审核凭证

会计凭证是记录经济业务，明确经济责任，作为记账依据的书面证明。正确填制和审核会计凭证，是核算和监督经济活动财务收支的基础，是做好会计工作的前提。

4. 登记账簿

登记会计账簿简称记账，是以审核无误的会计凭证为依据在账簿中分类、连续、完整地记录各项经济业务的一种专门方法。

5. 成本计算

成本计算是按照一定对象归集和分配生产经营过程中发生的各种费用，以便确定各该对象的总成本和单位成本的一种专门方法。

6. 财产清查

财产清查指通过盘点实物，核对账目，以查明各项财产物资实有数额的一种专门方法。

7. 编制会计报表

编制会计报表是以特定表格的形式，定期并总括地反映会计主体的经济活动情况和结果的一种专门方法。

以上会计核算的七种方法，虽各有特定的含义和作用，但并不是独立的，而是相互联系、相互依存、彼此制约的。它们构成了一个完整的方法体系。

【做一做】

1. 试描述企业的生产经营过程。
2. 会计的基本职能有哪些？它们有什么样的关系？
3. 会计核算的环节有哪些？
4. 你如何理解会计的对象？
5. 会计核算的方法有哪些？

项目二 会计要素与会计科目

项目目标

1. 理解会计要素及会计科目的含义。
2. 熟练判断经济业务涉及的会计科目及其所属会计要素。
3. 理解会计等式，能正确判断每笔经济业务对会计恒等式的影响。
4. 认识会计科目和账户间的关系。

项目内容

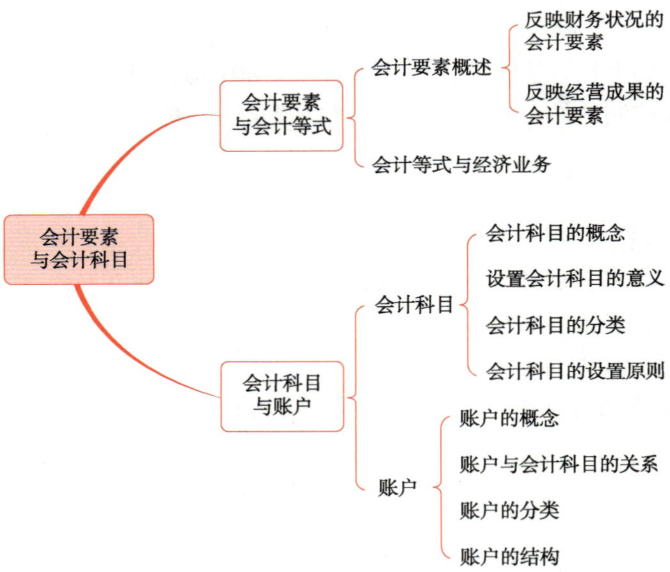

学时建议

10 学时

【导入案例】

重庆胜利铸件厂有关资料如下：

(1) 仓库里的铸铁件、铸钢件。
(2) 购入生铁时应付未付的款项。
(3) 支付的广告费。
(4) 赚取的利润。
(5) 接受投资者投入现金、设备、技术。
(6) 从银行提取现金。
(7) 购买生铁款未付。
(8) 向银行借入借款。
(9) 以银行存款偿还生铁款。
(10) 将资本公积转增资本金。
(11) 经有关部门同意，投资者撤资，以存款支付。
(12) 银行将对本企业的长期借款转为对本企业的投资。
(13) 企业决定进行利润分配。

- 如何判断上述资料(1)~(4)项所属会计要素？
- 如何判断上述资料(5)~(13)每一项业务涉及的会计要素及其增减变动对会计等式的影响？
- 如何判断上述资料(5)~(13)每一项业务用到的会计科目？

任务一 会计要素与会计等式

【任务描述】

理解各个会计要素的含义及特点；能够对经济业务所涉及会计要素作出准确判断；认识静态会计要素和动态会计要素的含义；理解三个会计等式；理解经济业务的发生对会计恒等式的影响。

【知识准备】

一、会计要素概述

会计要素即会计对象的要素，是对会计对象进行的基本分类，是会计报表内容的基本框架，分为资产、负债、所有者权益、收入、费用、利润六类。六大会计要素按反映经济内容可划分两大类，如图 2-1 所示。

- 会计要素
  - 反映财务状况的会计要素（静态会计要素）
    - 资产
    - 负债
    - 所有者权益
  - 反映经营成果的会计要素（动态会计要素）
    - 收入
    - 费用
    - 利润

图 2-1　会计要素内容

（一）反映财务状况的会计要素

1. 资产

（1）资产的概念：

资产是指小企业过去的交易或者事项形成的、由小企业拥有或者控制的、预期会给小企业带来经济利益的资源。如重庆胜利铸件厂的库存现金、生铁、货车、技术。资产可以是有形的，也可以是无形的(如技术)。

（2）资产的特征：

资产的特征已经在其概念中得到体现。

① 资产是小企业过去的交易或者事项形成的。

② 资产是小企业拥有或者控制的。

③ 资产是预期会给小企业带来经济利益的资源。

【想一想】

空气中的氧气是不是小企业的资产？
医院给病人输的氧是不是医院的资产？

【想一想】

兴兴公司口头承诺将在明年给重庆胜利铸件厂捐赠一台生产设备。即将得到的这台生产设备是不是本企业的资产？

（3）资产的分类：

小企业资产按流动性和管理需要，可分为流动资产和非流动资产。通常按资产变现或耗用时间长短来衡量资产的流动性。

① 流动资产。小企业流动资产是指小企业预计在 1 年内(含 1 年，下同)或超过 1 年的一个正常营业周期内变现、出售或耗用的资产。

小企业的流动资产包括：货币资金、短期投资、应收及预付款项、存货等。

货币资金包括：库存现金、银行存款、其他货币资金。

短期投资是指小企业购入的能随时变现并且持有时间不准备超过1年(含1年，下同)的投资，如小企业以赚取差价为目的从二级市场购入的股票、债券、基金等。

应收及预付款项是指企业在日常生产经营过程中发生的各项债权，如应收账款、预付账款等。

存货是指小企业在日常生产经营过程中持有以备出售的产成品或商品、处在生产过程中的在产品、将在生产过程或提供劳务过程中耗用的材料和物料等。小型工业企业的存货包括原材料、在产品、半成品、产成品、商品、周转材料、委托加工物资等。

② 非流动资产。小企业的非流动资产是指流动资产以外的资产。这些资产预计会在1年以后或超过1年的一个营业周期以后才会变现、出售或耗用。

小型工业企业的非流动资产包括：长期债券投资、长期股权投资、固定资产、无形资产、长期待摊费用、其他长期资产等。

长期债券投资是指小企业准备长期(在1年以上，下同)持有的债券投资。

长期股权投资是指小企业准备长期持有的权益性投资。

固定资产是指小企业为生产产品、提供劳务、出租或经营管理而持有的，使用寿命超过1年的有形资产。小企业的固定资产包括：房屋、建筑物、机器、机械、运输工具、设备、器具、工具等。

无形资产是指小企业为生产产品、提供劳务、出租或经营管理而持有的、没有实物形态的可辨认非货币性资产。小企业的无形资产包括土地使用权、专利权、商标权、著作权、非专利技术等。

长期待摊费用包括已提足折旧的固定资产的改建支出、经营租入固定资产的改建支出、固定资产的大修理支出和其他长期待摊费用等。

资产分类如图2-2所示。

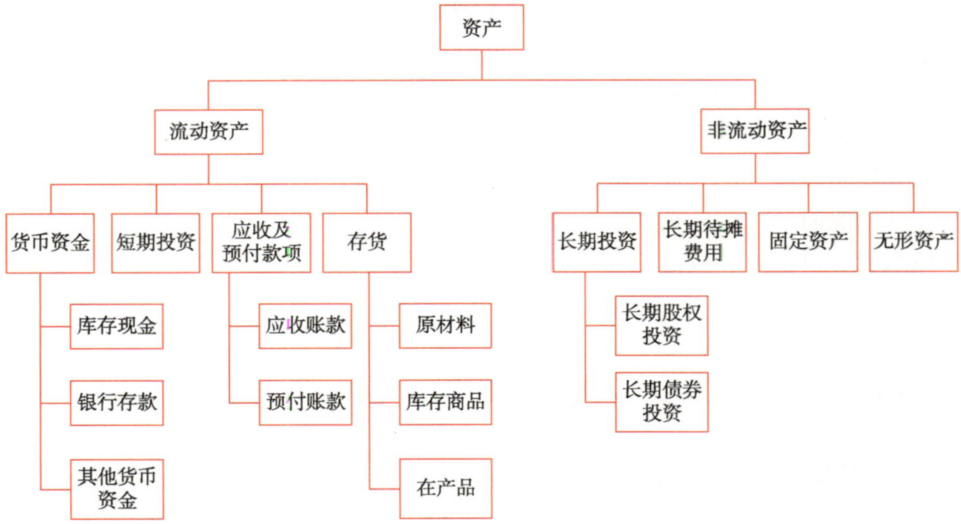

图2-2 资产分类

2. 负债

(1) 负债的概念：

负债是指小企业过去的交易或者事项形成的，预期会导致经济利益流出小企业的现时义务。

(2) 负债的特征：

① 负债是过去交易或事项形成的；

② 负债是现时义务；

③ 履行偿债义务会导致经济利益的流出。

(3) 负债的分类：

小企业的负债按照其流动性，可分为流动负债和非流动负债。通常按负债的偿还时间长短来衡量负债的流动性。

① 流动负债。小企业的流动负债是指预计在 1 年内或者超过 1 年的一个正常营业周期内清偿的债务。小企业的流动负债包括：短期借款、应付及预收款项、应付职工薪酬、应交税费、应付利息等。

② 非流动负债。小企业的非流动负债是指流动负债以外的负债。小企业的非流动负债包括：长期借款、长期应付款等。负债分类如图 2-3 所示。

负债
- 流动负债：如短期借款、应付及预收款项、应付职工薪酬、应交税费、应付利息等
- 非流动负债：如长期借款、长期应付款等

图 2-3　负债分类

3. 所有者权益

(1) 所有者权益的概念：

所有者权益是指小企业资产扣除负债后由所有者享有的剩余权益。债权人的权益和企业所有者的权益统称为权益。在重庆胜利铸件厂筹集到的 228 万元资产中，有 28 万元是借入的，需要偿还，属于债权人权益。另外 200 万元不需要偿还，属于所有者权益。

(2) 所有者权益的特征：

① 除非发生减资、清算或分派利润，企业不需要偿还所有者权益。

② 企业清算时，在偿还负债后才能返还所有者。

③ 所有者凭借所有者权益可参与企业经营决策和利润分配。

负债与所有者权益的不同点如表 2-1 所示。

(3) 所有者权益的内容：

小企业的所有者权益包括实收资本(或股本，下同)、资本公积、盈余公积和未分配利润。

实收资本是指投资者按照合同协议约定或相关规定投入小企业、构成小企业注册资本的部分。小企业收到投资者以现金或非货币性资产投入的资本，应当按照其在本企业注册资本中所占的份额计入实收资本，超出的部分，应当计入资本公积。

表 2-1 负债与所有者权益的不同点

项目	负　　债	所有者权益
是否需要偿还	需要	不需要
是否支付使用费	需要付利息	不需要
清偿权	优先清偿权	受偿权在债权人之后
能否参与利润分配	不能	能
能否参与经营决策	不能	能

资本公积是指小企业收到的投资者出资额超过其在注册资本或股本中所占份额的部分。小企业用资本公积转增资本，应当冲减资本公积。小企业的资本公积不得用于弥补亏损。

盈余公积是指小企业按照法律规定在税后利润中提取的法定公积金和任意公积金。

未分配利润是指小企业实现的净利润，经过弥补亏损、提取法定公积金和任意公积金、向投资者分配利润后，留存在本企业的、历年结存的利润。

资产、负债、所有者权益是资金运动的静态表现，它们是反映资金在某一时点的状态的会计要素，被称为静态会计要素。资产、负债、所有者权益三者的关系是：

资产=权益

资产=债权人权益+所有者权益

资产=负债+所有者权益

“资产=负债+所有者权益”是最基本的会计等式，反映了企业在某一时点上资产、负债、所有者权益间的恒等关系，称为会计恒等式。它是复式记账和编制资产负债表的理论依据。

（二）反映经营成果的会计要素

1. 收入

（1）收入的概念：

收入是指小企业在日常生产经营活动中形成的、会导致所有者权益增加、与所有者投入资本无关的经济利益的总流入。它包括销售商品收入和提供劳务收入。

（2）收入的特征：

① 收入是在企业的日常活动中产生的，不是偶发的交易或事项产生的。

② 收入的发生可能导致资产增加，也可能导致负债减少，或两者兼有。

③ 收入的发生会引起所有者权益增加。

（3）收入的分类：

按小企业经营业务的主次分类，收入可分为主营业务收入和其他业务收入。

主营业务是指小企业为完成其经营目标而从事的日常活动中的主要活动，可以根据小企业营业执照上注明的主要业务范围来确定，主营业务形成的收入称为主营业务收入。例如，重庆胜利铸件厂销售铸铁件、铸钢件所取得的收入，就是主营业务收入。

其他业务是指小企业除主营业务以外的其他日常活动，可以通过小企业营业执照上注明的兼营业务范围来确定，其他业务形成的收入，通常称为其他业务收入。例如，小型工业企业销售材料等所取得的收入，就是其他业务收入。

2. 费用

（1）费用的概念：

费用是指小企业在日常生产经营活动中发生的、会导致所有者权益减少、与向所有者分配利润无关的经济利益的总流出。

（2）费用的特征：

①费用是在企业的日常活动中产生的，不是偶发的交易或事项产生的。

②费用的发生可能导致资产减少，也可能导致负债增加，或两者兼有。

③费用的发生会引起所有者权益减少。

（3）费用的分类：

费用是指企业在销售商品、提供劳务等日常活动中发生的经济利益的流出。费用与收入相配比，即为企业经营活动中取得的利润。费用分类如图 2-4 所示。

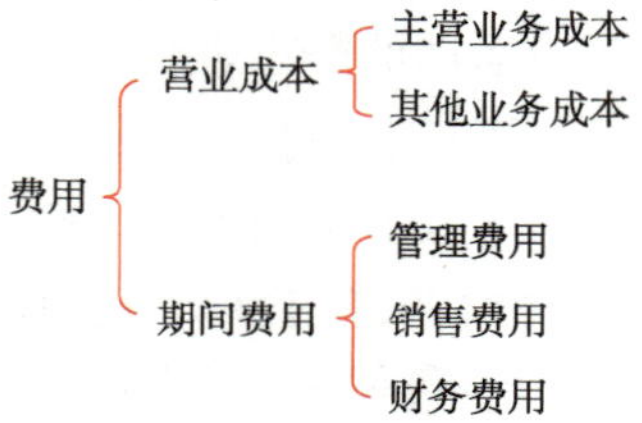

图 2-4　费用分类

3. 利润

（1）利润的概念：

利润是指小企业在一定会计期间的经营成果。它包括营业利润、利润总额和净利润。

① 营业利润是指营业收入减去营业成本、税金及附加、销售费用、管理费用、财务费用，加上投资收益（或减去投资损失）后的金额。

营业收入是指小企业销售商品和提供劳务实现的收入总额，包括主营业务收入和其他业务收入。

投资收益由小企业股权投资取得的现金股利（或利润），债券投资取得的利息收入，处置股权投资、债券投资取得的处置价款扣除成本或账面余额、相关税费后的净额三部分构成。

营业成本包括主营业务成本和其他业务成本。

② 利润总额是指营业利润加上营业外收入，减去营业外支出后的金额，利润总额也称税前利润。

③ 净利润是指利润总额减去所得税费用后的净额。

（2）利润的特征：

① 利润是收入与费用相配比的结果。

② 利润最终可导致所有者权益变动。

收入、费用、利润是资金运动的动态表现，它们是反映资金在某一时期运动状态的会计要素，被称为动态会计要素。三个动态会计要素间的关系是：

$$收入-费用=利润$$

因为企业最终实现的利润归所有者享有，是所有者权益的一部分，所以会计恒等式扩展等式为：

$$资产=负债+所有者权益+(收入-费用)$$

二、会计等式与经济业务

生活中大多事情都有两面性，会计更是如此。每一笔经济业务，都会产生两种或两种以上的变化。比如，你今天去买了一部 3 000 元的手机，那么你在多了一部 3 000 元的手机的同时，少了 3 000 元钱。企业也是如此。

任何经济业务都不会破坏“资产=负债+所有者权益”这一会计恒等式。经济业务的发生对会计恒等式的影响有九类，我们以表格形式对数据变化进行分析。

【业务一】 接受投资者投入现金、设备、技术

【业务资料】三人共同出资成立重庆胜利铸件厂，谭兴官以现金出资 100 万元，张天舒以设备出资，评估价 60 万元，刘浩以非专利技术出资，三人经过协商所确定的该非专利技术的价格为 40 万元。

【业务分析】此业务导致资产增加 200 万元，所有者权益增加 200 万元。

【业务流程及核算】

（1）记录资产“银行存款”“固定资产”“无形资产”的增加。

（2）记录所有者权益“实收资本”的增加。

（3）计算合计如表 2-2 所示。

表 2-2 资产、负债与所有者权益关系表

资产	金额	负债及所有者权益	金额
银行存款	1 000 000	实收资本	2 000 000
固定资产	600 000		
无形资产	400 000		
合计	2 000 000	合计	2 000 000

【业务类型】资产增加，所有者权益增加，等式两边总额增加，恒等关系不变。

【业务二】 从银行提取现金

【业务资料】从银行提取现金 80 000 元备用。

【业务分析】此业务导致现金这项资产增加 80 000 元，银行存款这项资产减少 80 000元。

【业务流程及核算】

（1）记录资产“库存现金”的增加。

（2）记录资产“银行存款”的减少。

（3）计算合计如表 2-3 所示。

表 2-3　资产、负债与有者权益关系表

资产	金额	负债及所有者权益	金额
银行存款	920 000	实收资本	2 000 000
库存现金	80 000		
固定资产	600 000		
无形资产	400 000		
合计	2 000 000	合计	2 000 000

【业务类型】资产内部一增一减，等式两边总额不变，恒等关系不变。

【业务三】　买生铁款未付

【业务资料】购买生铁 100 000 元，款未付。

【业务分析】此业务导致原材料这项资产增加 100 000 元，应付账款这项负债增加 100 000元。

【业务流程及核算】

（1）记录资产“原材料”的增加。

（2）记录负债“应付账款”的增加。

（3）计算合计如表 2-4 所示。

表 2-4　资产、负债与有者权益关系表

资产	金额	负债及所有者权益	金额
银行存款	920 000	实收资本	2 000 000
库存现金	80 000	应付账款	100 000
固定资产	600 000		
无形资产	400 000		
原材料	100 000		
合计	2 100 000	合计	2 100 000

【业务类型】一项资产增加，一项负债增加，等式两边总额增加，恒等关系不变。

【业务四】　取得借款

【业务资料】向银行取得 3 个月期借款 80 000 元，用于偿还生铁款。

【业务分析】此业务导致应付账款这项负债减少 80 000 元，短期借款这项负债增加

80 000元。

【业务流程及核算】

（1）记录负债“短期借款”的增加。

（2）记录负债“应付账款”的减少。

（3）计算合计如表 2-5 所示。

表 2-5　资产、负债与有者权益关系表

资产	金额	负债及所有者权益	金额
银行存款	920 000	实收资本	2 000 000
库存现金	80 000	应付账款	20 000
固定资产	600 000	短期借款	80 000
无形资产	400 000		
原材料	100 000		
合计	2 100 000	合计	2 100 000

【业务类型】负债内部一增一减，等式两边总额不变，恒等关系不变。

【业务五】　以银行存款偿还生铁款

【业务资料】用银行存款偿还生铁款 20 000 元。

【业务分析】此业务导致银行存款这项资产减少 20 000 元，应付账款这项负债减少 20 000元。

【业务流程及核算】

（1）记录资产“银行存款”的减少。

（2）记录负债“应付账款”的减少。

（3）计算合计如表 2-6 所示。

表 2-6　资产、负债与有者权益关系表

资产	金额	负债及所有者权益	金额
银行存款	900 000	实收资本	2 000 000
库存现金	80 000	短期借款	80 000
固定资产	600 000		
无形资产	400 000		
原材料	100 000		
合计	2 080 000	合计	2 080 000

【业务类型】一项资产减少，一项负债减少，等式两边总额减少，恒等关系不变。

【练一练】

1. 李一对重庆胜利铸件厂投入 100 000 元现金，该款项已存入银行，其中，80 000 元用于增加注册资本，其余 20 000 元计入资本公积。

2. 取得 200 000 万元长期借款，并将其存入银行。

这两笔业务发生后，重庆胜利铸件厂的资产、负债与所有者权益的变动情况如表 2-7 所示。

表 2-7　资产、负债与有者权益关系表

资产	金额	负债及所有者权益	金额
银行存款	1 200 000	实收资本	2 080 000
库存现金	80 000	短期借款	80 000
固定资产	600 000	资本公积	20 000
无形资产	400 000	长期借款	200 000
原材料	100 000		
合计	2 380 000	合计	2 380 000

【业务六】　将资本公积转增资本金

【业务资料】将资本公积 20 000 元转增资本金。

【业务分析】此业务导致资本公积这项所有者权益减少 20 000 元，实收资本这项所有者权益增加 20 000 元。

【业务流程及核算】

（1）记录所有者权益“实收资本”的增加。

（2）记录所有者权益“资本公积”的减少。

（3）计算合计如表 2-8 所示。

表 2-8　资产、负债与有者权益关系表

资产	金额	负债及所有者权益	金额
银行存款	1 200 000	实收资本	2 100 000
库存现金	80 000	短期借款	80 000
固定资产	600 000	长期借款	200 000
无形资产	400 000		
原材料	100 000		
合计	2 380 000	合计	2 380 000

【业务类型】所有者权益内部一增一减，等式两边总额不变，恒等关系不变。

【业务七】　减少注册资本

【业务资料】经有关部门同意，以存款归还李一投资 50 000 元。

【业务分析】此业务导致存款这项资产减少 50 000 元，实收资本这项所有者权益减少

50 000 元。

【业务流程及核算】

（1）记录资产“银行存款”的减少。

（2）记录所有者权益“实收资本”的减少。

（3）计算合计如表 2-9 所示。

表 2-9 资产、负债与有者权益关系表

资产	金额	负债及所有者权益	金额
银行存款	1 150 000	实收资本	2 050 000
库存现金	80 000	短期借款	80 000
固定资产	600 000	长期借款	200 000
无形资产	400 000		
原材料	100 000		
合计	2 330 000	合计	2 330 000

【业务类型】一项资产减少，一项所有者权益减少，等式两边总额减少，恒等关系不变。

【业务八】 借款转投资

【业务资料】银行将对重庆胜利铸件厂的 100 000 元长期借款转为对其的投资。

【业务分析】此业务导致长期借款这项负债减少 100 000 元，实收资本这项所有者权益增加 100 000 元。

【业务流程及核算】

（1）记录所有者权益“实收资本”的增加。

（2）记录负债“长期借款”的减少。

（3）计算合计如表 2-10 所示。

表 2-10 资产、负债与有者权益关系表

资产	金额	负债及所有者权益	金额
银行存款	1 150 000	实收资本	2 150 000
库存现金	80 000	短期借款	80 000
固定资产	600 000	长期借款	100 000
无形资产	400 000		
原材料	100 000		
合计	2 330 000	合计	2 330 000

【业务类型】一项负债减少，一项所有者权益增加，等式两边总额不变，恒等关系不变。

假设若干年后，重庆胜利铸件厂的资产、负债、所有者权益关系如表 2-11 所示。

表 2-11　资产、负债与有者权益关系表

资产	金额	负债及所有者权益	金额
银行存款	2 000 000	实收资本	2000 000
库存现金	80 000	短期借款	300 000
固定资产	800 000	长期借款	500 000
无形资产	400 000	盈余公积	88 000
原材料	100 000	未分配利润	792 000
库存商品	300 000		
合计	3 680 000	合计	3 680 000

【业务九】　宣告分配利润

【业务资料】宣告向投资者分配利润 600 000 元。

【业务分析】此业务导致未分配利润这项所有者权益减少 600 000 元，应付利润这项负债增加 600 000 元。

【业务流程及核算】

（1）记录负债“应付利润”的增加。

（2）记录所有者权益“未分配利润”的减少。

（3）计算合计如表 2-12 所示。

表 2-12　资产、负债与有者权益关系表

资产	金额	负债及所有者权益	金额
银行存款	2 000 000	实收资本	2000 000
库存现金	80 000	短期借款	300 000
固定资产	800 000	长期借款	500 000
无形资产	400 000	盈余公积	88 000
原材料	100 000	未分配利润	192 000
库存商品	300 000	应付利润	600 000
合计	3 680 000	合计	3 680 000

【业务类型】一项所有者权益减少，一项负债增加，等式两边总额不变，恒等关系不变。

综合以上实例，九类经济业务对会计恒等式的影响归纳如表 2-13 所示。

表 2-13　资产、负债、所有者权益增减业务类型

业务类型	资产	=	负债	+	所有者权益
1	+				+
2	+−				
3	+		+		
4			+−		
5	−	=	−	−	
6					+−
7	−				−
8			−		+
9			+		−

任务二　会计科目与账户

【任务描述】

能够熟练判断每笔经济业务所涉及的会计科目及会计科目所属会计要素；认识账户；理解会计科目和账户的关系。

【知识准备】

一、会计科目

对于企业的经济活动，仅仅按照会计要素的增减变化来反映，未免太过笼统，难以满足会计信息使用者的需要。比如一项经济活动，不但要记录资产增加，还要记录增加的是银行存款、存货还是固定资产。为了较详细地、分门别类地核算和监督经济业务的发生情况以及由此引起的资金增减变化，需要对六大会计要素再进行细化分类，这就是会计科目。

（一）会计科目的概念

会计科目是指对会计要素具体内容的进一步分类。设置会计科目是会计核算的基本方法，是会计系统提供信息的基本工具。会计要素是对会计对象的基本分类，会计科目又是对会计要素的分类，如图 2-5 所示。

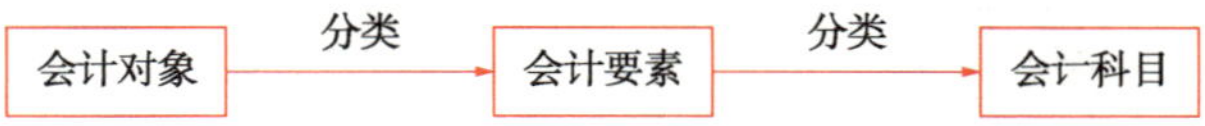

图 2-5　会计科目概念示意图

（二）设置会计科目的意义

会计科目是对会计要素的具体分类，每个会计科目都有明确的含义。设置会计科目，可以为会计信息使用者提供科学、详细的依据，具有如下重要意义：

（1）会计科目是复式记账的基础。

（2）会计科目是设置账户的基础。

（3）会计科目是编制记账凭证的基础。

（4）会计科目是编制财务报表的基础。

（三）会计科目的分类

（1）会计科目按经济内容，可以分为资产类、负债类、所有者权益类、成本类、损益类。

（2）会计科目按所提供指标的详细程度和隶属关系，可分为总账科目和明细分类科目。总账科目又称总分类科目或一级科目，它是总括地反映各会计要素的科目。明细分类科目是详细地反映各会计要素的科目。

在实际会计处理过程中，对于某些会计科目(如原材料、应收账款、应付账款等)，还需进一步了解其详细信息。例如，原材料，还须知道它的种类、数量、单价、金额等信息，这就需要在“原材料”科目下再根据用途和需要具体设置二级科目、三级科目等。会计科目分类如图 2-6 所示。

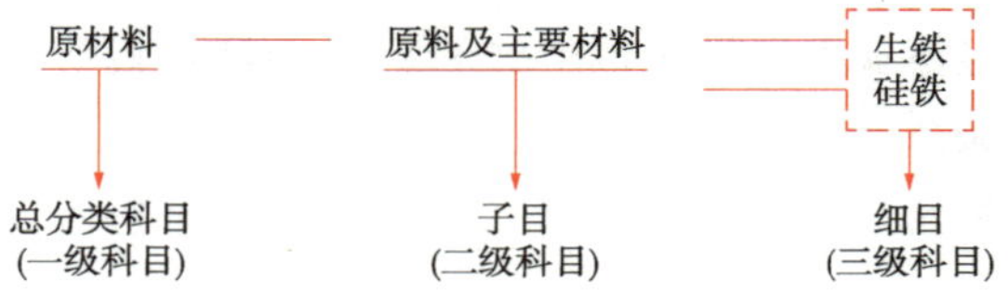

图 2-6　会计科目分类

我国《小企业会计准则》中常用的会计科目分类及编号情况如表 2-14 所示。

表 2-14　小企业常用会计科目表

顺序号	编　号	会计科目名称	顺序号	编　号	会计科目名称
一、资产类			9	1132	应收利息
1	1001	库存现金	10	1221	其他应收款
2	1002	银行存款	11	1401	材料采购
3	1012	其他货币资金	12	1402	在途物资
4	1101	短期投资	13	1403	原材料
5	1121	应收票据	14	1404	材料成本差异
6	1122	应收账款	15	1405	库存商品
7	1123	预付账款	16	1407	商品进销差价
8	1131	应收股利	17	1408	委托加工物资

续表

顺序号	编　号	会计科目名称	顺序号	编　号	会计科目名称
18	1411	周转材料	44	2701	长期应付款
19	1421	消耗性生物资产	三、所有者权益类		
20	1501	长期债券投资	45	3001	实收资本
21	1511	长期股权投资	46	3002	资本公积
22	1601	固定资产	47	3101	盈余公积
23	1602	累计折旧	48	3103	本年利润
24	1604	在建工程	49	3104	利润分配
25	1605	工程物资	四、成本类		
26	1606	固定资产清理	50	4001	生产成本
27	1621	生产性生物资产	51	4101	制造费用
28	1622	生产性生物资产累计折旧	52	4301	研发支出
29	1701	无形资产	53	4401	工程施工
30	1702	累计摊销	54	4403	机械作业
31	1801	长期待摊费用	五、损益类		
32	1901	待处理财产损溢	55	5001	主营业务收入
二、负债类			56	5051	其他业务收入
33	2001	短期借款	57	5111	投资收益
34	2201	应付票据	58	5301	营业外收入
35	2202	应付账款	59	5401	主营业务成本
36	2203	预收账款	60	5402	其他业务成本
37	2211	应付职工薪酬	61	5403	税金及附加
38	2221	应交税费	62	5601	销售费用
39	2231	应付利息	63	5602	管理费用
40	2232	应付利润	64	5603	财务费用
41	2241	其他应付款	65	5711	营业外支出
42	2401	递延收益	66	5801	所得税费用
43	2501	长期借款			

（四）会计科目的设置原则

（1）合法性原则是指小企业设置的会计科目应当符合国家统一的会计制度的规定和《小企业会计准则》的要求，如会计科目的名称、编号、核算内容等应符合规定，不得擅自改变，以保证各企业提供的会计信息口径一致。

（2）相关性原则是指所设置的会计科目应为提供有关各方所需要的会计信息服务，满足对外报告与对内管理的要求。

(3) 实用性原则是指所设置的会计科目应符合单位自身特点，满足单位实际需要。

二、账户

(一) 账户的概念

账户是根据会计科目设置的，具有一定格式和结构，用于反映会计要素的增减变动情况及其结果的载体。每一个账户都有一个名称，用以说明该账户核算的经济内容。账户是根据会计科目设置的，因此账户的名称必须与会计科目一致。

(二) 账户与会计科目的关系

会计科目与账户既有联系又有区别。

它们之间的联系表现为：账户与会计科目都是对会计对象的具体内容进行的分类，两者的口径一致、性质相同；会计科目是设置账户的依据，也是账户的名称，账户是会计科目的具体运用。

两者的区别主要表现为：会计科目是对会计要素按经济内容进行分类的标志，没有具体的格式，只是说明经济业务的内容。账户既有名称又有专门的格式和结构，可以具体记录会计要素的增减变动情况及其结果。在实际工作中，我们对会计科目和账户并不进行严格区分，两者可以互相通用。

(三) 账户的分类

所谓账户的分类，是指对账户按性质、核算内容、用途和结构进行的归类。账户分类的主要方法有三种，即按经济内容分类、按详细程度分类、按用途和结构分类。本书主要介绍前两种分类。

1. 账户按经济内容分类

按经济内容分类是账户分类的基础。账户按其经济内容可以分为资产类账户、负债类账户、所有者权益类账户、成本类账户和损益类账户五类。

【想一想】

会计科目表上每个会计科目按经济内容分类属于哪一类?

2. 账户按详细程度分类

账户按提供指标的详细程度不同，分为总分类账户和明细分类账户。

总分类账户简称总账账户或总账，是指根据总分类科目设置的、用来对会计要素具体内容进行总括分类核算的账户。

明细分类账户简称明细账账户或明细账，是根据明细分类科目设置的、用来对会计要素具体内容进行明细分类核算的账户。

总分类账户为一级账户，总分类账户以下的账户统称明细分类账户。账户按详细程度分类如表 2-15 所示。

表 2-15　账户按详细程度分类

总分类账户(一级账户)	明细分类账户	
	二级账户(子目账户)	三级账户(细目账户)
原材料	原料及主要材料	生铁
		硅铁
应交税费	应交增值税	进项税额
		销项税额

【想一想】

会计科目表上所有会计科目按账户详细程度分类应属于哪一类？各企业明细科目能统一吗？

（四）账户的结构

账户作为记录和反映经济业务活动的一种形式，其基本功能是便于对各项经济业务所引起的变动数额进行分门别类和有条不紊地进行归集、汇总。要使账户发挥其功能，不仅要确定其名称和进行分类，还要使其具备相应的结构。

所有经济业务的发生所引起的变动，从数量上看，不外乎“增加”和“减少”两种情况。因此，每个账户起码要划分出两方：一方登记增加额，另一方登记减少额，这是一切账户的基本结构。为了便于说明问题，账户的基本结构可简化为左右两方，即“T 形”(也称“丁形”)账户。账户的基本结构如图 2-7 所示。

图 2-7　账户的基本结构

账户的哪一方登记增加数，哪一方登记减少数，取决于所采用的记账方法、所记录经济业务的内容及账户的性质。

账户中登记本期增加的金额，称为本期增加发生额；登记本期减少的金额，称为本期减少发生额；本期增减相抵后的差额，称为余额。按时间不同，余额又可分为期初余额和期末余额。本期增加发生额、本期减少发生额、期初余额、期末余额称为账户四要素，四者的基本关系如下：

期末余额＝期初余额+本期增加发生额－本期减少发生额

账户的具体结构如表 2-16 所示。

表 2–16　账户的具体结构

库存现金 → 账户名称

日期	凭证号数	摘要	增加方	减少方	余额

账户余额

账户方向

【想一想】

根据表2-16总结出账户的具体结构包括哪些内容。

【做一做】

1. 某企业某月月初资产总额为 300 万元，所有者权益总额为 180 万元，本月发生如下业务：

（1）向银行借入 18 万元存入银行；

（2）购买原材料一批，价税合计 20 万元，款项已用银行存款支付，月末已入库。

月末该企业的负债总额应为(　　)万元。

2. 分析下面两笔业务所涉及的会计科目及其所属会计要素的增减变化。

（1）接受投资者投入材料 40 000 元，验收入库。

（2）销售产品一批，价款 30 000 元，增值税 5 100 元，款未收。

项目三 复式记账法与借贷记账法

项目目标

1. 理解复式记账法的基本原理。
2. 理解借贷记账法的概念和基本内容。
3. 理解账户间的对应关系和对应账户的含义。
4. 学会用借贷记账法编制基本会计分录。
5. 学会具体运用"T 形"账户。

项目内容

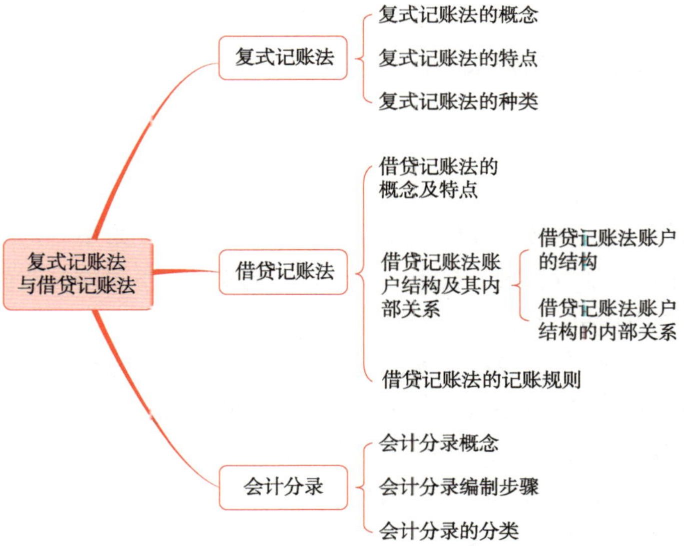

学时建议

6 学时

【导入案例】

重庆胜利铸件厂于2023年7月1日成立，经过投资者资本投入和多次的举债，公司基本步入正轨，下面是重庆胜利铸件厂发生的部分业务：

（1）2023年7月1日，收到投资者的投资款存入银行。

（2）2023年7月10日，开出现金支票提取现金。

（3）2023年7月29日，购入生铁验收入库，款未付。

（4）2023年8月2日，偿还货款。

- 如何理解复式记账法？
- 如何用借贷记账法记录经济业务？

任务一　复式记账法

【任务描述】

认识单式记账法和复式记账法的概念、复式记账法的种类；理解复式记账法的基本原理。

【知识准备】

在设置了会计科目，并按会计科目开设账户之后，就需要采用一定的方法将发生的经济业务、事项在账户中加以记录。在账户中记录经济业务、事项的方法即记账方法。记账方法经过了从单式记账法到复式记账法发展的过程。

单式记账法是指对发生的经济业务、事项只在一个账户中进行记录的方法，它在记账时，重点考虑的是现金、银行存款以及债权债务方面的增减变化情况。因此，单式记账法下一般只设“库存现金”“银行存款”“应收账款”“应付账款”等账户，它没有一套完整的账务体系，无法全面提供管理所需的会计信息，是一种简单的、不完整的记账方法。目前，这种记账方法已被复式记账法取代。

一、复式记账法的概念

复式记账法是以资产与权益平衡关系作为记账基础，对于每一笔经济业务，都要以相等的金额在两个或两个以上相互联系的账户中进行登记，系统地反映资金运动变化结果的一种记账方法。

【想一想】

你爸爸用20万元存款买了一辆小轿车，如果用复式记账法，应该在哪些账户中进行增减记录？

二、复式记账法的特点

（1）对于每一项经济业务，都在两个或两个以上相互联系的账户中进行记录，可以清晰反映每一项经济业务的来龙去脉。

（2）对于每一项经济业务，都在两个或两个以上相互联系的账户中进行记录，这些相联系的账户间存在一定的对应关系，从而形成完整的账务体系。

（3）复式记账法以资产和权益的平衡关系为记账基础，对于每一项经济业务，都在两个或两个以上相互联系的账户中进行记录，使得关联账户间存在平衡关系，因此可对账户记录结果进行试算平衡，从而便于检查账户记录的正确性。

三、复式记账法的种类

复式记账法按照记账符号、记账规律、试算平衡方法的不同，可分为借贷记账法、增减记账法、收付记账法三种。其中，借贷记账法是目前世界上大多数国家普遍采用的记账方法。我国《企业会计准则——基本准则》明确规定中国境内所有企业都应采用借贷记账法，小企业也不例外。

任务二 借贷记账法

【任务描述】

理解借贷记账法的概念；熟知借贷记账法的账户结构和记账规则；熟练编制简单会计分录；明确账户的对应关系和对应账户。

【知识准备】

一、借贷记账法的概念及特点

借贷记账法是按照复式记账法的原理，以资产与权益的平衡关系为基础，以“借”“贷”两字作为记账符号，以“有借必有贷，借贷必相等”为记账规则的一种复式记账方法。借贷记账法具有如下特点：

1. 借贷记账法以“借”和“贷”作为记账符号

“借”和“贷”是历史的产物，其最初的含义与债权、债务有关，后来逐步转化为抽象的记账符号，本身并没有实际意义。

2. 借贷记账法以“有借必有贷，借贷必相等”作为记账规则

采用借贷记账法，要求每一笔经济业务事项，既要记入一个(或几个)账户的借方，也要记入一个(或几个)账户的贷方，但借方金额合计一定等于贷方金额合计。

3. 借贷记账法不要求对账户固定分类

在借贷记账法下，按资产与权益的平衡关系，可固定划分资产类账户与权益类账户，还可以设置既反映资产又反映权益的双重性质的账户。比如“应收账款”“应付账款”账户既可以是资产类账户，也可以是负债类账户。

二、借贷记账法账户结构及其内部关系

(一) 借贷记账法账户的结构

在借贷记账法下，账户的基本结构分成左右两方，左方为借方，右方为贷方。借贷记账法下账户的基本结构如图 3-1 所示。

图 3-1　借贷记账法下账户的基本结构

借贷记账法下账户的具体结构如图 3-2 所示。

总 分 类 账

第 2 页

2023 年 度　　会计科目及编号：银行存款1002

2023年 月	日	凭证号数 种类	号数	摘要	对方科目	借方	√	贷方	√	借或贷	余额	√
12	1			期初余额						借	201200.00	
	31	收汇	2	1-31日汇总		390440.00				借	591640.00	
	31	付汇	3	1-31日汇总				362760.00		借	228880.00	

图 3-2　借贷记账法下账户的具体结构

账户的借贷两方中，其中一方用来登记增加的金额，另一方用来登记减少的金额。究竟哪一方用来登记增加额，哪一方用来登记减少额，要视账户反映的经济内容(账户的性质)而定，具体如图 3-3 所示。

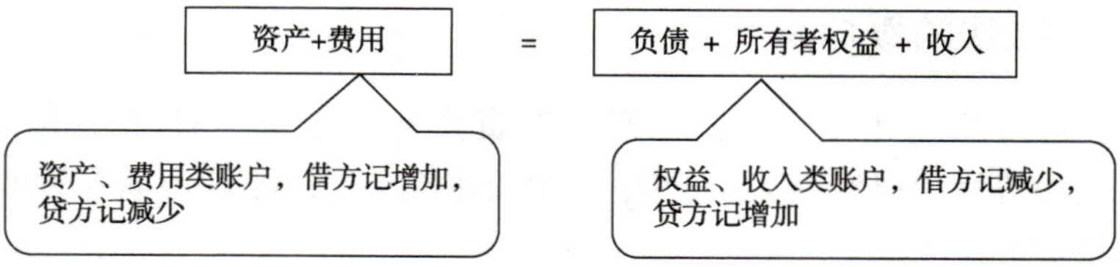

图 3-3　借贷记账法增减金额记录方向示意图

（二）借贷记账法账户结构的内部关系

借贷记账法下，登记在账户的“借方”的金额称为本期借方发生额，登记在账户“贷方”的金额称为本期贷方发生额，借贷相抵后的差额为余额。

在项目二中，介绍账户结构时，我们曾经学过这样一个公式：

期末余额=期初余额+本期增加发生额-本期减少发生额

根据这个公式及图 3-3，总结各类账户的结构如下。

1. 资产类账户的结构

资产类账户结构如图 3-4 所示。

资产类账户名称

借方	贷方
期初余额 本期增加发生额	本期减少发生额
期末余额	

图 3-4　资产类账户结构

资产类账户期末借方余额=期初借方余额+本期借方发生额-本期贷方发生额

【议一议】

假设重庆胜利铸件厂 2023 年 8 月份，库存现金期初借方余额 1 800 元，本月收到两笔现金，分别是 3 000 元、1 000 元；本月支付三笔现金，分别是 900 元、700 元、1 200 元，则库存现金的“T 形”账户应如何设置？

2. 负债及所有者权益类账户的结构

负债及所有者权益类账户结构如图 3-5 所示。

负债及所有者权益类账户名称

借方	贷方
本期减少发生额	期初余额 本期增加发生额
	期末余额

图 3-5　负债及所有者权益类账户结构

权益类账户期末贷方余额=期初贷方余额+本期贷方发生额-本期借方发生额

【议一议】

假设重庆胜利铸件厂 2023 年 8 月“应付账款”的期初贷方余额是 80 000 元，本月“应付账款”增加一笔，为 11 300 元；本月“应付账款”减少一笔，为 80 000 元。则该厂应付账款“T 形”账户应该如何设置？

3. 成本类账户的结构

成本类账户结构如图 3-6 所示。

借方	成本类账户名称 贷方
期初余额 本期增加发生额	本期减少发生额
期末余额	

图 3-6 成本类账户结构

成本类账户期末结转后一般也无余额，如有余额则在借方。

4. 费用类账户的结构

费用类账户结构如图 3-7 所示。

借方	费用类账户名称 贷方
本期增加发生额	本期减少发生额

图 3-7 费用类账户结构

费用类账户期末结转后一般无余额。

5. 收入类账户的结构

收入类账户结构如图 3-8 所示。

借方	收入类账户名称 贷方
本期减少发生额	本期增加发生额

图 3-8 收入类账户结构

收入类账户期末结转后无余额。

三、借贷记账法的记账规则

借贷记账法的记账规则可以概括为“有借必有贷，借贷必相等”，具体为：

第一，任何一笔经济业务都必须在两个或两个以上的账户中登记；

第二，所记录的账户可以是同类账户，也可以不是同类账户，但必须是两个记账方向，既不能都记入借方，也不能都记入贷方；

第三，记入借方的金额必须等于记入贷方的金额。

下面以重庆胜利铸件厂部分经济业务为例说明借贷记账法的记账规则。

【业务一】 投资者投入货币资金

【业务资料】2023 年 7 月 1 日，重庆胜利铸件厂收到投资者的投资 1 000 000 元存入银行。

【业务分析】此经济业务使银行存款这项资产增加，应记在“银行存款”账户借方；实收资本这项所有者权益增加，应记在“实收资本”贷方。

【业务流程及核算】

（1）会计人员在“银行存款”账户的借方登记 1 000 000 元。

（2）会计人员在“实收资本”账户的贷方登记 1 000 000 元。

（3）业务流程如图 3-9 所示。

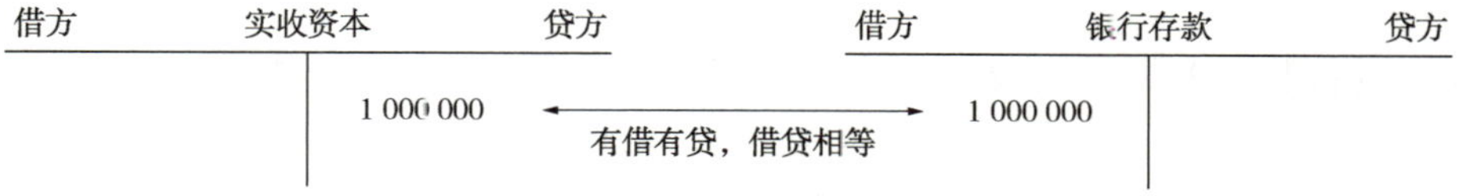

图 3-9 投入货币资金业务流程

【业务二】 提现

【业务资料】2023 年 7 月 10 日，重庆胜利铸件厂开出现金支票提取现金 80 000 元。

【业务分析】此经济业务使库存现金这项资产增加，应记在“库存现金”账户借方；银行存款这项资产减少，应记在“银行存款”账户贷方。

【业务流程及核算】

（1）会计人员在“库存现金”账户的借方登记 80 000 元。

（2）会计人员在“银行存款”账户的贷方登记 80 000 元。

（3）业务流程如图 3-10 所示。

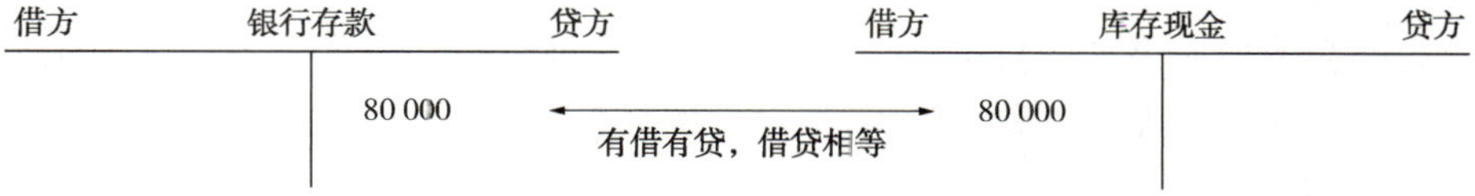

图 3-10 提现业务流程

【业务三】 购买材料

【业务资料】2023 年 7 月 29 日，重庆胜利铸件厂购买废钢 100 000 元，验收入库，未付款。

【业务分析】此经济业务使原材料这项资产增加，应记在“原材料”账户借方；应付账款这项负债增加，应记在“应付账款”账户贷方。

【业务流程及核算】

（1）会计人员在“原材料”账户的借方登记 100 000 元。

（2）会计人员在“应付账款”账户的贷方登记 100 000 元。

（3）业务流程如图 3-11 所示。

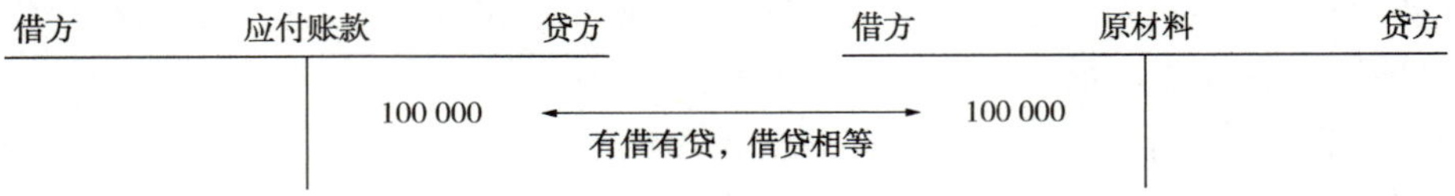

图 3-11　购买材料业务流程

【业务四】　偿还贷款

【业务资料】2023 年 8 月 2 日，重庆胜利铸件厂开出转账支票支付买废钢的货款 20 000元。

【业务分析】此经济业务使应付账款这项负债减少，应记在“应付账款”账户借方；银行存款这项资产减少，应记在“银行存款”账户贷方。

【业务流程及核算】

（1）会计人员在“应付账款”账户的借方登记 20 000 元。

（2）会计人员在“银行存款”账户的贷方登记 20 000 元。

（3）业务流程如图 3-12 所示。

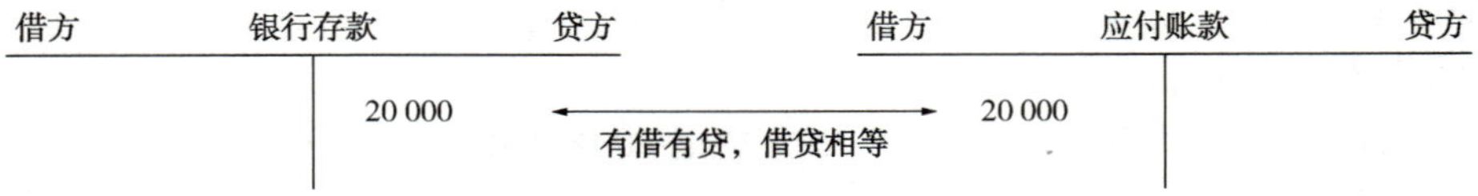

图 3-12　偿还贷款业务流程

采用借贷记账法，要求对每一项经济业务都在两个或两个以上账户中进行登记，所登记的账户之间会形成应借、应贷关系。账户之间的这种应借、应贷关系，称为账户的对应关系；存在对应关系的账户，称为对应账户。例如【业务四】中，“银行存款”和“应付账款”就是对应账户。

【想一想】

重庆胜利铸件厂购买废钢10万元，验收入库，使用存款支付5万元，其余款项未支付，如何记账？原材料的对应账户有哪些？

任务三　会计分录

【任务描述】

知道会计分录的概念；理解会计分录的分类；掌握编制会计分录的步骤；能用借贷记账法熟练编制基本会计分录。

【知识准备】

一、会计分录概念

会计分录是指根据经济业务，按照记账规则的要求，确定并列示应借、应贷账户的名称及其金额的一种简明记录。会计分录主要包括三个要素：账户名称(会计科目)、记账符号、金额。

会计分录的格式和要求：①先借后贷；②借和贷要分行写，并且文字和金额的数字都应错开；③在一借多贷或一贷多借的情况下，要求借方或贷方的文字和金额数字必须对齐。

会计分录只是方便理论学习的一个工具，用来代替实际工作中的记账凭证。

二、会计分录编制步骤

(1) 分析经济业务涉及的账户。

(2) 判断账户金额是增加还是减少。

(3) 确定每个账户的记账方向是借方还是贷方。

(4) 编制会计分录并检查是否符合借贷记账法记账规则。

借贷记账法记账规则的 4 笔业务编制的会计分录如下：

【业务一】 2023 年 7 月 1 日，重庆胜利铸件厂收到投资者的投资 1 000 000 元，并将其存入银行。

借：银行存款　　1 000 000

　　贷：实收资本　　1 000 000

【业务二】 2023 年 7 月 10 日，重庆胜利铸件厂开出现金支票提取现金 80 000 元。

借：库存现金　　80 000

　　贷：银行存款　　80 000

【业务三】 2023 年 7 月 29 日，重庆胜利铸件厂购买废钢 100 000 元，验收入库，未付款。

借：原材料　　100 000

　　贷：应付账款　　100 000

【业务四】 2023 年 8 月 2 日，重庆胜利铸件厂开出转账支票支付买废钢的货款 20 000元。

借：应付账款　　20 000

　　贷：银行存款　　20 000

三、会计分录的分类

会计分录按所涉及账户的多少，可分为简单会计分录和复合会计分录。

1. 简单会计分录

简单会计分录是一个借方账户与另一个贷方账户对应的会计分录，即一借一贷的会计分录。简单会计分录下的会计科目间的对应关系十分清晰，比较容易理解和掌握。

2. 复合会计分录

复合会计分录，指由两个以上(不含两个)的对应账户所组成的会计分录，即一借多贷、多借一贷和多借多贷的会计分录。企业编制复合会计分录，可以全面反映经济业务的来龙去脉，并简化记账手续，提高工作效率。

【业务五】 购买材料

【业务资料】2023 年 8 月 10 日，重庆胜利铸件厂购进生铁 150 000 元，并将其验收入库，其中 70 000 元以存款支付，其余款项暂未支付。

【业务分析】此经济业务使原材料这项资产增加，应记在“原材料”账户借方；银行存款这项资产减少，应记在“银行存款”账户贷方；应付账款这项负债增加，应记在“应付账款”账户贷方。

【业务流程及核算】

(1) 会计人员在“原材料”账户的借方登记 150 000 元。

(2) 会计人员在“银行存款”账户的贷方登记 70 000 元。

(3) 会计人员在“应付账款”账户的贷方登记 80 000 元。

复合会计分录编制如下：

借：原材料　　150 000

　　贷：银行存款　　70 000

　　　　应付账款　　80 000

【业务六】 接受投资

【业务资料】2023 年 8 月 12 日，重庆胜利铸件厂接受投资人投入设备 600 000 元、技术 400 000 元，设备和技术均交付使用。

【业务分析】此经济业务使固定资产这项资产增加，应记在“固定资产”账户借方；无形资产这项资产增加，应记在“无形资产”账户借方；实收资本这项所有者权益增加，应记在“实收资本”账户贷方。

【业务流程及核算】

（1）会计人员在“固定资产”账户的借方登记 600 000 元。
（2）会计人员在“无形资产”账户的借方登记 400 000 元。
（3）会计人员在“实收资本”账户的贷方登记 1 000 000 元。
复合会计分录编制如下：

借：固定资产	600 000	
无形资产	400 000	
贷：实收资本		1 000 000

【议一议】

2023 年 7 月 12 日，重庆胜利铸件厂销售铸钢件一批，售价 400 000 元，代收增值税 52 000 元。对方转账支付 300 000 元，其余款项未支付。这笔经济业务的会计分录如何编制？属于哪一类分录？

编制多借多贷的会计分录，可以全面、集中地反映某项经济业务的全面信息，同时简化会计分录编制工作，提高记账效率。但一般不宜把两项或两项以上不同类型的经济业务合并在一起编制多借多贷的会计分录，否则将造成会计分录中的对应关系不清，不能明确反映经济业务的来龙去脉。

【做一做】

1. 将 8 000 元现金存入银行。
2. 生产铸铁件领用生铁 100 000 元。
3. 以银行存款支付广告费 8 000 元。
4. 销售作为材料的多余的硅铁 5 000 元，款项暂未收到。
5. 向银行取得 3 年期借款 200 000 元，转入“银行存款”账户。
6. 由于债务人死亡，确认 100 000 元应收账款无法收回。
7. 生产铸铁件领用生铁 80 000 元。
8. 向银行借入三个月期借款 80 000 元偿还未付废钢款。
9. 将资本公积 20 000 元转增资本金。
10. 银行将对本企业的长期借款 100 000 元转为对本企业的投资。
11. 董事会宣告分配利润 600 000 元。
12. 经有关部门同意，投资者撤资 50 000 元，以存款支付。

项目四　会计凭证

项目目标

1. 了解会计凭证概念、意义，理解会计凭证分类。
2. 认识原始凭证和记账凭证的种类。
3. 掌握原始凭证及记账凭证的基本内容和填制要求。
4. 能够根据简单经济业务熟练编制记账凭证。
5. 掌握原始凭证及记账凭证审核及审核后处理。
6. 认识会计凭证传递及管理。

项目内容

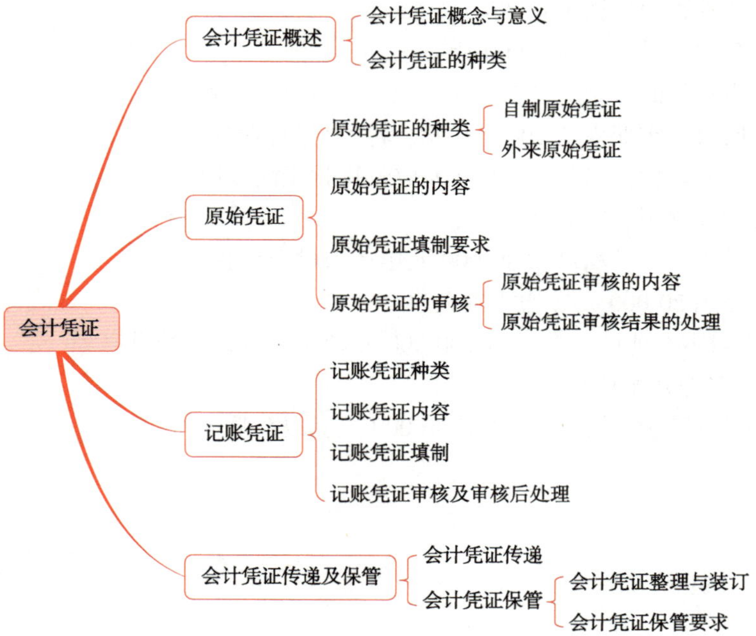

学时建议

8 学时

【导入案例】

重庆胜利铸件厂 2023 年 7 月 2 日会计资料如图 4-1～图 4-3 所示。

办公用品领用单

部门：财务办公室　　2023年7月2日　　NO　**140102001**

编号	物品	数量	单价	金额	用途
1	现金日记账	1	16.00	16.00	账簿
2	总分类账	2	15.00	30.00	账簿
3	银行日记账	1	16.00	16.00	账簿
4					
5					
合计				¥62.00	

领用人：游飞　　部门负责人：侯耀　　单位负责人：谭兴官

图 4-1　办公用品领用单

电子发票（普通发票）

发票号码：24512000000029861140
开票日期：2023 年 07 月 02 日

全国统一发票监制章 国家税务总局 重庆市税务局

购买方信息	名称：重庆胜利铸件厂 统一社会信用代码/纳税人识别号： 500106505000000	销售方信息	名称：陈昌文具店 统一社会信用代码/纳税人识别号： 654231589885325635

项目名称	规格型号	单位	数量	单价	金额	税率/征收率	税额
现金日记账		本	1	15.53	15.53	3%	0.47
总分类账		本	2	14.57	29.13	3%	0.87
银行日记账		本	1	15.53	15.53	3%	0.47
合　计：					¥60.19		¥1.81
价税合计（大写）	⊗人民币陆拾贰元整				（小写）¥62.00		
备注							

开票人：王鑫

图 4-2　电子增值税普通发票

记　账　凭　证

年　　月　　日　　　　字第　　号

0 6 号

摘要	会计科目		借方金额											贷方金额											记账√
	总账科目	明细科目	亿	千	百	十	万	千	百	十	元	角	分	亿	千	百	十	万	千	百	十	元	角	分	
附件　张	合　计																								

会计主管　　记账　　出纳　　审核　　制证

图 4-3　记账凭证

- 如何分析原始凭证所描述的经济业务？
- 审核人员如何审核原始凭证？
- 会计人员如何根据原始凭证填制记账凭证？
- 审核人员如何对记账凭证进行审核？

填制和审核会计凭证是会计核算的专门方法之一，是会计循环工作的第一个环节。

任务一　会计凭证概述

【任务描述】

了解会计凭证的概念；理解会计凭证的意义及分类；知道原始凭证和记账凭证的作用。

【知识准备】

一、会计凭证概念与意义

（一）会计凭证的概念

会计凭证是记录经济业务、明确经济责任、按一定格式编制的据以登记会计账簿的书面证明。任何企业、行政、事业单位发生任何经济业务都必须按照规定的程序和要求取得或填制会计凭证，以书面形式反映经济业务发生或完成情况。经过审核无误的会计凭证，是登记账簿的依据。

（二）会计凭证的意义

（1）可以记录经济业务的发生和完成情况，为会计核算提供原始依据；

（2）可以检查经济业务的真实性、合法性和合理性，为会计监督提供重要依据；

（3）可以明确经济责任，为落实岗位责任制提供重要文件；

（4）可以反映相关经济利益关系，为维护合法权益提供法律证据。

二、会计凭的种类

会计凭证按其编制程序和用途的不同，分为原始凭证和记账凭证两大类。

原始凭证又称单据，是在经济业务发生或完成时取得或填制的，用以记录或证明经济业务的发生或完成情况、明确经济责任、具有法律效力的书面证明，如发票、收据等，是编制记账凭证的依据。

记账凭证是以审核无误的原始凭证为依据，按照经济业务、事项的内容加以归类，并据以确定会计分录后所填制的会计凭证。它是登入账簿的直接依据，是分录的载体。

【想一想】

原始凭证与记账凭证从取得或填制程序上看，孰先孰后？二者各自的作用又是什么？

任务二　原始凭证

【任务描述】

认识原始凭证的种类；掌握原始凭证的基本内容和填制要求；掌握原始凭证的审核。

【知识准备】

一、原始凭证的种类

原始凭证按来源不同，可以分为自制原始凭证和外来原始凭证两类。

（一）自制原始凭证

自制原始凭证是指在经济业务发生或完成时，由本单位的经办人员自行填制的原始凭证。自制原始凭证按其填制手续不同，又可分为一次凭证、累计凭证、汇总原始凭证。

1. 一次凭证

一次凭证是填制手续一次完成的会计凭证。一次凭证只反映一项经济业务，或者同时反映若干项同类性质的经济业务，如收料单（图 4-4）、领料单（图 4-5）、费用报销单（图 4-6）等，都是一次凭证。

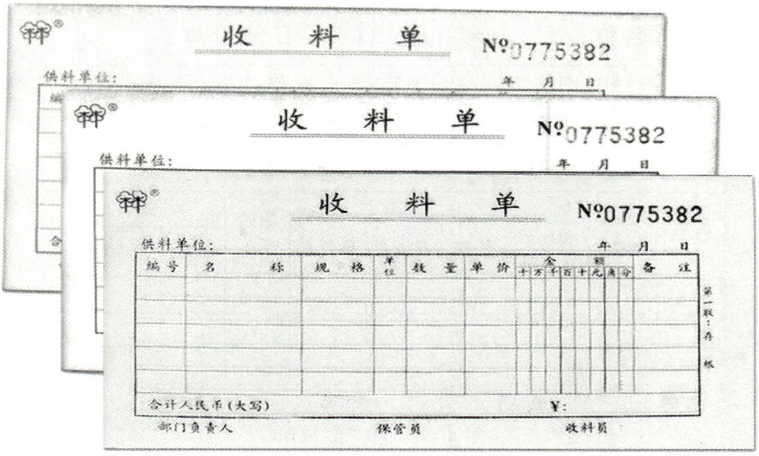

图 4-4　收料单

领料单

领料部门：　　　　　　　　　　　　凭证编号：2-12001

产品名称：　　　年　月　日　　存放仓库：

材料编号	材料名称	规格	计量单位	数量		价格	
				应发	实发	单价	金额
备注：			合计				

记账：　　　发料：　　　审批：　　　领料：

图 4-5　领料单

费用报销单　　　　　　年　月　日

报销						
报销事						
报销金额：人民币（大写）					￥	
报销清单	序号	报销项目	报销金额	序号	报销项目	报销金额
	1			4		
	2			5		
	3			6		
部门经理				付款方式及收款人详细信息		
公司分管领导						
会计主管						
公司负责人						
领款人				备　注		

附件　张

图 4-6　费用报销单

2. 累计凭证

累计凭证是指在一定期间内，连续多次记载若干不断重复发生的同类经济业务，直到期末，凭证填制手续才算完成，以期末累计数作为记账依据的原始凭证，如工业企业常用的限额领料单(图 4-7)。

限额领料单

领料部门：　　　　　　　　　　　　凭证编号：2-12001

产品名称：　　　年　月　日　　存放仓库：

材料类别	材料编号	材料名称及规格	单价	领用限额	实际领用	单价	金额	备注
供应部门负责人:				生产计划部门负责人:				
日期	请领		实发			限额结余	退料	
	数量	领料单位盖章	数量	发料人	领料人		数量	退库单编号
合计								

记账：　　　发料：　　　审批：　　　领料：

图 4-7　限额领料单

3. 汇总原始凭证

汇总原始凭证是指在会计核算工作中，为简化记账凭证的编制工作，将一定时期内若干份记录同类经济业务的原始凭证按照一定的管理要求编制一张汇总凭证，用以集中反映某项经济业务总括发生情况的会计凭证，如领料凭证汇总表(图 4–8)。

领料凭证汇总表

年　月　日～　年　月　日

会计科目	领料部门	领料单张数	铸铁件	铸钢件	……	合计
生产成本	铸铁件					
	铸钢件					
	小计					
制造费用	生产部					
管理费用	行政部					
合计						

图 4–8　领料凭证汇总表

汇总原始凭证只能将同类内容的经济业务汇总填列在一张汇总凭证中。在一张汇总凭证中，不能将两类或两类以上的经济业务汇总填列。汇总原始凭证在大中型企业中使用得非常广泛，因为它可以简化核算手续，提高核算工作效率；能够使核算资料更为系统化，使核算过程更为条理化；能够直接为管理提供某些综合指标。

（二）外来原始凭证

外来原始凭证，是指在同外单位发生经济往来关系时，从外单位取得的凭证。外来原始凭证都是一次凭证。一次凭证如从供货单位取得的电子增值税专用发票(图 4–9)、现金缴款单(回单)(图 4–10)。

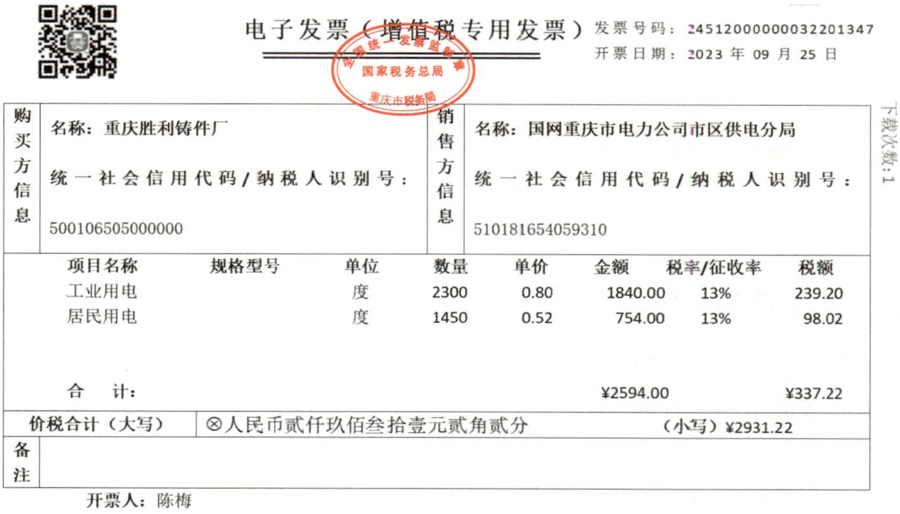

电子发票（增值税专用发票）　发票号码：24512000000032201347

开票日期：2023 年 09 月 25 日

全国统一发票监制章　国家税务总局　重庆市税务局

购买方信息	名称：重庆胜利铸件厂 统一社会信用代码/纳税人识别号： 500106505000000	销售方信息	名称：国网重庆市电力公司市区供电分局 统一社会信用代码/纳税人识别号： 510181654059310

项目名称	规格型号	单位	数量	单价	金额	税率/征收率	税额
工业用电		度	2300	0.80	1840.00	13%	239.20
居民用电		度	1450	0.52	754.00	13%	98.02
合　计：					¥2594.00		¥337.22

价税合计（大写）　⊗人民币贰仟玖佰叁拾壹元贰角贰分　（小写）¥2931.22

备注

开票人：陈梅

下载次数：1

图 4–9　电子增值税专用发票

值得注意的是，由销售方填制的发票，对于采购方来说是外来原始凭证，但对于销售方来说是自制原始凭证。

中国工商银行现金缴款单（回单）

2023 年 7 月 1 日

客户填写栏	收款单位	全称	重庆胜利铸件厂	款项来源	谭兴官投资款
		账号	6217 2131 3333 8888 000	款项类别	现金，本行票据： 张
	人民币（大写）	壹佰万元整			千 百 十 万 千 百 十 元 角 分 ¥ 1 0 0 0 0 0 0 0 0
银行记录					

中国工商银行股份有限公司
歌乐山营业所
2023.07.01
受理凭证专用章
收妥抵用

此联是银行给汇款单位的回单

图 4-10 现金缴款单(回单)

【知识拓展】

认识增值税发票

【想一想】

图4-1办公用品领用单和图4-2从陈昌文具店取得的发票从来源上看各属于哪类原始凭证?

二、原始凭证的内容

(1) 原始凭证的名称及编号。

(2) 原始凭证填制的日期。

(3) 原始凭证填制单位名称或填制人的姓名。

(4) 经办人或责任人的签名或盖章。

(5) 接受单位名称或个人姓名。

(6) 经济业务的内容、数量、单价和金额。

原始凭证具体内容如图 4-11 所示。

电子发票（增值税专用发票）　发票号码：24512000000032201347
开票日期：2023 年 09 月 25 日

国家税务总局重庆市税务局

购买方信息	名称：重庆胜利铸件厂 统一社会信用代码/纳税人识别号：500106505000000			销售方信息	名称：国网重庆市电力公司市区供电分局 统一社会信用代码/纳税人识别号：510181654059310		
项目名称	规格型号	单位	数量	单价	金额	税率/征收率	税额
工业用电		度	2300	0.80	1840.00	13%	239.20
居民用电		度	1450	0.52	754.00	13%	98.02
合　计：					¥2594.00		¥337.22
价税合计（大写）	⊗人民币贰仟玖佰叁拾壹元贰角贰分				（小写）¥2931.22		
备注							

开票人：陈梅

下载次数:1

图 4-11　增值税专用发票

【想一想】

通过原始凭证内容的学习，说明图4-1和图4-2发生了什么样的经济业务？

三、原始凭证填制要求

（一）记录内容应真实，计算准确

原始凭证所填列的经济业务内容和数字，必须真实可靠，符合实际情况，且计算准确，大小写金额要一致。

（二）内容要完整

原始凭证所要求填列的项目必须逐项填列齐全，不得遗漏和省略。

（三）手续要完备

单位自制的原始凭证必须有经办单位领导或者其他指定的人员签名盖章；对外开出的原始凭证必须加盖本单位章；从外部取得的原始凭证，必须盖有填制单位的章；从个人取得的原始凭证，必须有填制人员的签名盖章。

（四）书写要清楚、规范

（1）不得使用未经国务院公布的简化汉字。

（2）大小写金额必须相符。

（3）大小写金额填写应该规范。

① 小写金额用阿拉伯数字逐个书写，不得写连笔字。

a. 在金额前要填写人民币符号“¥”，人民币符号“¥”与阿拉伯数字之间不得留有空白；

b. 金额数字一律填写到角、分，无角、分的，写“00”或符号“—”；有角无分的，分位写“0”，不得用符号“—”；

② 大写金额一律用正楷或行书字书写。

a. 大写金额前未印有“人民币”字样的，应加写“人民币”三个字，“人民币”字样和大写金额之间不得留有空白；

b. 金额最高位是“1”的，一定要写出“壹”，如¥100 000.00写成“人民币壹拾万元整”，不能写成“人民币拾万元整”。

c. 大写金额到元为止的，后面要写“整”或“正”字；到角为止的，可以写“整”或“正”字；有分的，不写“整”或“正”字。如小写金额为¥1 008.00，大写金额应写成“人民币壹仟零捌元整”。

d. 大写金额处印有数位的，最高金额前面没有数据的数位应以“⊗”填写；后面所有数位前都应该跟有数据。如¥1 008.00，大写金额印有“人民币　拾　万　仟　佰　拾　元　角　分”，应填写为：“人民币⊗拾⊗万壹仟零佰零拾捌元零角零分”。

e. 银行票据及结算凭证的出票日期必须使用汉字大写。

（五）编号要连续

如果原始凭证已预先印定编号，在写坏作废时，应加盖作废戳记，妥善保管，不得撕毁。

（六）原始凭证不得涂改、刮擦、挖补

（七）填制要及时

【想一想】

¥110 302.90
未印数位的大写金额：
印有数位的大写金额（写在下一行）：
人民币（大写）　拾　万　仟　佰　拾　元　角　分

四、原始凭证的审核

（一）原始凭证审核的内容

（1）审核原始凭证的真实性。审核原始凭证中所列的经济业务事项的内容、时间、数据、当事人是否真实，有无弄虚作假情况。

（2）审核原始凭证的合法性。审核所发生的经济业务是否符合国家有关规定的要求，有否违反国家法律法规、政策制度、合同规定的现象。

(3) 审核原始凭证的合理性。审核所发生的经济业务是否符合企业生产经营活动需要，是否符合企业的预算、计划等。

(4) 审核原始凭证的完整性。审核原始凭证是否具备基本内容，是否有应填未填或填写不清楚的现象。如签章是否齐全、经济业务内容是否填写齐全。

(5) 审核原始凭证的正确性。审核原始凭证在计算方面是否存在失误。如数量、单价、金额计算是否正确，大小写金额是否一致。

原始凭证审核内容具体如表 4-1 所示。

表 4-1 原始凭证审核内容

审核内容是否完整	凭证名称
	填制日期
	填制单位名称及填制人姓名
	接收凭证单位名称
	经办人员签章是否齐全
	经济业务内容、数量、单价、金额
审核凭证签章是否正确齐全	外来原始凭证，有填制单位印章、填制人签名
	自制原始凭证，有经办部门领导或指定人员签名或盖章
	对外开出的原始凭证，必须加盖本单位相关印章
审核凭证金额是否正确	大小写金额均有的，必须相等
	购买实物的，要有验收证明
	支付款项的，要有收款单位或收款人的收款证明
审核凭证各联	一式几联的，必须注明各联用途，只能以其中一联作为报销凭证
	一式几联发票和收据必须用复写纸套写(机器打印或发票收据本身具有复写功能的除外)并连续编号

(二) 原始凭证审核结果的处理

(1) 经审核真实合法、正确无误的原始凭证，应据以编制记账凭证。

(2) 经审核发现错误的原始凭证，应退回原开具单位重开或更正，并在更正处加盖更正单位印章。对于金额错误的原始凭证，不能更正，只能重开。

(3) 经审核发现原始凭证不真实、不合法的，会计人员有权不予接受，并向单位负责人报告。

【业务一】 原始凭证的填制与审核

【业务资料】重庆胜利铸件厂，2023 年 10 月 12 日，销售部门李开发报销差旅费 2 500元。

【业务分析】李开发报销差旅费，要先填差旅费报销单，填好相关项目后找领导、会计主管等相关人员签字，最后到出纳处报销。

【业务流程及核算】

（1）李开发填写差旅费报销单，并将出差的票据贴在报销单背面。

（2）销售经理赵杰审核签字。

（3）经理谭兴官审核签字。

（4）会计主管审核签字。

（5）出纳根据领导审核后的“差旅费报销单”进行报销，签字并支付现金。

如图 4-12 所示：

差旅费报销单

部门：销售部　　2023 年 10 月 12 日　　NO：005

日期	出发地	到达地	市内交通补助		伙食补贴		车（船）票	住宿费	其他	合计金额
			天数	金额	天数	金额				
10.07-10.10	重庆	深圳	4×50	200.00	4×100	400.00	500.00	1 400.00		2 500.00
合　计			人民币（大写）贰仟伍佰元整							¥2 500.00

领导审批：谭兴官　会计主管：候耀　出纳：何成成　销售经理：赵杰　报销人：李开发

图 4-12　差旅费报销单

任务三　记账凭证

【任务描述】

认识记账凭证的种类；掌握记账凭证的基本内容和填制要求；能够熟练根据简单经济业务编制记账凭证；掌握记账凭证审核及审核后处理；认识会计凭证传递及管理。

【知识准备】

记账凭证是根据经审核的原始凭证填制的，用以分类反映会计要素增减变化、作为记账依据的书面证明。

一、记账凭证种类

（一）记账凭证按其包括的会计科目是否单一，分为单式记账凭证和复式记账凭证两类

（1）单式记账凭证，是指每一张记账凭证只填列经济业务事项所涉及的一个会计科目及其金额的记账凭证。由于单式记账凭证内容分散，不便查账，容易出差错，所以一般企业都不采用。

（2）复式记账凭证，是将每一笔经济业务事项所涉及的全部会计科目及其发生额均在同一张记账凭证中反映的一种凭证。其优点是可以集中反映一项经济业务的科目对应关系，便于了解有关经济业务的来龙去脉，目前被企业普遍采用。

（二）复式记账凭证按其记录反映的经济业务的内容不同，可分为专用记账凭证和通用记账凭证

（1）专用记账凭证，是指为记录专门类别的经济业务事项而设计的凭证，分为收款凭证、付款凭证、转账凭证。

（2）通用记账凭证，是相对于专用记账凭证而言的，它不分收付转，所有经济业务都采用同一种格式进行填制。通用记账凭证的格式如图 4-13 所示。

记　账　凭　证

年　月　日　　　　字第　号

06号 深圳市前通实业有限公司出品

摘要	会计科目		借方金额											贷方金额											记账✓
	总账科目	明细科目	亿	千	百	十	万	千	百	十	元	角	分	亿	千	百	十	万	千	百	十	元	角	分	
附件　张	合计																								

会计主管　　记账　　出纳　　审核　　制证

图 4-13　通用记账凭证

二、记账凭证内容

记账凭证主要作用在于对原始凭证进行分类、整理，是会计分录的载体，是登记账簿的依据。如图 4-13 所示，记账凭证必须具备以下基本内容：

（1）记账凭证的名称；

（2）填制记账凭证的日期；

（3）记账凭证的编号；

（4）经济业务事项的内容摘要；

（5）经济业务事项所涉及的会计科目及其记账方向；

（6）经济业务事项的金额；

（7）记账标记；

（8）所附原始凭证张数；

（9）会计主管、记账、审核、出纳、制证等有关人员的签章。

三、记账凭证填制

填制记账凭证是一项重要的会计工作。记账凭证是登记账簿的依据，如果填制错误，一系列会计信息均会出现错误。

现将记账凭证的填制方法和要求说明如下：

（1）记账凭证填制必须以审核无误、真实合法的原始凭证为依据。

（2）记账凭证日期的填写：填制记账凭证的当天，可以是经济业务发生的当天，也可以是月末。

（3）记账凭证的编号：为了分清会计凭证处理的先后顺序，便于登记账簿并与账簿核对，保证会计凭证的完整并方便查账，要对记账凭证按月连续进行编号。记账凭证编号方法常用的有三种：

第一种，通用记账凭证编号：将全部记账凭证统一编号，也就是按经济业务发生时间的先后顺序统一编号，本月的第一笔业务为“记字第1号”，至本月最后一张记账凭证“记字第×号”为止。

第二种，专用记账凭证编号：有两种方法，一种是分“收”“付”“转”三类编号，编号为“收字第×号”“付字第×号”“转字第×号”；另一种是按“现收”“现付”“银收”“银付”“转”五类编号，编号为“现收字第×号”“现付字第×号”“银收字第×号”“银付字第×号”“转字第×号”。

第三种，分数编号：有些经济业务事项涉及会计科目或明细科目较多，一张凭证不能容纳，需要填制两张或两张以上记账凭证时，采用分数编号法。如记字第20号凭证，需要用两张记账凭证，则两张记账凭证的总号一样，用分号来区别两张记账凭证顺序，第一张编号为记字第$20\frac{1}{2}$号凭证，第二张编号为记字第$20\frac{2}{2}$号凭证。采用分数编号法的记账凭证，“合计”数只写在这笔经济业务的最后一张凭证上，这笔业务其他凭证“合计”数处用“/”划掉。

（4）记账凭证摘要的填写：真实准确、简明扼要、完整清楚。

（5）记账凭证会计科目的填写：会计科目包括总账科目和明细科目，应写全称，不得简写或只写编号。不能把不同内容、不同类型的经济业务合并编制一张记账凭证，因为这样做会造成经济业务的具体内容不清楚，容易给记账、算账带来困难。

（6）记账凭证金额的填写：记账凭证金额必须与原始凭证相符，书写要规范、工整、清晰，合计金额前应有“￥”符号。

（7）记账凭证附件张数的填写：“附件”指的是附在记账凭证背面的、能证明这张记账凭证所记载经济业务事项的原始凭证。除结账和错账更正的记账凭证可以不附原始凭证外，其他记账凭证必须附有原始凭证，并在记账凭证上填写附件张数。

附件张数按原始凭证汇总表的张数计算，不涉及汇总的按原始凭证自然张数计算。

当一张或几张附件同时涉及几张记账凭证时，可将原始凭证附在一张记账凭证后面，在摘要栏注明“本凭证附件包括×号记账凭证”字样，在其他记账凭证摘要栏注明“附件详见×号凭证”字样。

（8）记账凭证空行的注销：记账凭证填好后，如有既无文字又无数字的空行，应在金额栏划斜线或用S线注销。

（9）记账凭证记账符号的使用：凡是已经根据记账凭证登记了账簿的，在记账符号处应标记“√”，表示已经记账。

（10）记账凭证相关人员的签字盖章：记账凭证填制完成后，应由相关人员签字盖章。

四、记账凭证审核及审核后处理

（一）记账凭证的审核

为了使记账凭证真实、准确地反映经济业务状况，确保账簿记录符合要求，在依据记账凭证登记账簿之前，必须由除制证以外的其他会计相关人员对记账凭证进行严格审核。记账凭证审核的主要内容有：

（1）审核记账凭证是否附有原始凭证，原始凭证张数与记账凭证附件张数是否一致，记账凭证与所附原始凭证在经济内容和金额上是否一致。

（2）审核记账凭证应借、应贷的账户名称和金额是否正确，借贷是否平衡，账户对应关系是否清楚，明细科目金额合计是否与所属总分类科目金额相等。

（3）记账凭证中的有关项目是否填列齐全，有关人员是否都已签名或盖章。

【业务二】　记账凭证的填制和审核

【业务资料】

办公用品领用单

部门：　财务办公室　　2023年7月2日　　NO　　140102001

编号	物品	数量	单价	金额	用途
1	现金日记账	1	16.00	16.00	账簿
2	总分类账	2	15.00	30.00	账簿
3	银行日记账	1	16.00	16.00	账簿
4					
5					
合计				￥62.00	

领用人：游飞　　部门负责人：侯耀　　单位负责人：谭兴官

图 4-14　办公用品领用单

电子发票（普通发票）

发票号码：24512000000029861140
开票日期：2023 年 07 月 02 日

全国统一发票监制章 国家税务总局 重庆市税务局

购买方信息	名称：重庆胜利铸件厂 统一社会信用代码/纳税人识别号： 500106505000000	销售方信息	名称：陈昌文具店 统一社会信用代码/纳税人识别号： 654231589885325635

项目名称	规格型号	单位	数量	单价	金额	税率/征收率	税额
现金日记账		本	1	15.53	15.53	3%	0.47
总分类账		本	2	14.57	29.13	3%	0.87
银行日记账		本	1	15.53	15.53	3%	0.47
合　计：					¥60.19		¥1.81
价税合计（大写）	⊗人民币陆拾贰元整				（小写）¥62.00		
备注							

开票人：王鑫

下载次数：1

图 4-15　电子增值税普通发票

【业务分析】一笔经济业务，在取得并审核了原始凭证之后，需要根据其编制记账凭证，并对记账凭证进行审核。

【业务流程及核算】

（1）会计主管审核发票和办公用品领用单。

（2）会计人员根据审核的发票和办公用品领用单编制记账凭证。

（3）会计人员将编制好的记账凭证交审核人员审核签字。如图 4-16 所示。

记　账　凭　证

2023 年 7 月 2 日　　　字第 1 号

06号 深圳市前通实业有限公司出品

摘要	会计科目		借方金额											贷方金额											记账
	总账科目	明细科目	亿	千	百	十	万	千	百	十	元	角	分	亿	千	百	十	万	千	百	十	元	角	分	√
购账本	管理费用	公司经费								6	2	0	0												
	库存现金																				6	2	0	0	
附件 2 张	合	计							¥	6	2	0	0							¥	6	2	0	0	

会计主管　　记账　　出纳　　审核　魏小小　　制证　游飞

图 4-16　记账凭证

【试一试】

2023年7月3日，从工行歌乐山营业所取得短期借款40 000元，取得一张借款借据，应该如何编制记账凭证？

（二）记账凭证审核结果的处理

（1）经审核发现错误的记账凭证，如果尚未根据记账凭证登记账簿，应重新编制一张正确的记账凭证。

（2）经审核正确无误的记账凭证，应据其登记账簿。

（3）如果已经根据记账凭证登记账簿，经审核发现错误的记账凭证，应采用专门的错账更正方法。错账更正方法将在项目十一中进行阐述。

任务四　会计凭证传递及保管

【任务描述】

会整理装订会计凭证；知道会计凭证如何传递及保管。

【知识准备】

科学合理地组织会计凭证传递，做好会计凭证保管工作，是及时进行各项会计核算的保证，对强化内部会计监督、加强岗位责任有着重要意义。

一、会计凭证传递

会计凭证的传递是指从会计凭证的取得或填制时起至归档保管过程中，在单位内部有关部门和人员之间的传送程序。

二、会计凭证保管

会计凭证的保管是指会计凭证记账后的整理、装订、归档和存查工作。

（一）会计凭证整理与装订

会计凭证的装订是指定期整理会计凭证，整理完毕的会计凭证按照编号顺序，外加封面、封底，装订成册，并在装订线上加贴封签。

1. 装订前的准备

会计凭证装订前，应对会计凭证进行排序、粘贴和折叠。因为原始凭证的大小与记账凭证的大小不可能全部一样，有时前者大于后者，有时前者小于后者，这就需要会计人员在制作会计凭证时对原始凭证加以适当整理，以便下一步装订成册。对于纸张面积大于记账凭证的原始凭证，可按记账凭证的面积折叠。折叠时应注意把凭证的左上角或左侧面让出来，以便装订后还可以展开查阅。对于纸张面积过小的原始凭证，一般不能直接装订，可先按一定次序和类别排列，再粘在一张同记账凭证大小相同的白纸上，在一旁注明张数和合计金额。有的原始凭证不仅面积大，而且数量多，可以单独装订，如工资单、耗料单等，但在记账凭证上应注明保管地点。会计凭证经过上述的加工整理之后，就可以装订了。

2. 会计凭证装订步骤

（1）将凭证封面和封底分别附在凭证前面和后面，再准备一张质地相同的纸放在封面上角，做护角。

（2）在凭证的左上角画一条边长为 5 厘米的等腰三角形，用夹子夹住，用装订机在底线上分布均匀地打两个孔。

（3）用大针引线绳穿过两个孔。

（4）在凭证的背面打线结。线绳最好在凭证中端系上。

（5）将护角向左、上侧折，并将一侧剪开至凭证的左上角，然后抹上胶水。

（6）向后折叠，并将侧面和背面的线绳扣粘上。

（7）待晾干后，在凭证本的脊背上面写上“某年某月第几册共几册”的字样。装订人在装订线封签处签名或者盖章。

（8）填好记账凭证封面（图 4-17）。

抽出附件应填写“抽出附件登记表”（图 4-18）。

会计凭证封面

单位名称：
日期：自　　年　　月　　日起至　　年　　月　　日止
凭证号数：自　　号至　　号　凭证类别：
册数：本月共　　册，本册是第　　册
原始凭证、汇总凭证张数：共　　张
全宗号：　　　　目录号：　　　　案卷号：
会计：　　　复核：　　　装订人：　　　年　　月　　日装订

图 4-17　会计凭证封面

抽出附件登记表

抽出日期	附件名称	抽出理由	抽取人签章	会计主管盖章	归还日期	备注

图 4-18　抽出附件登记表

（二）会计凭证保管要求

对已装订成册的会计凭证，应妥善保管，主要保管要求如下：

（1）会计凭证应定期装订成册，防止散失。

（2）会计凭证封面应注明单位名称、凭证种类、凭证张数、起止号数、年度、月份、会计主管人员、装订人员等有关事项，会计主管人员和保管人员应在封面上签章。

（3）会计凭证应加贴封条，防止抽换凭证。原始凭证不得外借，其他单位如有特殊原因确实需要使用时，经本单位会计机构负责人、会计主管人员批准，可以复制。向外单位提供的原始凭证复制件，应在专设的登记簿上登记，并由提供人员和收取人员共同签名、盖章。

（4）原始凭证较多时，可单独装订，但应在凭证封面注明所属记账凭证的日期、编号和种类，同时在所属的记账凭证上应注明“附件另订”及原始凭证的名称和编号，以便查阅。

（5）每年装订成册的会计凭证，在年度终了时可暂由单位会计机构保管一年，期满后应当移交本单位档案机构统一保管；未设立档案机构的，应当在会计机构内部指定专人保管。出纳人员不得兼管会计档案。

（6）严格遵守会计凭证的保管期限要求，期满前不得任意销毁。

（7）会计凭证的保管期限为 30 年。

（8）会计凭证保管期满，应由本单位档案机构会同会计机构提出销毁意见，编制销毁清册，并由单位负责人在销毁清册上签署意见。保管期满但未结清债权债务的原始凭证和涉及其他未了事项的原始凭证，不得销毁，应单独抽出立卷，保管到未了事项完结时为止。

【知识拓展】

会计档案的保管期限

【做一做】

根据下列经济业务填制通用记账凭证。

1. 2023 年 7 月 5 日，签发现金支票，从银行提取现金 1 000 元。（原始凭证 1 张）

2. 2023 年 7 月 6 日，从重庆天意石墨制品有限公司购增碳剂，款项未支付，取得增值税专用发票上注明不含税单价 5 800 元/吨，增值税税率 13%。材料已验收入库。（原始凭证 2 张）

3. 2023 年 7 月 21 日，开出转账支票支付本月 6 日购料款。（原始凭证 2 张）

项目五 会计账簿

项目目标

1. 了解会计账簿的概念。
2. 了解会计账簿的种类及各种账簿登记的依据。
3. 能根据企业需要设置账簿。
4. 学会登记现金日记账、银行存款日记账、总分类账、明细分类账。
5. 理解总分类账和明细分类账间的平行登记法。
6. 能够根据不同账户的情况做月结、年结及现金日记账和银行存款日记账的日结。

项目内容

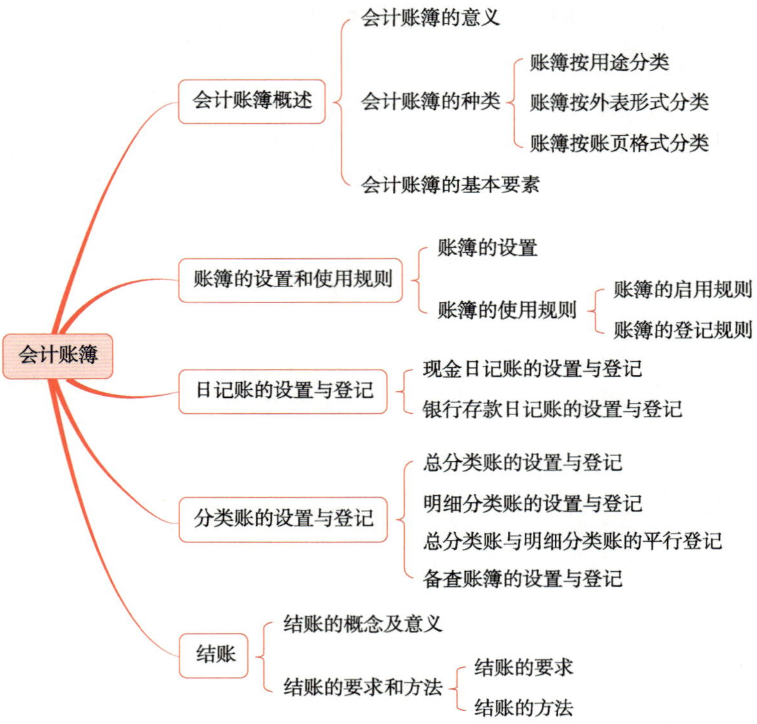

学时建议

8 学时

【导入案例】

重庆胜利铸件厂会计人员游飞 2023 年 12 月在相关的记账凭证编制完成后：

（1）出纳人员登记现金日记账。

（2）出纳人员登记银行存款日记账。

（3）会计人员登记总账。

（4）会计人员登记三栏式明细账。

（5）会计人员登记多栏式明细账。

（6）会计人员登记数量金额式明细账。

（7）会计人员进行月结。

（8）会计人员进行年结。

- 企业应该如何设置账簿？
- 如何登记现金日记账和银行存款日记账？
- 如何登记总分类账和明细分类账？
- 如何结账？

会计凭证所提供的资料是零星的，不能全面、连续、系统地反映和监督企业在一定时期内的经济活动。因此，为了给经济管理提供全面、系统的会计核算资料，各企业都必须在凭证的基础上设置和登记账簿，从而为编制会计报表提供主要依据。

任务一 会计账簿概述

【任务描述】

知道会计账簿的概念、意义；掌握会计账簿的分类；熟悉会计账簿的基本要素。

【知识准备】

一、会计账簿的意义

会计账簿是指由一定格式账页组成的，以经过审核的会计凭证为依据，全面、系统、连续地记录各项经济业务的簿籍。会计账簿是对会计凭证进一步的归类与汇总。

会计账簿是会计信息形成的重要环节，设置和登记会计账簿是会计核算的重要基础工作，对加强经济管理有着至关重要的作用，具体体现如下：

(1) 为经营管理提供系统、完整的会计信息。

(2) 加强岗位责任，确保企业财产安全与完整。

(3) 为会计报表的编制提供数据资料。

(4) 为各项考核工作提供依据，并方便对外提供信息。

二、会计账簿的种类

账簿的分类如图 5-1 所示。

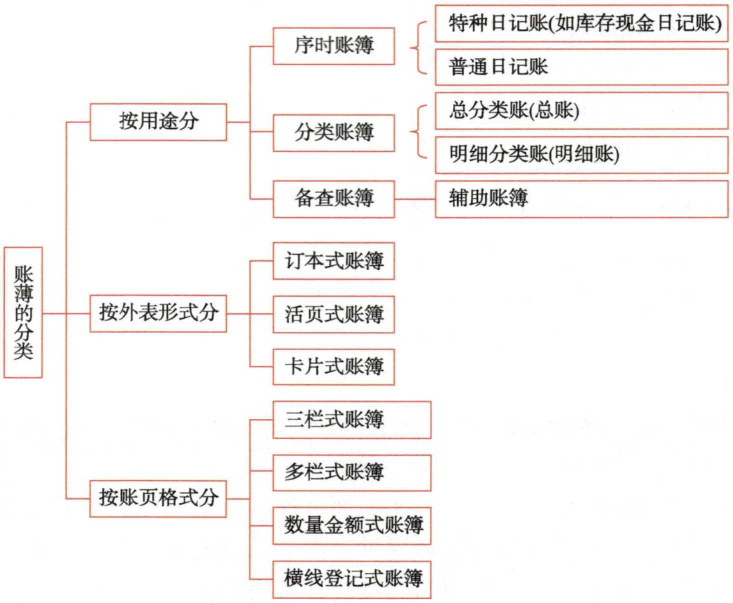

图 5-1　账簿的分类

(一) 账簿按用途分类

账簿按用途可分为序时账簿、分类账簿、备查账簿。

1. 序时账簿

序时账簿又称日记账，是按照经济业务发生或完成时间的先后顺序逐日逐笔进行登记的账簿。

日记账按其记录内容的不同，又分为普通日记账和特种日记账两种。特种日记账如“库存现金日记账”“银行存款日记账”。

企业必须设置的日记账为“现金日记账”和“银行存款日记账”。

2. 分类账簿

分类账簿是对全部经济业务事项涉及的账户进行分类登记的账簿。

分类账簿按核算内容的详细程度不同，又分为总分类账和明细分类账。

总分类账，简称总账，是根据总分类科目开设账户，用来进行总括核算，提供总括核算资料的分类账簿。

明细分类账，简称明细账，是根据明细分类科目开设的账户，用来进行明细分类核算，提供更为详细资料的分类账簿。

3. 备查账簿

备查账簿又称辅助账簿，是对某些在序时账簿和分类账簿等主要账簿中都不予登记或登记不够详细的经济业务事项进行补充登记的账簿。备查账簿视实际需要设置，且没有固定格式，如经营租入固定资产登记簿。

（二）账簿按外表形式分类

账簿按外表形式可分为订本式账簿、活页式账簿、卡片式账簿。

1. 订本式账簿（如图 5-2 所示）

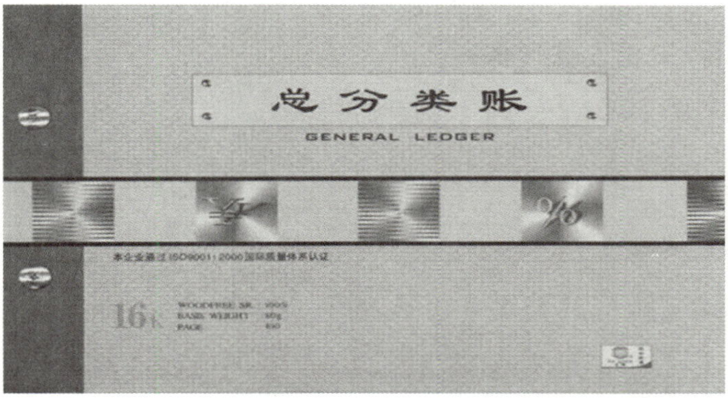

图 5-2　订本式账簿

订本式账簿是在启用前将编有顺序页码的一定数量账页装订成册的账簿。

优点：可以避免散失或被抽换，比较安全。

缺点：不便于会计人员分工协作记账；不能充分估计预留账页时会造成账户不连续；不便于计算机打印记账。

适用范围：总分类账、银行存款日记账、现金日记账。

2. 活页式账簿（如图 5-3 所示）

活页式账簿是将一定数量的账页置于活页夹内，可根据记账内容的变化而随时增加或减少账页的账簿。

优点：可以根据实际需要增添账页，不会浪费账页，使用灵活，并且便于同时分工记账。

缺点：账页容易散失和被抽换。

适用范围：各种明细分类账。

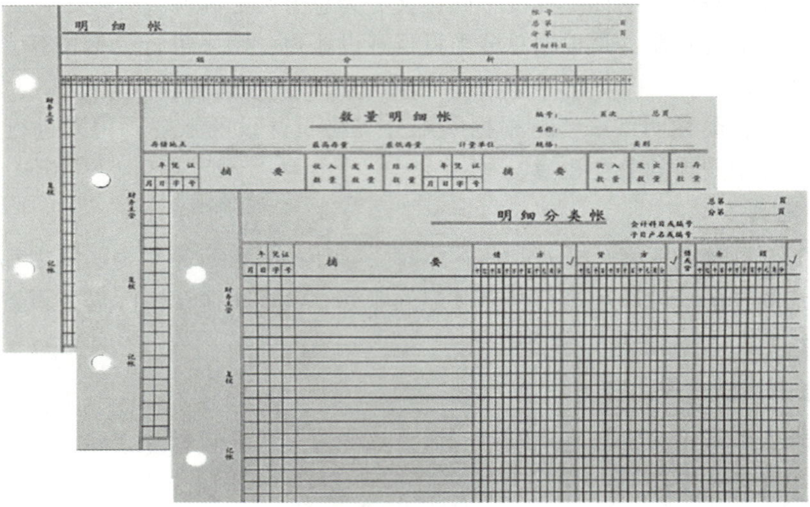

图 5-3　活页式账簿

3. 卡片式账簿(如图 5-4 所示)

固定资产卡片

类别：

名称		资产编码	
规格		建造单位	
单位		购建年月	年　月　日
数量		会计凭证	年　月　日
原值	元	使用年限	年
重估值	元	年折旧率	%

使用记录　　　　大修记录

年	月	使用部门	年	月	修理情况

停用记录　　　　出售或报废记录

原因	停用日期	启用日期	

图 5-4　卡片式账簿

卡片式账簿是将一定数量的卡片式账页存放于专设的卡片箱中，账页可以根据需要随时增添的账簿。

卡片式账簿的优缺点类似于活页式账簿，使用时间较长。

适用范围：“低值易耗品”和“固定资产”的明细账(在我国一般只对固定资产明细账采用卡片式账簿形式)。

（三）账簿按所选用账页格式分类

账簿按账页的格式可分为三栏式账簿、多栏式账簿、数量金额式账簿和横线登记式账簿。

1. 三栏式账簿

三栏式账簿是设有借方、贷方和余额三个基本栏目的账簿，适用于仅需要金额核算的账簿。如现金日记账、银行存款日记账、总分类账及资本与债权债务的明细分类账适用三栏式账簿。三栏式账页如图 5-5 所示。

总第　　页　分第　　页

明细账

年　度

会计科目及编号：
子 目 及 户 名：

年		凭证号数		摘要	对应科目	借方											√	贷方											√	借或贷	余额											√
月	日	种类	号数			亿	千	百	十	万	千	百	十	元	角	分		亿	千	百	十	万	千	百	十	元	角	分			亿	千	百	十	万	千	百	十	元	角	分	

图 5-5　三栏明细账

2. 多栏式账簿

多栏式账簿是在账簿的借方、贷方栏下按需要分设若干专栏的账簿。这种账簿适用于需要分项具体反映金额的账户。比如“生产成本”“制造费用”“管理费用”“本年利润”等账户的明细分类账。多栏式账页如图 5-6 所示。

科目名称____________

总页	×
分页	×

年		凭证		摘要	____方金额分析																																																																		
																																																																	合计									
月	日	字	号		千	百	十	万	千	百	十	元	角	分	千	百	十	万	千	百	十	元	角	分	千	百	十	万	千	百	十	元	角	分	千	百	十	万	千	百	十	元	角	分	千	百	十	万	千	百	十	元	角	分	千	百	十	万	千	百	十	元	角	分	千	百	十	万	千	百	十	元	角	分

图 5-6　多栏明细账

3. 数量金额式账簿

数量金额式账簿是借方、贷方和余额三个栏目内都分设数量、单价和金额三小栏，借以反映财产物资的实物数量和金额。这种账簿适用于既需要金额核算，又需要数量核算的账户。如“原材料”“库存商品”等存货的明细账通常采用数量金额式账簿。数量金额式账页如图 5-7 所示。

最高储量________
最低储量________

原材料　明细账

编号______ 规格______　　单位：　　名称：

年		凭证号数		摘要	对应科目	收入（借方）													发出（贷方）													借或贷	余额（结存）													√
月	日	种类	号数			数量	单价	亿	千	百	十	万	千	百	十	元	角	分	数量	单价	亿	千	百	十	万	千	百	十	元	角	分		数量	单价	亿	千	百	十	万	千	百	十	元	角	分	

图 5-7　数量金额明细账

4. 横线登记式账簿

横线登记式账簿是在同一张账页的同一行，记录某一项经济业务从发生到结束的相关内容。比如职工预借差旅费和报销差旅费。使用横线登记式账页的“其他应收款”和“在途物资”的明细分类账户。横线登记式账页如图 5-8 所示。

其他应收款—备用金明细账

第 1 页连续第　页

2023年		凭证		摘要	借方			年		凭证	摘要	贷方			余额
月	日	字	号		原借	补付	合计	月	日			报销	退还	合计	
12	1			期初余额	2 000		2 000	12	3	记50	收回借款	1 800	200	2 000	0

图 5-8　横线登记式账页

三、会计账簿的基本要素

小企业应按照会计核算的基本要求和会计规范的有关规定，结合本单位经济业务的特点和经营管理的需要，设置必要的账簿，并认真做好记账工作。账簿的形式和格式多种多样，但均应具备下列基本要素(图 5-9)。

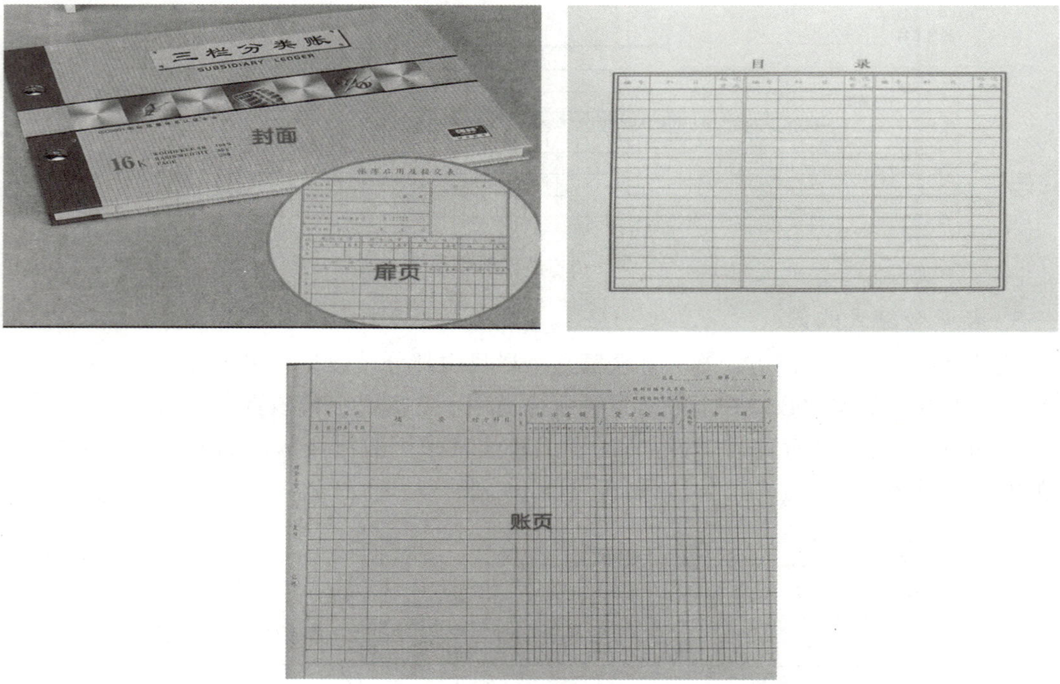

图 5-9　账簿基本构成要素

1. 封面

主要标明账簿的名称，如总分类账簿、明细分类账簿。

2. 扉页及目录

扉页主要印有账簿启用和经管人员一览表，账簿的首页通常用作目录索引。

3. 账页

账页是账簿的主体，是用来记录经济业务事项的载体，其格式因反映经济业务内容的不同而有所不同。但其内容应当包括：

（1）账户的名称，包括一级科目、二级科目或明细科目；

（2）登记账簿的日期栏；

（3）记账凭证的种类和号数栏；

（4）摘要栏，所记录经济业务内容的简要说明；

（5）金额栏，记录经济业务的增减变动和余额；

（6）总页次和分户页次。

任务二　账簿的设置和使用规则

【任务描述】

了解账簿设置原则；会填写账簿启用表；熟知会计人员在登记账簿时必须遵循的规则。

【知识准备】

一、账簿的设置

小企业账簿设置包括确定账簿种类、账簿格式，规定登记的内容和登记方式。账簿设置既要符合国家有关规定，又要考虑本单位规模的大小和经济业务繁简、会计人员的分工等，既能全面反映经济业务，又满足管理需要，做到繁简得当。

二、账簿的使用规则

（一）账簿的启用规则

1. 封面

启用时，在账簿封面上写明单位名称和账簿名称。

2. 扉页

在扉页上填制账簿启用表及经管人员一览表，如图 5-10 所示。

<table>
<caption>账　簿　启　用　表</caption>
<tr><td>单位名称</td><td colspan="9">重庆胜利铸件厂</td><td>单 位 公 章</td></tr>
<tr><td>账簿名称</td><td colspan="9">总分类账</td><td rowspan="4"></td></tr>
<tr><td>账簿编号</td><td colspan="9">字 第　　　号 第</td></tr>
<tr><td>账簿页数</td><td colspan="9">本账簿共计 100 页</td></tr>
<tr><td>启用日期</td><td colspan="9">2023 年 07 月 01 日</td></tr>
<tr><td colspan="2">经 管 人 员</td><td colspan="3">接 管</td><td colspan="3">移 交</td><td colspan="2">会 计 负 责 人</td><td>印花税票粘贴处</td></tr>
<tr><td>姓 名</td><td>盖 章</td><td>年</td><td>月</td><td>日</td><td>年</td><td>月</td><td>日</td><td>姓 名</td><td>盖 章</td><td rowspan="5">印花税票</td></tr>
<tr><td>游飞</td><td>游飞</td><td>2023</td><td>7</td><td>1</td><td></td><td></td><td></td><td>侯 耀</td><td>侯耀</td></tr>
<tr><td></td><td></td><td></td><td></td><td></td><td></td><td></td><td></td><td></td><td></td></tr>
<tr><td></td><td></td><td></td><td></td><td></td><td></td><td></td><td></td><td></td><td></td></tr>
<tr><td></td><td></td><td></td><td></td><td></td><td></td><td></td><td></td><td></td><td></td></tr>
</table>

图 5-10　账簿启用表及经管人员一览表

3. 启用

启用订本式账簿，应当从第一页到最后一页按顺序编订页数，不得跳页、缺号；启用活页式账簿，应当按账户顺序编号，并须定期装订成册，装订后再按实际使用的账页顺序编订页码。

4. 目录

在第一页账页之前，附账户目录及每个账户在账簿中的起止页数。

5. 交印花税

将印花税票贴在账簿扉页上。总账根据实收资本与资本公积之和的 0.05% 贴印花税票，其他账本按每本 5 元贴印花税票，并由纳税人在每张税票的骑缝处盖戳注销或者画销。已贴用的印花税票不得重用。

（二）账簿的登记规则

为了保证账簿记录真实、准确、完整，确保会计核算的质量，小企业会计人员登记账簿必须符合以下规则：

1. 依据合法

必须以审核无误的会计凭证为依据登记账簿。

2. 记账凭证过账

登记会计账簿时，应当将会计凭证日期、编号、业务内容摘要、金额和其他有关资料逐项过入账内，做到数字准确、摘要清楚、登记及时、字迹工整。

3. 记账签章及标记记账符号

登记完毕后，要在记账凭证“记账”处签名或者盖章，并标记记账符号，表示已经记账。

4. 书写要求

账簿中书写的文字和数字上面要留有适当空格，不要写满格，一般应不超过行距的二分之一，且紧靠本行底线书写。

5. 墨水选择

登记账簿要用蓝黑墨水或者碳素墨水书写，不得使用圆珠笔或者铅笔书写。但下列情况，可以用红色墨水记账：①更正错误；②在不设借贷等栏的多栏式账页中，登记减少数；③在三栏式账页的余额栏前，如未印明余额方向的，在余额栏内登记负数余额；④根据国家统一会计制度的规定可以用红字登记的其他会计记录。

6. 顺序、连续登记

各种账簿按页次顺序连续登记，不得跳行、隔页。如果发生跳行、隔页，应当将空行、空页划线注销，或者注明“此行空白”“此页空白”字样，并由记账人员签名或者盖章。

7. 结出余额

凡需要结出余额的账户，结出余额后，应当在“借或贷”等栏内写明“借”或者“贷”等字样。没有余额的账户，应当在“借或贷”等栏内写“平”字，并在余额栏内用“Q”表示。现金日记账和银行存款日记账必须逐日结出余额。

8. 过次承前

每一账页登记完毕结转下页时，应当结出本页合计数及余额，写在本页最后一行和下页第一行有关栏内，并在摘要栏内注明“过次页”和“承前页”字样；也可以将本页合计数及金额只写在下页第一行有关栏内，并在摘要栏内注明“承前页”字样。

对需要结计本月发生额的账户，结计“过次页”的本页合计数应当为自本月初起至本页末止的发生额合计数；对需要结计本年累计发生额的账户，结计“过次页”的本页合计数应当为自年初起至本页末止的累计数；对既不需要结计本月发生额也不需要结计本年累计发生额的账户，可以只将每页末的余额结转次页。

9. 实行会计电算化的单位

实行会计电算化的单位，总账和明细账应当定期打印，发生收款和付款业务的，在输入收付款相关凭证的当天必须打印现金日记账和银行存款日记账，并将其与库存现金核对无误。

10. 会计账簿其他要求

会计账簿一经记载，便是会计档案，不能随便更改，更不能涂改、刮擦、挖补。如有错误，应按照专门的错账更正方法进行更正。订本式账簿事先印有页次，不得以任何理由撕去，活页式账簿也不得随意抽换账页。

任务三 日记账的设置与登记

【任务描述】

会根据企业实际需要设置现金日记账和银行存款日记账；会根据会计凭证登记现金日记账和银行存款日记账。

【知识准备】

一、现金日记账的设置与登记

（一）现金日记账的设置

现金日记账是由出纳人员根据经济业务的时间顺序逐笔、逐日登记库存现金的收入、支出，并逐日结出余额的账簿。

从外表形式上看，现金日记账必须采用订本式账簿。从账页格式上看，现金日记账可以采用三栏式现金日记账，也可以采用多栏式现金日记账。

现金日记账应按币种设置。比如一个企业的现金既有美元，又有人民币，则应分别设美元现金日记账和人民币现金日记账。

（二）三栏式现金日记账的登记

三栏式现金日记账格式如图 5-11 所示。

第__页

现金日记账

年		凭证编号	摘要	对方科目	借方											贷方											借或贷	余额											√
月	日				亿	千	百	十	万	千	百	十	元	角	分	亿	千	百	十	万	千	百	十	元	角	分		亿	千	百	十	万	千	百	十	元	角	分	

图 5-11 三栏式现金日记账

三栏式现金日记账除了设“借方（或收入）”“贷方（或支出）”“余额（或结余）”三栏金额外，还可以设置“对方科目”以反映现金收入的来源或支出的去向。

记账是指将经济业务从记账凭证抄录到账簿的有关账户的行为，也称“过账”。三栏式现金日记账登记方法如下。

（1）日期栏。登记现金实际收付的日期，应与原始凭证日期一致。

（2）凭证栏。填写记账凭证的种类及号数。如“记 5”表示依据通用记账凭证第 5 号凭证。

（3）摘要栏。用清楚、简练的语言总结经济业务要点，切记“摘”而不“要”。

（4）对方科目栏。记录记账凭证中“库存现金”的对应科目。

（5）借方（或收入）栏。记录收到的现金（或现金的增加额）。

（6）贷方（或支出）栏。记录支付的现金（或现金的减少额）。

（7）余额（或结余）栏。登记现金收付后的余额，可以逐笔计算，也可以每日终了在当日最后一笔业务后计算。

（8）现金日记账要求每日结账，即日结，将在本项目任务五中介绍。

【业务一】 现金日记账的登记

【业务资料】

记 账 凭 证

2023 年 7 月 2 日　　字第 1 号

06号　深圳市前通实业有限公司出品

摘要	会计科目		借方金额											贷方金额											记账√
	总账科目	明细科目	亿	千	百	十	万	千	百	十	元	角	分	亿	千	百	十	万	千	百	十	元	角	分	
购账本	管理费用	公司经费								6	2	0	0												
	库存现金																				6	2	0	0	
附件 2 张	合	计							¥	6	2	0	0							¥	6	2	0	0	

会计主管　　记账　　出纳　　审核 魏小小　　制证 游飞

图 5-12　记账凭证

【业务分析】会计根据审核过的原始凭证编制记账凭证，交审核人员审核。出纳根据经济业务的时间顺序登记现金日记账并在“出纳”处签字。

【业务流程及核算】

（1）出纳根据经济业务的时间顺序在现金日记账的“贷方”栏登记。

（2）出纳算出库存现金日记账的余额填在“余额”栏内，并在“借或贷”栏注明余额方向“借”（如图 5-13 所示）。

现金日记账

第 1 页

2023年		凭证编号	摘要	对方科目	借方											贷方											借或贷	余额											√
月	日				亿	千	百	十	万	千	百	十	元	角	分	亿	千	百	十	万	千	百	十	元	角	分		亿	千	百	十	万	千	百	十	元	角	分	
7	1		期初余额																								借						6	7	2	0	0	0	
7	2	记1	购账本	管理费用																			6	2	0	0	借						6	6	5	8	0	0	

图 5-13　现金日记账

（3）出纳在记字第 1 号凭证上签字并在“记账”栏标记记账符号“√”（记账凭证略）。

二、银行存款日记账的设置与登记

（一）银行存款日记账的设置

银行存款日记账是由出纳人员根据经济业务的时间顺序逐笔、逐日登记银行存款的收入、支出，并逐日结出余额的账簿。

从外表形式上看，银行存款日记账必须采用订本式账簿。从账页格式上看，银行存款日记账可以采用三栏式账页，也可以采用多栏式账页。

银行存款日记账应按存款银行设置。

（二）三栏式银行存款日记账的登记

三栏式银行存款日记账的格式与三栏式现金日记账相似，但多了“开户银行”“银行账号”两个项目，有些三栏式银行存款日记账还多了“结算凭证种类与号码”栏。三栏式银行存款日记账登记方法如下：

（1）“开户银行”项应填写其开户行的全称；“银行账号”项应填写银行账号的全部数字。

（2）日期栏。填写与银行存款实际收、付日期一致的日期。

（3）凭证栏。填写所入账的收、付款凭证的“字”和“号”。

（4）摘要栏。填写经济业务的简要内容。

（5）结算凭证种类、号码栏。填写银行凭证（如支票、银行汇票等）的名称和编号。

（6）对方科目栏。填写与“银行存款”账户发生对应关系的账户的名称。

（7）借方（收入）栏、贷方（支出）栏。填写银行存款实际收、付的金额。

（8）每日应在本日所记最后一笔经济业务后面的“余额”栏内结出余额，并做出日结（见本项目任务五）。

（9）定期应将银行存款日记账的“余额”与银行送达的“对账单”核对。

【业务二】 银行存款日记账的登记

【业务资料】

记　账　凭　证

2023 年 7月 5 日　　　　字第 2 号

深圳市前通实业有限公司出品

摘要	会计科目		借方金额											贷方金额											记账
	总账科目	明细科目	亿	千	百	十	万	千	百	十	元	角	分	亿	千	百	十	万	千	百	十	元	角	分	√
提现	库存现金							1	0	0	0	0	0												
	银行存款	工行歌乐山营业所																	1	0	0	0	0	0	
附件 1 张	合	计					¥	1	0	0	0	0	0					¥	1	0	0	0	0	0	

会计主管　　记账　　出纳　　审核 魏小小　　制证 游飞

图 5-14　记账凭证

【业务分析】会计根据审核过的原始凭证编制记账凭证，交审核人员审核，出纳根据发生经济业务的时间顺序登记银行存款日记账并在“出纳”处签字。

【业务流程及核算】

（1）出纳根据经济业务的时间顺序在银行存款日记账的“贷方”栏登记。

（2）出纳算出银行存款余额填在“余额”栏内，并在“借或贷”栏注明余额方向“借”（如图 5-15 所示）。

（3）出纳在记字第 2 号凭证上签字并在“记账”栏标记记账符号“√”（记账凭证略）。

开户银行：中国工商银行极乐山营业所　　银行存款日记账　　银行账号：6217 2131 3333 8888 000

2023年		凭证编号	摘要	银行凭证		对方科目	借方											贷方											借或贷	余额											√
月	日			种类	号码		亿	千	百	十	万	千	百	十	元	角	分	亿	千	百	十	万	千	百	十	元	角	分		亿	千	百	十	万	千	百	十	元	角	分	
7	1		期初余额																										借				8	5	6	4	7	9	0	0	
7	5	记2	提现	现支	0358246	库存现金																	1	0	0	0	0	0	借				8	5	5	4	7	9	0	0	

图 5-15　过账后的银行存款日记账

【试一试】

1.将图5-14所示记账凭证过入现金日记账（图5-13）。
2.将过账后的记账凭证（图5-14）进行完善。

任务四　分类账的设置与登记

【任务描述】

会根据企业实际需要设置总分类账和明细分类账；会根据记账凭证登记总分类账；会根据会计凭证登记明细分类账；知道辅助账簿的意义及设置。

【知识准备】

一、总分类账的设置与登记

（一）总分类账的设置

总分类账简称总账，是根据会计科目表上的总分类科目并结合企业实际开设的账簿。总分类账可以全面、系统反映单位的经济活动，为编制会计报表提供必要数据资料。

每个单位都必须设置总分类账。

总分类账账页格式一般为三栏式，外表形式采用订本式账簿。由于订本式账页在启用前已经编好页码，因而启用时应充分估计预留页数。

（二）总分类账的登记

由于采用的会计核算程序（在项目十三中介绍）不同，总分类账可以根据记账凭证逐笔登记，也可以汇总登记。其中最基本的核算程序是根据记账凭证逐笔登记。不论采用哪种方法登记总账，每月都应将本月发生的经济业务全部登记入账，并于月份终了结算出每个账户的本期借贷方发生额及其余额，与所属明细账余额的合计数核对相符后，作为编制会计报表的主要依据。

总分类账账页格式如图 5-16 所示。

总 分 类 账

总第 52 页 分第 3 页

2023 年 度 会计科目及编号：管理费用 5602

2023年		凭证号数		摘要	对方科目	借方											√	贷方											√	借或贷	余额											√
月	日	种类	号数			亿	千	百	十	万	千	百	十	元	角	分		亿	千	百	十	万	千	百	十	元	角	分			亿	千	百	十	万	千	百	十	元	角	分	
7	2	记	2	购账本									6	2	0	0														借								6	2	0	0	

图 5-16 总分类账账页

总分类账登记方法如下：

1.“总页与分页”项

“总页”填这一页在这本账中的页码，分页填这一页在这个账户中的页码。

2.“会计科目及编号”项

填总分类科目及其在会计准则中的统一编号，也可以盖科目章。

3.“日期”栏

在根据记账凭证登记总账的情况下，填写记账凭证的日期；在汇总登记的情况下，填写汇总凭证的日期。

4.“凭证种类号数”栏

在根据记账凭证登记总账的情况下，填写记账凭证种类、号数；在汇总登记的情况下，填写汇总凭证的种类、号数。

5.“摘要”栏

填写所依据的凭证的简要内容。对于依据记账凭证登记总账的小企业，应与记账凭证中的摘要内容一致；对于依据科目汇总表登记总账的小企业，应该填写“×～×日汇总”或“汇总×～×日记账凭证”。

总分类账中其他栏目填写方法与三栏式现金日记账相同，在此不再赘述。

【业务一】 总分类账的登记

【业务资料】

记 账 凭 证

2023 年 7 月 2 日 字第 1 号

06号 深圳市前通实业有限公司出品

摘要	会计科目		借方金额											贷方金额											记账
	总账科目	明细科目	亿	千	百	十	万	千	百	十	元	角	分	亿	千	百	十	万	千	百	十	元	角	分	√
购账本	管理费用	公司经费								6	2	0	0												
	库存现金																				6	2	0	0	
附件 2 张	合计								¥	6	2	0	0							¥	6	2	0	0	

会计主管　　记账　　出纳　　审核 魏小小　　制证 游飞

图 5-17 记账凭证

【业务分析】会计根据审核过的原始凭证编制记账凭证，交审核人员审核后，会计登记总分类账，并在凭证“记账”处签字。

【业务流程及核算】

（1）会计根据记字第 1 号凭证在库存现金总分类账的“贷方”栏登记。

（2）会计算出库存现金余额填在“余额”栏，并在“借或贷”栏注明余额方向“借”（图 5-18）。

总 分 类 账

总第 1 页 分第 1 页

2023 年 度　　会计科目及编号：库存现金 1001

2023年		凭证号数		摘要	对方科目	借方											√	贷方											√	借或贷	余额											√
月	日	种类	号数			亿	千	百	十	万	千	百	十	元	角	分		亿	千	百	十	万	千	百	十	元	角	分			亿	千	百	十	万	千	百	十	元	角	分	
7	1			期初余额																																6	7	2	0	0	0	
7	2	记	1	购账本																					6	2	0	0		借						6	6	5	8	0	0	

图 5-18 库存现金总分类账

（3）会计根据记字第 1 号凭证在管理费用总分类账的“借方”栏登记。

（4）会计算出管理费用余额填在“余额”栏，并在“借或贷”栏注明余额方向“借”（图 5-19）。

（5）会计在记字第 1 号凭证上签字（签字后的记账凭证略）。

总分类账

总第 52 页 分第 3 页

2023 年度 会计科目及编号：管理费用 5602

2023年		凭证号数		摘要	对方科目	借方											√	贷方											√	借或贷	余额											√
月	日	种类	号数			亿	千	百	十	万	千	百	十	元	角	分		亿	千	百	十	万	千	百	十	元	角	分			亿	千	百	十	万	千	百	十	元	角	分	
7	2	记	2	购账本									6	2	0	0														借								6	2	0	0	

图 5-19 管理费用总分类账

【试一试】

> 将图5-14所示记账凭证过入库存现金总分类账(图5-18)及银行存款总分类账(草稿纸上用“T形”账户代替)。

二、明细分类账的设置与登记

（一）明细分类账的设置

明细分类账简称明细账，是根据企业实际需要按明细分类科目开设的账簿，用来分类、连续记录和反映有关经济业务增减变动详细情况的账簿，可以为编制会计报表提供必要的详细资料。库存现金和银行存款设了日记账逐日逐笔登记，相当于明细账。

明细分类账从外表形式上看属于活页式；从账页格式看可以是三栏式、多栏式、数量金额式、横线登记式。

三栏式明细分类账适用于只要求金额核算的账户，如各项应收应付款、资本等账户的明细分类账。

多栏式明细分类账适用于“生产成本”“制造费用”“管理费用”“应交税费—应交增值税”等需要集中在一页上反映有关明细项目的账户。

数量金额式明细分类账适用于既要提供金额核算又要提供数量核算的账户，如“原材料”“库存商品”等账户。

横线登记式明细分类账适用于需要在同一张账页的同一行记录某一项经济业务从发生到结束的相关内容的账户，如“其他应收款”“在途物资”等账户的明细分类账。

（二）明细分类账的登记

明细分类账应根据审核无误的记账凭证及其所附原始凭证逐日逐笔进行记录，也可以根据经济业务的实际情况和经营管理需要进行汇总记录(如材料、商品、收入、费用的明细账)。

三栏式明细分类账的登记方法与三栏式现金日记账的登记方法基本相同。

数量金额式账簿“最高存量”“最低存量”“编号”等项目视企业具体情况填写，“规格”和“单位”项填写材料的规格和计量单位，“名称”项填材料的名称，也就是明细科目。

【业务二】 明细分类账的登记

【业务资料】

电子发票（增值税专用发票） 发票号码：24512000000032201525
开票日期：2023 年 07 月 06 日

购买方信息	名称：重庆胜利铸件厂 统一社会信用代码/纳税人识别号： 500106505000000	销售方信息	名称：四川大福钢铁有限公司 统一社会信用代码/纳税人识别号： 510181654009000

项目名称	规格型号	单位	数量	单价	金额	税率/征收率	税额
生铁		吨	10	3900.00	39000.00	13%	5070.00
合　计：					¥39000.00		¥5070.00
价税合计（大写）	⊗人民币肆万肆仟零柒拾元整				（小写）¥44070.00		
备注							

开票人：陈开

图 5-20 电子增值税专用发票

记 账 凭 证

2023 年 7 月 6 日 字第 5 号

摘要	总账科目	明细科目	借方金额	贷方金额	记账✓
购料	原材料	生铁	3900000		
	应交税费	应交增值税—进项税额	507000		
	应付账款	四川大福钢厂		4407000	
附件 2 张	合	计	¥4407000	¥4407000	

会计主管　　记账　　出纳　　审核 魏小小　　制证 游飞

图 5-21 记账凭证

【业务分析】会计根据记账凭证及所附原始凭证登记明细分类账，并在“记账”栏做好记账标记。

【业务流程及核算】

（1）会计根据记字第×号凭证在原材料—生铁明细分类账的“收入栏”登记“数量”“单价”“金额”。

（2）会计算出生铁余额分别填好“余额”栏的“数量”“单价”“金额”分栏，并在“借或贷”栏注明余额方向“借”（图 5-22）。

最高储量________
最低储量________

原材料 明细账

编号______ 规格______　　　　单位：吨　　名称：生铁

2023年 月	日	凭证号数 种类	号数	摘要	对应科目	收入（借方） 数量	单价	金额（亿千百十万千百十元角分）	发出（贷方） 数量	单价	金额（亿千百十万千百十元角分）	借或贷	余额（结存） 数量	单价	金额（亿千百十万千百十元角分）	√
7	1			期初结存								借	20	3900	7800000	
7	6	记	5	购料		10	3900	3900000				借	30	3900	11700000	

图 5-22　原材料明细账

（3）会计根据记字第×号凭证在“应交税费—应交增值税”明细分类账“借方”栏的“进项税额”分栏登记（图 5-23）。

应交税费（增值税）明细账

23年 月	日	凭证 种类	编号	摘要	借方 合计	借方 进项税额	借方 已交税金	借方 转出未交增值税	贷方 合计	贷方 销项税额	贷方 出口退税	贷方 进项税额转出	借或贷	余额
7	6	记	5	购材料		507000								

图 5-23　应交税费（增值税）明细账

（4）会计根据记字第×号凭证在“应付账款—大福钢铁”明细分类账的“贷方”栏登记。

（5）会计算出“应付账款—大福钢铁”余额填在“余额”栏，并在“借或贷”栏注明余额方向“贷”（图 5-24）。

应付账款 明细账

2023 年 度

会计科目及编号：应付账款
子目及户名：大福钢铁

2023年 月	日	凭证号数 种类	号数	摘要	对应科目	借方（亿千百十万千百十元角分）	√	贷方（亿千百十万千百十元角分）	√	借或贷	余额（亿千百十万千百十元角分）	√
7	6	记	5	购料未付款				4407000		贷	4407000	

图 5-24　应付账款明细账

（6）会计在记字第×号凭证上“记账”栏做好记账标记，并在“记账”处签字（记账凭证略）。

三、总分类账与明细分类账的平行登记

（一）平行登记的概念

所谓平行登记法，是指发生的每一经济业务事项，既要在总分类账的有关账户中进行总括登记，又要在所属明细分类账有关账户中进行登记的方法。

（二）平行登记的要点

1. 依据相同

以相同的会计凭证为依据。

2. 方向相同

以相同的方向登记。

3. 期间相同

在同一会计期间登记。

4. 金额相等

登记入总分类账户的金额，应等于所属明细分类账户金额之和。

四、备查账簿的设置与登记

备查账簿可对某些经济业务的内容提供必要的、详细的参考资料，如经营租入固定资产登记簿、出租出借包装物备查簿等。备查账簿无统一格式，只是根据管理需要和具体的业务内容载明各项需要查阅的资料与数据。

各单位根据实际需要自行设计备查账簿。

任务五 结 账

【任务描述】

知道结账的概念及意义；能够根据对账簿进行月结、年结。

【知识准备】

一、结账的概念及意义

结账，就是把一定时期内应记入账簿的经济业务全部登记入账后，计算并记录本期发生额及期末余额，据以编制会计报表，并将余额结转下期或新的账簿的过程。

二、结账的要求和方法

小企业会计人员需按照会计基础工作规范规定，按月、年结账，对库存现金日记账及银行存款日记账除按月、年结账外，还需按日结账。

（一）结账的要求

结账的具体要求如下：

（1）结账前，必须将本期内所发生的各项经济业务事项全部登记入账。

（2）结账时，应当结出每个账户的期末余额，然后按要求进行日结、月结、年结。

(3) 年度终了，要把有余额账户的余额结转到下一会计年度。

(二) 结账的方法

1. 日结

库存现金日记账和银行存款日记账每日终了都需要结账，即日结。

每日终了，出纳人员一定要结出当日库存现金的余额并填写在当日所记最后一笔经济业务行的“余额”栏内，且与库存现金实有数进行核对，保证账面余额和实际余额相符(即账实相符)。

如果每日现金收付业务较多，每日终了要在“摘要”栏填写“本日合计”字样，分别合计本日的借方金额和贷方金额，计算出余额，填写在该行内的“借方”“贷方”和“余额”栏。

如果某日现金收付业务不多，当日终了可不填写“本日合计”行，只需在当日最后一笔经济业务的“余额”栏内算出余额即可。

【业务一】 日结

【业务资料】

第 1 页

现金日记账

2023年		凭证编号	摘要	对方科目	借方											贷方											借或贷	余额											√
月	日				亿	千	百	十	万	千	百	十	元	角	分	亿	千	百	十	万	千	百	十	元	角	分		亿	千	百	十	万	千	百	十	元	角	分	
			承前页					1	6	2	1	7	0	1	0				1	5	4	0	7	8	4	0	借					1	5	4	4	1	7	0	
12	26		本日合计							2	1	9	9	6	0						2	0	0	0	0	0	借					1	5	4	4	1	7	0	
	28	记24	销售多余材料	其他业务收入						2	8	0	8	0	0																								
	28	记28	现金存入	银行存款																	2	8	0	0	0	0													

图 5-25　现金日记账

【业务分析】出纳何成成在 12 月 28 日最后一笔业务入账后，需要对现金日记账做出日结。

【业务流程及核算】

(1) 出纳结出当日库存现金余额并填在最后一笔经济业务行的“余额”栏内。

(2) 出纳在“借或贷”栏注明余额方向“借”。

(3) 出纳在最后一笔业务下一行“摘要”栏写“本日合计”；结出“借方”和“贷方”的发生额合计；在“借或贷”栏上注明方向，结出“余额”(见图 5-26 中 12 月 26 日结账)。

第 1 页

现金日记账

2023年		凭证编号	摘要	对方科目	借方											贷方											借或贷	余额											√
月	日				亿	千	百	十	万	千	百	十	元	角	分	亿	千	百	十	万	千	百	十	元	角	分		亿	千	百	十	万	千	百	十	元	角	分	
			承前页					1	6	2	1	7	0	1	0				1	5	4	0	7	8	4	0	借					1	5	4	4	1	7	0	
12	26		本日合计							2	1	9	9	6	0						2	0	0	0	0	0	借					1	5	4	4	1	7	0	
	28	记24	销售多余材料	其他业务收入						2	8	0	8	0	0																								
	28	记28	现金存入	银行存款																	2	8	0	0	0	0													

图 5-26　现金日记账

【试一试】

将图5-26 现金日记账中12月28日的业务进行日结。

银行存款日记账的结账方式同库存现金日记账的结账方式相同。

2. 月结

对需要按月结计发生额和期末余额的账户（如现金日记账、银行存款日记账、采用记账凭证核算程序所登记的总账、成本费用类明细账、采用账结法下的损益类明细账等），月末结账时，应在该月最后一笔经济业务下一行的“摘要”栏内注明“本月合计”或“本月发生额及余额”字样；在“借方”栏、“贷方”栏分别填入本月合计数；在“余额”栏填入月末余额，同时在“借或贷”栏内注明借贷方向。然后，在这一行下面再划一条通栏红线以便与下月发生额划清。

3. 年结

年度终了所有账户都应当结出全年发生额和年末余额。

年结时，在12月的“本月合计”的下一行的“摘要”栏注明“本年合计”或“本年发生额及余额”，同时结出全年借、贷方发生额及期末余额，在这一行下面划上通栏双红线，以示封账。

年终时，需把有余额账户的余额结转到下一会计年度，在摘要栏注明“结转下年”字样。如果账页的“结转下年”行以下还有空行，应当自余额栏的右上角至日期栏的左下角用红笔划对角斜线注销。如果次年度会计科目名称有变化，还应在摘要栏中注明“结转下年×××新账户”。

【业务二】 月结、年结

【业务资料】

总第 ** 页 分第 ** 页

原材料

2023 年 度

会计科目及编号：原材料1403

子目及户名：

2023年		凭证号数		摘要	对应科目	借方											√	贷方											√	借或贷	余额											√
月	日	种类	号数			亿	千	百	十	万	千	百	十	元	角	分		亿	千	百	十	万	千	百	十	元	角	分			亿	千	百	十	万	千	百	十	元	角	分	
				承前页					1	6	0	0	0	0	0	0					1	5	0	0	0	0	0	0		借				2	8	0	0	0	0	0	0	
12	17	记	10	领用材料																	2	4	0	0	0	0	0	0		借					4	0	0	0	0	0	0	
12	22	记	24	领用材料					1	0	0	0	0	0	0	0														借				1	4	0	0	0	0	0	0	
12	26	记	27	领用材料																	1	0	0	0	0	0	0	0		借					4	0	0	0	0	0	0	
12	28	记	33	领用材料																		3	2	0	0	0	0	0		借						8	0	0	0	0	0	

图 5-27 原材料总分类账

【业务分析】会计人员将2023年最后一笔原材料业务记入原材料总分类账后，要对此账户进行12月的月结和2023年的年结，并将原材料余额结转下年，注销剩余空行。

【业务流程及核算】

第一步：月结。

（1）在该月最后一笔经济业务下一行的“摘要”栏内注明“本月合计”字样；在“借方”栏、“贷方”栏分别填入本月合计数；在“余额”栏填入月末余额，同时在“借或贷”栏内注明借贷方向。

（2）在“本月合计”行下面划一条通栏红线表示月结。

第二步：年结。

（1）在12月“本月合计”的下一行的“摘要”栏注明“本年合计”字样，在“借方”栏、“贷方”栏分别填入全年合计数；在“余额”栏填入年末余额，同时在“借或贷”栏内注明借贷方向。

（2）在“本年合计”行下面划上通栏双红线，以示封账。

（3）在“本年合计”行下一行“摘要”栏注明“结转下年”字样。

（4）从左下至右上角将“结转下年”行以下的空行划红线注销(图5-28)。

总第 ** 页 分第 ** 页

原材料

2023 年 度

会计科目及编号：原材料1403

子目及户名：

2023年 月	日	凭证号数 种类	号数	摘要	对应科目	借方（亿千百十万千百十元角分）	√	贷方（亿千百十万千百十元角分）	√	借或贷	余额（亿千百十万千百十元角分）	√
				承前页		16000000		15000000		借	28000000	
12	17	记	10	领用材料				24000000		借	4000000	
12	22	记	24	领用材料		10000000				借	14000000	
12	25	记	27	领用材料				10000000		借	4000000	
12	28	记	33	领用材料				3200000		借	800000	
12	31			本月合计		26000000		52200000		借	800000	
12	31			本年合计		278960000		279870000		借	800000	
				结转下年								

图5-28 原材料总分类账

新会计年度(每年公历1月1日)开始，总账和日记账应当更换新账，大部分明细账也应更换。但有些财产物资明细账和债权债务明细账、固定资产明细账和各种备查簿可以不必每年更换。

更换新账时，新建有关会计账簿的第一行摘要栏注明“上年结转”字样，余额栏内填写上年结转的余额。

【做一做】

根据下列经济业务填制通用记账凭证并登记总分类账及明细账。

业务：2023年11月21日，开出转账支票支付本月6日购料款113 000元。

要求：将此业务记账凭证过入下面银行存款日记账、应付账款—天意石墨明细分类账、应付账款总分类账、银行存款总分类账，如图5-29～图5-32所示。

开户银行：中国工商银行歌乐山营业所　　**银行存款日记账**　　银行账号：6217 2131 3333 8888 000

2023年 月	日	凭证编号	摘要	银行凭证 种类	号码	对方科目	借方	贷方	借或贷	余额	√
11	1		期初余额						借	85647900	
11	5	记2	提现	现支	03582##	库存现金		100000	借	85547900	

图 5-29　银行存款日记账

总第 ** 页　分第 ** 页

明细账

2023 年 度

会计科目及编号：应付账款 2202
子目及户名：天意石墨

2023年 月	日	凭证号数 种类	号数	摘要	对应科目	借方	√	贷方	√	借或贷	余额	√
11	1			期初余额						贷	650000	
11	6	记	6	购料未付款				11300000		贷	11950000	

图 5-30　明细分类账

总第 ** 页　分第 ** 页

总分类账

2023 年 度

会计科目及编号：应付账款 2202

2023年 月	日	凭证号数 种类	号数	摘要	对应科目	借方	√	贷方	√	借或贷	余额	√
11	1			期初余额						贷	650000	
11	6	记	6	购料款未付				11300000		贷	11950000	

图 5-31　应付账款总分类账

总第 ** 页　分第 ** 页

总分类账

2023 年 度

会计科目及编号：银行存款 1002

2023年 月	日	凭证号数 种类	号数	摘要	对应科目	借方	√	贷方	√	借或贷	余额	√
11	1			期初余额						借	85647900	
11	5	记	2	提现				100000		借	85547900	

图 5-32　银行存款总分类账

项目六 筹资业务分析、凭证填制及账簿登记

项目目标

1. 学会分析生产企业常见筹资业务。
2. 会进行投资者投入资本的核算。
3. 会进行借款的核算。

项目内容

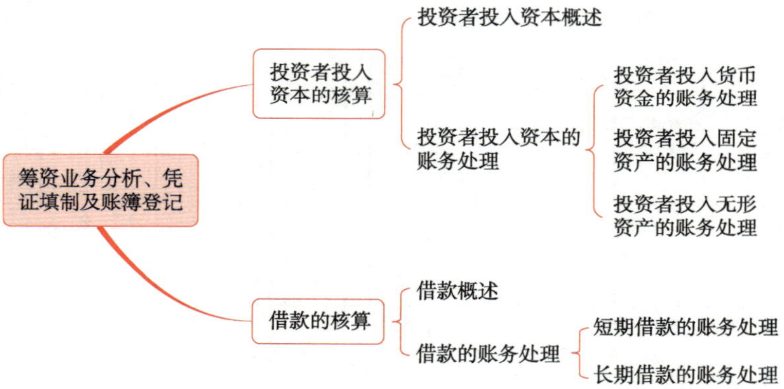

学时建议

8 学时

【导入案例】

重庆胜利铸件厂于 2023 年 7 月 1 日成立后，经过投资者资本投入和多次的举债，资金全部到位，该厂基本步入正轨。从 2023 年到 2024 年，发生了相关的筹资业务，资料如下：

（1）2023 年 7 月 1 日，收到投资者的投资款。

（2）2023 年 7 月 1 日，收到投资者以固定资产投入。

（3）2023 年 7 月 1 日，收到投资者以无形资产投入。

（4）2023 年 9 月 23 日，向银行借入短期借款。

（5）2023 年 10 月 16 日，向银行借入长期借款。
（6）2023 年 12 月 23 日，向银行支付短期借款的利息。
（7）2023 年 12 月 23 日，计提短期借款的利息。
（8）2023 年 12 月 28 日，支付短期借款利息及违约金。
（9）2024 年 3 月 23 日，偿还短期借款本金及利息。
（10）2024 年 4 月 16 日，支付长期借款利息。
（11）2024 年 4 月 16 日，偿还长期借款本金及利息。

- 出纳人员如何向银行办理贷款业务。
- 出纳人员如何登记与筹资业务有关的银行存款日记账。
- 会计人员如何编制筹资业务的记账凭证、登记总分类账及明细分类账。
- 审核人员和会计主管如何对筹资业务进行审核。

这里所讲筹资环节就是在小企业成立之初资金的获得。筹资主要包括两方面的内容：一方面由小企业投资者实际投入获得；另一方面由小企业举债获得。因此，对投资者投入资本的核算，包括投资者以货币资金投入、固定资产投入、无形资产投入等的核算；小企业举债获得的资金，包括向银行借入本金、支付银行利息、偿还银行本金等的核算就成为筹资业务核算的主要内容。

任务一　投资者投入资本的核算

【任务描述】

认识并填写与投资者投入资本相关的原始凭证；能对初始投资进行账务处理；能够进行收到货币投资的核算；能够进行收到固定资产投资的核算；能够进行收到无形资产投资的核算。

【知识准备】

一、投资者投入资本概述

小企业成立之初，最主要的资金来源是投资者的资金投入。投资者可以用货币资金进行投资，也可以用材料、厂房、机器设备等实物资产进行投资，还可以用专利权、非专利技术、商标权等无形资产进行投资。所有者投入的资本既包括构成小企业注册资本部分的金额，即实收资本；也包括投入资金超过注册资本部分的溢价金额，即资本公积。由于是初学者，资本公积的核算留待“财务会计”课程中学习。

【知识拓展】

《公司法》关于投资方式的规定

二、投资者投入资本的账务处理

（一）投资者投入货币资金的账务处理

1. 账户设置

（1）“银行存款”账户：用来核算企业存放在开户银行以及其他金融机构的款项，属资产类账户，借方登记存入数，贷方登记支出数，余额在借方表示存款的结余数。其结构如图 6-1 所示。

借方	银行存款　　　　　贷方
存入数	支出数
存款的结余数	

图 6-1　“银行存款”账户结构

（2）“实收资本”账户：用来核算投资者按照合同协议约定或相关规定投入小企业，构成小企业注册资本的部分，包括投资者实际投入小企业经营活动的各种财产物资的货币总额。该账户属所有者权益类账户，贷方登记实际收到的投入资本金数额，借方登记资本金减少数额，贷方余额表示企业实有资本金数额。其结构如图 6-2 所示。

借方	实收资本　　　　　贷方
资本金减少数额	投入资本金数额
	实有资本金数额

图 6-2　“实收资本”账户结构

2. 账务处理

小企业收到投资者的货币出资，借记“银行存款”账户，按与注册资本相等部分的金额，贷记“实收资本”账户。同时，“银行存款”账户下，应按照不同开户行进行明细分类核算；“实收资本”账户下，应按照不同投资者进行明细分类核算。

【业务一】　接受货币投资的核算

【业务资料】谭兴官、张天舒、刘浩三人共同出资成立重庆胜利铸件厂，公司的注册资本 200 万元。谭兴官以现金出资 100 万元，占注册资本的 50%；张天舒以设备出资，评估价值 60 万元，占注册资本的 30%；刘浩以非专利技术出资，三人协商价格 40 万元，占注册资本的20%。2023年7月1日，谭兴官全部款项一次性缴清，存入银行。

【业务分析】收到投资者的投资款，与注册资本相等部分，借记“银行存款”账户，贷记“实收资本”账户。

【业务流程及核算】

（1）根据企业核名通知书，到银行开立临时账户，填写“现金缴款单”并存入投资款，同时委托会计师事务所验资后出具验资报告（根据最新规定，新成立公司的注册资金可以委托会计师事务所出具验资报告，也可以不出具验资报告），如图6-3所示。

中国工商银行现金缴款单（回单）

2023年7月01日

客户填写栏	收款单位	全称	重庆胜利铸件厂	款项来源	谭兴官投资款
		账号	6217 2131 3333 8888 000	款项类别	现金，本行票据： 1 张
	人民币（大写）	壹佰万元整			千百十万千百十元角分 ¥ 1 0 0 0 0 0 0 0 0
银行记录	中国工商银行股份有限公司 歌乐山营业所 2023.07.01 受理凭证专用章 收妥抵用				

此联是银行给汇款单位的回单

图6-3 现金缴款单

（2）根据企业核名通知书、房屋租赁合同、租赁房屋的房屋产权证、股东会决议、章程、投资人身份证等相关资料，到工商部门进行公司注册。

（3）会计人员根据现金缴款单（回单），填制记账凭证，并交审核人员审核，如图6-4所示。

记 账 凭 证

2023 年 7 月 1 日　　　记字第 1 号

摘要	会计科目 总账科目	明细科目	借方金额（亿千百十万千百十元角分）	贷方金额（亿千百十万千百十元角分）	记账✓
收到投资款	银行存款	工商银行	1 0 0 0 0 0 0 0 0		
	实收资本	谭兴官		1 0 0 0 0 0 0 0 0	
附件 1 张	合计		¥ 1 0 0 0 0 0 0 0 0	¥ 1 0 0 0 0 0 0 0 0	

会计主管 侯耀　记账 游飞　出纳 何成成　审核 魏小小　制证 游飞

06号 深圳市前通实业有限公司出品

图6-4 记账凭证

【友情提示】

如果记账凭证不小心填制错误，不得更改，应重新填制一张。

（4）会计依据审核后的记账凭证登记“银行存款”“实收资本”总分类账和明细分类账。

（5）出纳根据经济业务的时间顺序逐笔登记“银行存款”日记账。

（二）投资者投入固定资产的账务处理

1. 账户设置

“固定资产”账户：用来核算企业所有固定资产的原始价值，属资产类账户，借方登记固定资产增加的原始价值，贷方登记固定资产减少的原始价值，余额在借方，表示企业现有固定资产的原始价值。其结构如图 6-5 所示。

借方	固定资产　　　　贷方
增加的原始价值	减少的原始价值
现有固定资产的原始价值	

图 6-5　“固定资产”账户结构

2. 账务处理

小企业收到投资者以厂房、机器设备等固定资产的出资，借记“固定资产”账户，按与注册资本相等部分的金额，贷记“实收资本”账户。同时，“固定资产”账户下，应按照具体设备名称，填写固定资产原始卡片，并进行明细分类核算；“实收资本”账户下，应按照不同投资者进行明细分类核算。

【业务二】　接受固定资产投资的核算

【业务资料】接[业务一]资料，张天舒以设备出资，评估价值 60 万元，占注册资本的 30%，2023 年 7 月 1 日，作为固定资产出资的货车 1 辆，价值 150 000 元办理交接手续；设备电炉 2 台，价值 300 000 元，办理交接手续；设备铸钢生产线 3 台，价值 150 000 元，已办妥托接收手续。

【业务分析】收到投资者的固定资产，与注册资本相等部分，借记“固定资产”账户，贷记“实收资本”账户。

【业务流程及核算】

（1）由专业评估机构对投资者的固定资产进行评估，出具评估报告。

（2）投资双方签订固定资产转让协议书，将协议副本交财务部门留存。

（3）财务部门协助办理产权转移手续，根据收到的固定资产编制固定资产入账通知书，如图 6-6 所示。

（4）会计人员根据“固定资产入账（出账）通知书”等，填制记账凭证，并交审核人员审核，如图 6-7 所示。

（5）会计依据审核后的记账凭证登记“固定资产”“实收资本”总分类账和明细分类账。

固定资产入账（出账）通知书

2023年7月1日

投资单位		张天舒		接收单位		重庆胜利铸件厂	
固定资产名称	规格型号	单位	数量	预计使用年限	已使用年限	原值	累计折旧
货车		辆	1	6年		150 000.00	
电炉		台	2	20年		300 000.00	
铸钢生产线		台	3	10年		150 000.00	
技术鉴定	同意接受		评估净值		600 000.00		

投资单位签章： 张天舒 张天舒印　　　　接收单位签章 重庆胜利铸件厂

图 6-6　固定资产入账通知书

记　账　凭　证

2023 年 7 月 1 日　　　　记字第 2 号

06号 深圳市前通实业有限公司出品

摘要	会计科目		借方金额	贷方金额	记账✓
	总账科目	明细科目	亿千百十万千百十元角分	亿千百十万千百十元角分	
收到固定资产投资	固定资产	货车	15000000		
	固定资产	电炉	30000000		
	固定资产	铸钢生产线	15000000		
	实收资本	张天舒		60000000	
附件 2 张	合计		¥60000000	¥60000000	

会计主管 侯耀　记账 游飞　出纳 何成成　审核 魏小小　制证 游飞

图 6-7　记账凭证

（三）投资者投入无形资产的账务处理

1. 账户设置

“无形资产”账户：用来核算企业所有无形资产的原始价值，属资产类账户，借方登记无形资产增加的原始价值，贷方登记无形资产减少的原始价值，余额在借方，表示企业现有无形资产的原始价值。其结构如图 6-8 所示。

借方	无形资产　　　　贷方
增加的原始价值	减少的原始价值
现有无形资产的原始价值	

图 6-8　“无形资产”账户结构

2. 账务处理

小企业收到投资者以专利权、非专利技术、商标权等无形资产的出资，借记“无形资产”账户，按与注册资本相等部分的金额，贷记“实收资本”账户。同时，“无形资产”账户下，应按照具体无形资产名称进行明细分类核算；“实收资本”账户下，应按照不同投资者进行明细分类核算。

【业务三】 接受无形资产投资的核算

【业务资料】接【业务一】资料，刘浩以非专利技术出资，三人协商价格 40 万元，占注册资本的 20%，2023 年 7 月 1 日，刘浩与企业签署一项技术的转让协议，并办妥转让手续。

【业务分析】根据转让协议和办妥的转让手续，与注册资本相等部分，借记“无形资产”账户，贷记“实收资本”账户。

【业务流程及核算】

（1）专业评估机构对投资者的技术进行评估，出具评估报告。

（2）投资双方签订非专利技术转让协议书，将协议副本交财务部门留存，如图 6-9 所示。

（3）财务部门协助办理非专利技术转让手续。

（4）会计根据非专利技术转让的相关凭证编制记账凭证，并交审核人员审核，如图 6-10 所示。

投资协议

接受投资单位：重庆胜利铸件厂（甲方）

投资单位：刘浩（乙方）

甲乙双方为了实现合作共赢的理念，现协议如下：

（1）未经甲方同意，乙方不得随意抽回投资。

（2）乙方以一项非专利技术投资，该项非专利技术的评估价值为 40 万元，开具增值税专用发票一张，投资后占有甲方注册资本的金额为 150 万元，并按此享受年利润的分配。

甲方(盖章)：重庆胜利铸件厂　　乙方(盖章)：刘浩印

法人代表：　　法人代表：

日期:2023 年 7 月 01 日　　日期:2023 年 7 月 01 日

图 6-9　投资协议

记　账　凭　证

2023 年 7 月 1 日　　记字第 3 号

06号 深圳市前通实业有限公司出品

摘要	会计科目：总账科目	会计科目：明细科目	借方金额	贷方金额	记账✓
收到无形资产投资	无形资产	非专利技术	40000000		
	实收资本	刘浩		40000000	
附件 2 张	合计		¥40000000	¥40000000	

会计主管 侯耀　记账 游飞　出纳 何成成　审核 魏小小　制证 游飞

图 6-10　记账凭证

（5）会计依据审核后的记账凭证登记“固定资产”“实收资本”总分类账和明细分类账。

【想一想】

小企业在什么情况下，收到投资者的投资才会超过其注册资金？

任务二 借款的核算

【任务描述】

能理解《小企业会计准则》中借款的相关规定；会认识并填写与借款相关的原始凭证；能够办理贷款业务；能够进行收到借款本金、支付利息、偿还本金的核算。

【知识准备】

一、借款概述

小企业在生产经营过程中，其资金来源除了靠投资者投入外，还可以向银行或其他金融机构借款，借入款项按偿还期限的不同，可以分为短期借款和长期借款。与投资者投入资金不同，借入的款项不但到期需要偿还本金，还需要依照合同或协议的规定，按期支付利息。

二、借款的账务处理

（一）短期借款的账务处理

1. 短期借款概述

短期借款是指小企业向银行或其他金融机构等借入的期限在1年内的各种借款。从短期借款的定义可以看出，小企业的短期借款有以下几个基本特征：

（1）其债权人不仅包括银行，还包括其他金融机构，如小额贷款公司等。如果在实务中，小企业存在向第三方（如个人）借入的款项并且应负担利息费用，也视同短期借款进行会计处理。

（2）借款期限较短，为1年以内（含1年）。

（3）不仅应偿还本金，还应支付相应的利息费用。

（4）短期借款不仅包括人民币借款，还包括外币借款。

2. 账户设置

（1）“短期借款”账户：用来核算小企业向银行或其他金融机构等借入的期限在1年以

内(含1年)的借款。属负债类账户，贷方登记取得借款的本金数额，借方登记偿还借款的本金数额，余额在贷方表示尚未偿还的借款本金数额。其结构如图6-11所示。

借方	短期借款 贷方
偿还借款的本金数额	取得借款的本金数额
	尚未偿还的借款本金数额

图6-11 “短期借款”账户结构

(2)“财务费用”账户：用来核算小企业向银行或金融机构支付的利息、手续费等费用。属费用类账户，借方登记支付的利息、手续费等财务费用，贷方登记利息收入、转入本年利润账户的金额，期末无余额。其结构如图6-12所示。

借方	财务费用 贷方
支付的利息、手续费等	利息收入、转入本年利润账户的金额
期末无余额	

图6-12 “财务费用”账户结构

(3)“应付利息”账户：用来核算小企业根据借款合同所约定的应付利息日应付而未付的利息。属于负债类账户，贷方登记应付利息日应付未付的利息，借方登记实际支付的利息，余额在贷方，表示应付而未付的利息。其结构如图6-13所示。

借方	应付利息 贷方
实际支付的利息	应付未付的利息
期末无余额	

图6-13 “应付利息”账户结构

3. 账务处理

(1)小企业在取得偿还期限在1年以内(含1年)的借款本金时，借记“银行存款”账户，贷记“短期借款”账户；在合同约定的应付利息日支付利息时，借记“财务费用”账户，贷记“银行存款”账户；到期偿还本金时，借记“短期借款”账户，贷记“银行存款”账户。同时，“短期借款”账户下，应按照借款种类、贷款人和币种进行明细分类核算。“财务费用”账户下，应按照具体费用种类进行明细分类核算。

(2)在合同约定的应付利息日，小企业暂时无法支付利息时，应借记“财务费用”账户，贷记“应付利息”账户；实际支付利息时，借记“应付利息”账户，贷记“银行存款”账户。同时，“应付利息”账户下，应按照借款种类、贷款人、币种进行明细分类核算。

【业务一】 取得短期借款的核算

【业务资料】2023年9月23日，重庆胜利铸件厂向工商银行歌乐山营业所借入一笔流动资金80 000元，期限6个月，到期日2024年3月22日，年利率6.8%，3个月付息一次，到期还本。

【业务分析】从银行或其他金融机构取得短期借款时，按借款本金，借记“银行存款”账户，贷记“短期借款”账户。

【业务流程及核算】

（1）出纳办理相关的贷款手续，取得“中国工商银行借款借据”，如图 6-14 所示。

中国工商银行 **借款借据**

2023 年 9 月 23 日　　借款编号：2022497301

借款企业名称	重庆胜利铸件厂	结算户账号	6217 2131 3333 8888 000	贷款户账号	6217 2131 3333 8888 000
贷款用途	材料采购		贷款种类	短期贷款	
借款金额	人民币（大写）捌万元整		千 百 十 万 千 百 十 元 角 分	¥ 8 0 0 0 0 0 0	
银行审查意见：同意 盖章（中国工商银行歌乐山营业所）	到期日期	2024 年 3 月 23 日	利率	年息 6.8%	
	中国工商银行股份有限公司 歌乐山营业所 2023.09.23 转讫（银行盖章） 2023 年 9 月 23 日				

图 6-14　借据

（2）会计根据“中国工商银行借款借据”等编制记账凭证，交审核人员审核，如图 6-15 所示。

记　账　凭　证

2023 年 9 月 23 日　　记字第 32 号

0 6 号　深圳市前通实业有限公司出品

摘要	总账科目	明细科目	借方金额（亿千百十万千百十元角分）	贷方金额（亿千百十万千百十元角分）	记账 ✓
借入短期借款	银行存款	工商银行	8 0 0 0 0 0 0		
	短期借款			8 0 0 0 0 0 0	
附件 2 张	合	计	¥ 8 0 0 0 0 0 0	¥ 8 0 0 0 0 0 0	

会计主管 侯耀　记账 游飞　出纳 何成成　审核 魏小小　制证 游飞

图 6-15　记账凭证

（3）会计依据审核后的记账凭证登记“银行存款”“短期借款”总分类账和明细分类账。

（4）出纳根据经济业务的时间顺序逐笔登记“银行存款”日记账。

【业务二】 支付短期借款利息的核算

【业务资料】2023 年 12 月 22 日，重庆胜利铸件厂接到工商银行歌乐山营业所利息扣取通知，原借入的流动资金 80 000 元，根据合同约定，2023 年 12 月 22 日，已到利息支付日，利息 1 360 元已被扣取。

【业务分析】从银行或其他金融机构取得利息扣取通知时，借记“财务费用”账户，贷记“银行存款”账户。

【业务流程及核算】

（1）出纳取得“中国工商银行贷款利息清单”，如图 6–16 所示。

中国工商银行　贷款利息清单

科目：　　　　2023 年 12 月 22 日

贷款户账号	6217 2131 3333 8888 000	结算户账号	6217 2131 3333 8888 000
户名	重庆胜利铸件厂		
计息起讫日期	2023 年 9 月 23 日—2023 年 12 月 22 日		
计息总积数		利率	利息金额
80 000.00		6.8%	1360

中国工商银行股份有限公司 歌乐山营业所 转讫

图 6–16　利息清单

（2）会计根据“中国工商银行贷款利息清单”编制记账凭证，交审核人员审核，如图 6–17所示。

记　账　凭　证

2023 年 12 月 22 日　　　　记字第 31 号

摘要	总账科目	明细科目	借方金额	贷方金额	记账
支付短期借款利息	财务费用	利息	136000		
	银行存款	工商银行		136000	
附件 1 张	合计		¥136000	¥136000	

会计主管 侯耀　记账 游飞　出纳 何成成　审核 魏小小　制证 游飞

06号 深圳市前通实业有限公司出品

图 6–17　记账凭证

（3）会计依据审核后的记账凭证登记“银行存款”“财务费用”总分类账和明细分类账。

（4）出纳根据经济业务的时间顺序逐笔登记“银行存款”日记账。

【业务三】 偿还短期借款本金及支付利息的核算

【业务资料】2024 年 3 月 22 日，重庆胜利铸件厂偿还工商银行歌乐山营业所借款本金 80 000 元，同时支付最后一期利息 1 360 元。

【业务分析】办妥偿还本金及支付利息时，借记“财务费用”“短期借款”账户，贷记“银行存款”账户。

【业务流程及核算】

（1）出纳办理相关偿还贷款的手续，取得“中国工商银行贷款利息清单”和“中国工商银行贷款收回凭证”，如图 6-18 所示。

中国工商银行　　贷款收回凭证

收回日期 2024 年 03 月 22 日　　No 0811134292

		现金票面	
客 户 号：2023000231	交 易 码：200003（7304）		
贷款账号：6217 2131 3333 8888 000		100 元	
客 户 名：重庆胜利铸件厂		50 元	
客户地址：重庆市歌乐山大天池村 00 号		20 元	
借款日期：2023/09/23	到期日期：2024/03/22	10 元	
借款余额：80 000.00	年 利 率：6.8%	5 元	
还款方式：还本	中国工商银行股份有限公司 歌乐山营业所 2024.03.22 业务办讫	2 元	
归还本金：80 000.00		1 元	
归还利息：	银行签章	辅币	
尚欠本金：			
（人民币）本息合计（大写）：捌万元整	￥80 000.00		

复核　　记账　　出纳　　电脑打印 手写无效

图 6-18　贷款收回凭证

（2）会计根据“中国工商银行贷款利息清单”“中国工商银行贷款收回凭证”编制记账凭证，交审核人员审核，如图 6-19 所示。

记 账 凭 证

2024 年 03 月 22 日　　记字第 32 号

06号　深圳市前通实业有限公司出品

摘要	会计科目		借方金额											贷方金额											记账
	总账科目	明细科目	亿	千	百	十	万	千	百	十	元	角	分	亿	千	百	十	万	千	百	十	元	角	分	✓
支付短期借款利息	财务费用	利息						1	3	6	0	0	0												
偿还借款本金	短期借款						8	0	0	0	0	0	0												
	银行存款	工商银行																8	1	3	6	0	0	0	
附件 2 张	合计					￥	8	1	3	6	0	0	0				￥	8	1	3	6	0	0	0	

会计主管 侯耀　记账 游飞　出纳 何成成　审核 魏小小　制证 游飞

图 6-19　记账凭证

（3）会计依据审核后的记账凭证登记“银行存款”“财务费用”“短期借款”总分类账和明细分类账。

（4）出纳根据经济业务的时间顺序逐笔登记“银行存款”日记账。

【业务四】 计提短期借款利息的核算

【业务资料】2023 年 12 月 22 日，重庆胜利铸件厂接到工商银行歌乐山营业所利息催款通知，原借入的流动资金 80 000 元，根据合同约定，2023 年 12 月 22 日，已到利息支付日，利息金额 1 360 元，因公司资金紧张，暂时无法支付。

【业务分析】2023 年 12 月 22 日，会计计算应付的利息，借记“财务费用”账户，贷记“应付利息”账户。

【业务流程及核算】

（1）会计编制应付利息计算表，如图 6-20 所示。

短期借款利息计算表

2023 年 12 月 22 日　　单位：元

借款开始日	本金	年利率	季利率	应付利息日利息	备注
2023.09.23	80 000	6. 8%	1. 7%	1 360	
合计	¥80 000			¥1 360	

审核：魏小小　　制单：游飞

图 6-20　应付利息计算表

（2）会计根据“应付利息计算表”编制记账凭证，交审核人员审核，如图 6-21 所示。

记　账　凭　证

2023 年 12 月 22 日　　记字第 31 号

摘　要	会计科目		借方金额											贷方金额											记账
	总账科目	明细科目	亿	千	百	十	万	千	百	十	元	角	分	亿	千	百	十	万	千	百	十	元	角	分	✓
计提短期借款利息	财务费用	利息						1	3	6	0	0	0												
	应付利息																		1	3	6	0	0	0	
附件 1 张	合	计					¥	1	3	6	0	0	0					¥	1	3	6	0	0	0	

会计主管 侯耀　记账 游飞　出纳 何成成　审核 魏小小　制证 游飞

06号 深圳市前通实业有限公司出品

图 6-21　记账凭证

（3）会计依据审核后的记账凭证登记“应付利息”“财务费用”总分类账和明细分类账。

【业务五】 支付延期支付的短期借款利息的核算

【业务资料】2023 年 12 月 27 日，重庆胜利铸件厂接到工商银行歌乐山营业所利息扣款通知，原借入的流动资金 80 000 元，根据合同约定，应于 2023 年 12 月 22 日支付的利息金额 1 360 元，已经扣取，并扣取延期 5 天的违约金 3.4 元(每天按违约金额万分之五计算)。

【业务分析】从银行或其他金融机构取得利息扣取通知和违约金支付通知时，借记“应付利息”“营业外支出”账户，贷记“银行存款”账户。

【业务流程及核算】

（1）出纳取得“中国工商银行贷款利息清单”和“中国工商银行收费凭证”，如图 6-22、图 6-23 所示。

中国工商银行　　贷款利息清单

科目：　　2023 年 12 月 27 日

贷款户账号	6217 2131 3333 8888 000	结息户账号	6217 2131 3333 3888 000
户名	重庆胜利铸件厂		
计息起讫日期	2023 年 9 月 23 日—2023 年 12 月 22 日		
计息总积数		利率	利息金额
80 000.00		6.8%	1 360

图 6-22　中国工商银行贷款利息清单

中国工商银行　　收费凭证

2023 年 12 月 27 日

账号	6217 2131 3333 8888 000	币种	人民币		
户名	重庆胜利铸件厂				
收费项目 结算手续费	金额 0.00	收费项目 结算汇划费	金额 0.00	收费项目 结算滞纳金	金额 3.40
合计	3.40	金额大写	叁元肆角整		
划款方式：转账 摘　　要：滞纳金　　（银行盖章）					

记账柜员：2931

图 6-23　中国工商银行收费凭证

（2）会计根据“中国工商银行贷款利息清单”和“工商银行收费凭证”编制记账凭证，交审核人员审核，如图 6-24 所示。

（3）会计依据审核后的记账凭证登记“银行存款”“营业外支出”“应付利息”总分类账和明细分类账。

（4）出纳根据经济业务的时间顺序逐笔登记“银行存款”日记账。

记　账　凭　证

2023　年　12　月　27　日　　　　记字第　41　号

06号

摘要	会计科目 总账科目	会计科目 明细科目	借方金额	贷方金额	记账✓
支付短期借款利息	应付利息		136000		
支付利息滞纳金	营业外支出		340		
	银行存款	工商银行		136340	
附件 2 张	合计		¥136340	¥136340	

会计主管　侯耀　　记账　游飞　　出纳　何成成　　审核　魏小小　　制证　游飞

深圳市前通实业有限公司出品

图 6-24　记账凭证

【知识拓展】

银行贷款不还的后果

（二）长期借款的账务处理

1. 长期借款概述

长期借款是指小企业向银行或其他金融机构借入的期限在 1 年以上(不含 1 年，下同)的各项借款。一般用于固定资产的购建及改扩建工程、大修理工程、对外投资以及保持长期经营能力等方面，是企业非流动负债的重要组成部分。

小企业的长期借款有以下几个基本特征：

(1) 其债权人不仅包括银行，还包括其他金融机构，如小额贷款公司等。如果在实务中，小企业存在向第三方(如个人)借入的款项并且应负担利息费用，也视同长期借款进行会计处理。

(2) 长期借款期限较长，为 1 年以上(不含 1 年)

(3) 不仅应偿还本金，还应支付相应的利息费用。

(4) 长期借款不仅包括人民币借款，还包括外币借款。

2. 账户设置

“长期借款”账户：用来核算偿还期在 1 年以上的借款。属负债类账户：贷方登记借款的增加数，借方登记偿还借款的数额，余额在贷方表示尚未偿还的借款数额。其结构如图 6-25所示。

3. 账务处理

(1) 小企业在取得偿还期限在 1 年以上的借款本金时，借记“银行存款”账户，贷记“长期借款”账户；在合同约定的应付利息日支付利息时，借记“财务费用”“在建工程”

等账户，贷记“银行存款”账户；到期偿还本金时，借记“长期借款”账户，贷记“银行存款”账户。同时，“长期借款”账户下，应按照借款种类、贷款人和币种进行明细分类核算。

借方	长期借款　　　　贷方
偿还借款的数额	借入借款的数额
	尚未偿还的借款数额

图 6-25 “长期借款”账户结构

（2）在合同约定的应付利息日，小企业暂时无法支付利息时，应借记“财务费用”“在建工程”等账户，贷记“应付利息”账户；实际支付利息时，借记“应付利息”账户，贷记“银行存款”账户。同时，“应付利息”账户下，应按照借款种类、贷款人、币种进行明细分类核算。

长期借款利息费用的会计处理比较复杂，在《基础会计》教材里，我们暂不涉及，留待企业财务会计再学习。

【业务六】 取得长期借款的核算

【业务资料】2023 年 10 月 16 日，重庆胜利铸件厂因生产经营需要，向农业银行歌乐山支行借入 200 000 元，期限 1 年半，到期日 2024 年 4 月 16 日，年利率 9%，6 个月付息一次，到期还本。

【业务分析】从银行或其他金融机构取得长期借款时，按借款本金，借记“银行存款”账户，贷记“长期借款”账户。

【业务流程及核算】

（1）出纳办理相关的贷款手续，取得“中国农业银行借款借据”，如图 6-26 所示。

中国农业银行 **借款借据**

2023 年 10 月 16 日　　借款编号：2013800401

借款企业名称	重庆胜利铸件厂	结算户账号	3104110046002222 111	贷款户账号	3104110046002222 111
贷款用途	生产经营		贷款种类	经营贷	
借款金额	人民币（大写） 贰拾万元整				
银行审查意见：	到期日期	2025年04月15日	利率	年息 9%	

千	百	十	万	千	百	十	元	角	分
	¥	2	0	0	0	0	0	0	0

同意

中国农业银行股份有限公司歌乐山支行 盖章

中国农业银行股份有限公司歌乐山支行 2023.10.16 办讫章

（银行盖章） 年 月 日

图 6-26 中国农业银行借款借据

（2）会计根据“中国农业银行借款借据”编制记账凭证，交审核人员审核，如图 6-27 所示。

记 账 凭 证

2023 年 10 月 16 日　　　　记字第 22 号

06号 深圳市前通实业有限公司出品

摘要	会计科目		借方金额											贷方金额											记账
	总账科目	明细科目	亿	千	百	十	万	千	百	十	元	角	分	亿	千	百	十	万	千	百	十	元	角	分	✓
借入长期借款	银行存款	农业银行				2	0	0	0	0	0	0	0												
	长期借款																2	0	0	0	0	0	0	0	
附件 1张	合计				¥	2	0	0	0	0	0	0	0			¥	2	0	0	0	0	0	0	0	

会计主管 侯耀　记账 游飞　出纳 何成成　审核 魏小小　制证 游飞

图 6-27　记账凭证

（3）会计依据审核后的记账凭证登记“银行存款”“长期借款”总分类账和明细分类账。

（4）出纳根据经济业务的时间顺序逐笔登记“银行存款”日记账。

【业务七】　支付长期借款利息的核算

【业务资料】2024 年 4 月 15 日，重庆胜利铸件厂接到农业银行歌乐山支行利息扣取通知，因生产经营需要借入的 200 000 元本金，根据合同约定，2023 年 4 月 15 日，已到利息支付日，利息 9 000 元已被扣取。

【业务分析】从银行或其他金融机构取得利息扣取通知时，借记“财务费用”账户，贷记“银行存款”账户。

【业务流程及核算】

（1）出纳取得“中国农业银行贷款利息清单”，如图 6-28 所示。

中国农业银行　　　　**贷款利息清单**

科目：　　　　2024 年 04 月 15 日

贷款户账号	3104110046002222 111	结算户账号	3104110046002222 111
户名	重庆胜利铸件厂		
计息起讫日期	2023 年 10 月 16 日—2024 年 04 月 15 日		
计息总积数		利率	利息金额
200 000.00		9%	9 000

中国农业银行股份有限公司 歌乐山支行 2024.04.15 转讫

图 6-28　中国农业银行贷款利息清单

（2）会计根据“中国农业银行贷款利息清单”编制记账凭证，交审核人员审核，如图 6-29所示。

记　账　凭　证

2024 年 4 月 15 日　　　　记字第 23 号

06号 深圳市前通实业有限公司出品

摘要	会计科目		借方金额	贷方金额	记账✓
	总账科目	明细科目	亿千百十万千百十元角分	亿千百十万千百十元角分	
支付长期借款利息	财务费用	利息	900000		
	银行存款	农业银行		900000	
附件 1 张	合计		¥900000	¥900000	

会计主管 侯耀　记账 游飞　出纳 何成成　审核 魏小小　制证 游飞

图 6-29　记账凭证

（3）会计依据审核后的记账凭证登记“银行存款”“财务费用”总分类账和明细分类账。

（4）出纳根据经济业务的时间顺序逐笔登记“银行存款”日记账。

【业务八】　偿还长期借款本金及支付利息的核算

【业务资料】2025 年 4 月 15 日，重庆胜利铸件厂偿还农业银行歌乐山支行借款本金 200 000 元，同时支付最后一期利息 9 000 元。

【业务分析】办妥偿还本金及支付利息时，借记“财务费用”“长期借款”账户，贷记“银行存款”账户。

【业务流程及核算】

（1）出纳办理相关偿还贷款的手续，取得“中国农业银行利息扣取通知单”“中国农业银行贷款收回凭证”，如图 6-30 所示。

中国农业银行　　　贷款收回凭证

收回日期 2025 年 04 月 15 日　　　　No 0811234567

		现金票面	
客户号：2025000652　　交易码：200008（6214）			
贷款账号：310411004600 2222 111		100 元	
客户名：重庆胜利铸件厂		50 元	
客户地址：重庆市歌乐山大天池村 00 号		20 元	
借款日期：2023/10/16	到期日期：2025/04/15	10 元	
借款余额：200 000.00	年利率：9%	5 元	
还款方式：还本	中国农业银行股份有限公司 歌乐山支行 2025.04.15 业务办讫	2 元	
归还本金：200 000.00		1 元	
归还利息：	银行签章		
尚欠本金：		辅币	
（人民币）本息合计（大写）：贰拾万元整	¥200 000.00		

复核　　记账　　出纳　　电脑打印 手写无效

图 6-30　中国农业银行贷款收回凭证

（2）会计根据“中国农业银行利息扣取通知单”“中国农业银行贷款收回凭证”编制记账凭证，交审核人员审核，如图 6-31 所示。

记　账　凭　证

2025　年　04　月　15　日　　　　记字第　32　号

摘要	会计科目		借方金额											贷方金额											记账
	总账科目	明细科目	亿	千	百	十	万	千	百	十	元	角	分	亿	千	百	十	万	千	百	十	元	角	分	✓
支付长期借款利息	财务费用	利息						9	0	0	0	0	0												
偿还长期借款本金	长期借款					2	0	0	0	0	0	0	0												
	银行存款	工商银行															2	0	9	0	0	0	0	0	
附件　2 张	合	计			¥	2	0	9	0	0	0	0	0			¥	2	0	9	0	0	0	0	0	

会计主管　侯耀　　记账　游飞　　出纳　何成成　　审核　魏小小　　制证　游飞

06号 深圳市前通实业有限公司出品

图 6-31　记账凭证

（3）会计依据审核后的记账凭证登记“银行存款”“财务费用”“长期借款”总分类账和明细分类账。

（4）出纳根据经济业务的时间顺序逐笔登记“银行存款”日记账。

【试一试】

2024年4月15日，重庆胜利铸件厂暂时资金困难，无法支付到期利息，该如何填制记账凭证？登记账簿？

【做一做】

根据下列经济业务填制通用记账凭证并登记总分类账及明细分类账。

1. 2024 年 1 月 2 日，接受李欢投入资本金 35 万元。

2. 2024 年 1 月 4 日，接受张昌英以 1 台机器设备作价投资，该机器设备双方协商价格 25. 5 万元。

3. 2024 年 1 月 10 日，接受李应强以专利权的投资，协商价格 15. 6 万元。

4. 2024 年 1 月 12 日，向交通银行申请取得 4 个月的贷款 10 万元，存入银行，年利率 9%，每月付息，到期还本。

5. 2024 年 1 月 15 日，因生产经营需要，向招商银行申请取得 2 年期限的贷款 20 万元，存入银行，年利率 12%，6 个月付息一次，到期还本。

6. 2024 年 2 月 11 日，向交通银行支付 1 月 12 日借入的短期借款的利息。

7. 2024 年 5 月 11 日，偿还交通银行短期借款的本金及最后一期的利息。

8. 2024 年 7 月 14 日，向招商银行借得的 2 年期限贷款 20 万元，已经到达合同约定的利息付款日，因企业资金紧张，暂时无法支付。

9. 2024 年 7 月 19 日，向招商银行支付 20 万元贷款的半年利息，并按每天万分之五支付违约金。

10. 2026 年 1 月 14 日，偿还招商银行 20 万元本金及最后一期利息。

项目七　采购业务分析、凭证填制及账簿登记

项目目标

1. 会分析生产企业常见采购业务。
2. 会进行购进固定资产的核算。
3. 会进行购进原材料的核算。
4. 会进行采购环节相关费用的核算。

项目内容

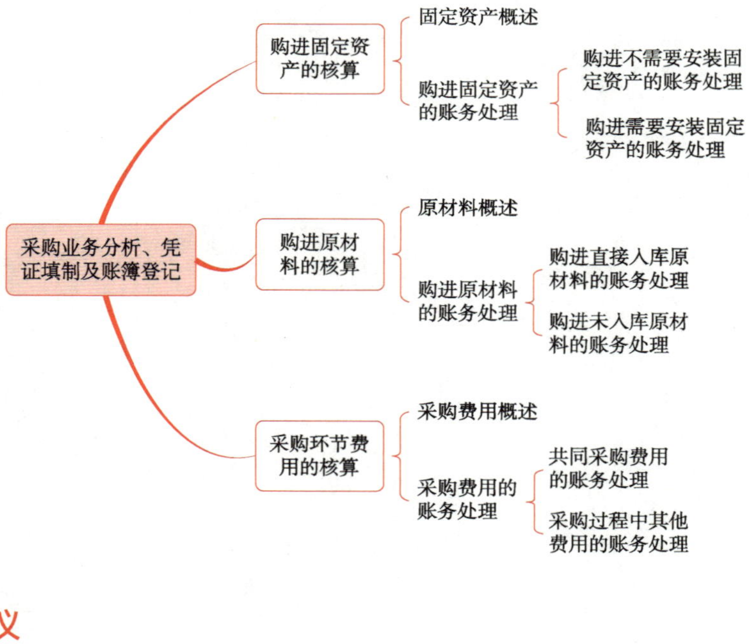

学时建议

8 学时

【导入案例】

重庆胜利铸件厂于2023年7月1日成立，资金筹措到位后，进入生产经营过程中的采购环节，从2023年8月到2023年12月发生相关的采购业务，资料如下：

（1）2023年8月3日，购进不需安装的管理办公用电脑。

（2）2023年8月5日，购进需要安装的生产用榨油机。

（3）2023年8月7日，购进原材料并验收入库，货款暂欠。

（4）2023年8月8日，购进尚未入库的原材料，并开具银行承兑汇票。

（5）2023年8月10日，支付安装调试过程中相关费用。

（6）2023年8月10日，安装调试完毕，交付使用。

（7）2023年8月10日，原材料到达入库。

（8）2023年8月12日，共同采购费用购进并入库的原材料。

（9）2023年8月15日，支付市内运杂费。

（10）2023年9月7日，采用电汇方式支付货款。

（11）2023年11月7日，支付到期银行承兑汇票。

- 出纳人员如何向银行办理付款业务。
- 出纳人员如何登记与采购业务有关的银行存款日记账和现金日记账。
- 会计人员如何对共同采购费用进行分摊。
- 会计人员如何编制采购业务的记账凭证、登记总分类账及明细分类账。
- 审核人员和会计主管如何对采购业务进行审核。

这里所讲采购环节是在小企业成立之后，筹措的资金到位，进入生产经营过程中的采购环节。主要包括三方面的内容：一是小企业购进房屋、建筑物、机器设备、运输设备等固定资产；二是小企业购进各种主要材料、辅助材料、燃料、修理用备件、包装材料等原材料；三是小企业在购进过程中难免发生各种采购费用。因此，购进固定资产的核算、购进原材料的核算、采购环节费用的核算就构成采购业务核算的主要内容。

任务一 购进固定资产的核算

【任务描述】

能理解《小企业会计准则》中固定资产的概念；会认识并填写与购进固定资产相关的原始凭证；能够进行购进固定资产的核算。

【知识准备】

一、固定资产概述

（一）固定资产的概念

固定资产，是指小企业为生产产品、提供劳务、出租或经营管理而持有的，使用寿命超过 1 年的有形资产。包括：房屋、建筑物、机器、机械、运输工具、设备、器具、工具等。

（二）固定资产的特征

从固定资产的定义看，固定资产具有以下三个特征：

（1）固定资产是为生产商品、提供劳务、出租或经营管理而持有。这意味着，企业持有的固定资产是企业的劳动工具或手段，而不是直接用于出售的产品。这一特征是固定资产区别于商品、产品等流动资产的重要标志。

（2）固定资产使用寿命超过一个会计年度，使用期限较长。固定资产使用寿命超过一个会计年度，意味着固定资产属于非流动资产，随着使用和磨损，通过计提折旧方式逐渐减少账面价值。

（3）固定资产具有实物特征。这一特征将固定资产与无形资产区别开来。

二、购进固定资产的账务处理

（一）购进不需要安装固定资产的账务处理

1. 账户设置

“应交税费”账户：用来核算企业应缴纳的各种税费。属负债类账户，借方登记实际缴纳的税费；贷方登记应交的税费；期末余额在贷方，表示企业尚未缴纳的税费；期末如为借方余额，表示企业多缴尚未抵扣的税费。其结构如图 7-1 所示。

借方	应交税费　　　　贷方
实际缴纳的税费	应交的税费
企业多缴尚未抵扣的税费	企业尚未缴纳的税费

图 7-1 “应交税费”账户结构

“应交税费”按税种进行明细核算。“应交增值税”子目下设“进项税额”“销项税额”等细目，一般情况下，“进项税额”的发生额在借方，反映企业购进货物或接受应税劳务支付的进项税额；“销项税额”的发生额在贷方，反映企业销售货物或提供应税劳务应缴纳的销项税额。

2. 账务处理

（1）企业购入不需安装的固定资产，其成本包括：购买价款、相关税费、运输费、装卸费、保险费、专业人员服务费等使固定资产达到预定可使用状态前所发生的可直接归属于该资产的全部支出，但不含按照税法规定可以抵扣的增值税进项税额。

（2）小企业购进不需安装的固定资产，按其成本借记“固定资产”账户，按实际缴纳的增值税额借记“应交税费—应交增值税（进项税额）”账户，贷记“银行存款”账户。“固定资产”账户下，应按照具体设备名称，填写固定资产原始卡片，并进行明细分类核算；“应交税费”账户下，应按照不同税种进行明细分类核算；“银行存款”账户下，应按照不同开户行进行明细分类核算。

【业务一】 购进不需安装固定资产的核算

【业务资料】重庆胜利铸件厂，2023 年 8 月 3 日，购进管理办公用电脑 5 台，每台价格 4 500 元，共计 22 500 元，增值税税率 13%，增值税额 2 925 元，电脑已经安装投入使用，开出转账支票支付电脑款。

【业务分析】购进电脑按其成本，借记“固定资产”账户；按支付的增值税额，借记“应交税费—应交增值税（进项税额）”；按其支付的全部款项，贷记“银行存款”账户。

【业务流程及核算】

（1）财务主管根据合同对“请购单”“送货单”“固定资产验收单”“增值税专用发票”进行审核，如图 7-2～图 7-4 所示。

请购单

部门：管理部门　　2023 年08 月 01 日

品名	规格	单位	数量	需用日期	采购原因及用途	备注
电脑	惠普 401	台	5	2023.08.04	办公用途	

领导签章：谭兴官　　请购人：李芳

图 7-2　请购单

重庆胜利铸件厂固定资产验收单

2023年08月03日

固定资产名称	电脑	规　格	惠普 401
资产类别	办公设备	数　量	5台
使用部门		管理部门	
安装单位（部门）		鸿基电子设备有限公司	
资产来源	外购	验收日期	2023.08. 03
使用日期	2023.08. 03	使用年限	5年
原　值	￥22500. 00	净残值率	5%
固定资产管理部门验收意见		符合合同规定质量标准，验收合格 负责人签名：张天舒	

图 7-3　固定资产验收单

电子发票（增值税专用发票）　发票号码：24512000000032692152
开票日期：2023 年 08 月 03 日

购买方信息	名称：重庆胜利铸件厂 统一社会信用代码/纳税人识别号： 500106505000000	销售方信息	名称：鸿基电子设备有限公司 统一社会信用代码/纳税人识别号： 573874898923971

项目名称	规格型号	单位	数量	单价	金额	税率/征收率	税额
电脑	惠普 401	台	5	4500.00	22500.00	13%	2925.00
合　计：					¥22500.00		¥2925.00

价税合计（大写）	⊗人民币贰万伍仟肆佰贰拾伍元整	（小写）¥25425.00
备注		

开票人：张红梅

下载次数:1

图 7-4　电子增值税专用发票

（2）每月结束后，会计人员登录电子税务局，点击“我要办税”，点击“税务数字账户”，点击“发票勾选确认”，点击“抵扣类勾选”，在该模块勾选需要抵扣的增值税专用发票，提交后即可打印发票勾选清单(图 7-5)，作为会计资料保存。

发票清单

纳税人识别号：500106505000000　税款所属期：202301　纳税人名称：重庆胜利铸件厂

序号	勾选状态	发票来源	全电发票号码	开票日期	销售方纳税人识别号	销售方纳税人名称	金额	税额	有效抵扣税额	票种	票种标签	发票状态	勾选时间	发票风险等级
1	已勾选	电子发票服务平台	24512000000032692152	2023-08-03	573874898923971	鸿基电子设备有限公司	22500.00	2925.00	2925.00	全电发票（增值税专用发票）	增值税专用发票	正常	2023-09-03	正常
2	...													
3	...													
4	...													

合计

图 7-5　发票勾选清单

（3）出纳人员根据领导签字同意的“付款申请书”，签发转账支票，如图 7-6、图 7-7 所示。

付款申请书

收款单位	鸿基电子设备有限公司	付款方式	转账支付
开户行	工商银行五丁街支行	付款时间	2023.08.03
账户	1122678899903743466	付款原因	电脑款
付款金额（大写）人民币贰万伍仟肆佰贰拾伍元整　小写￥25425.00			

领导签字：张天舒　　会计：游飞　　经办人：李芳

图 7-6　付款申请书

（4）会计人员根据“增值税专用发票”“转账支票存根”“送货单”“固定资产验收单”等填制记账凭证，并交审核人员审核，如图 7-8 所示。

中国工商银行
转账支票存根
IX II 30122334

附加信息________________

出票日期 2023 年 08 月 03 日

收款人：	鸿基电子设备有限公司
金　额：	¥25425.00
用　途：	采购电脑款项
备　注：	

单位主管：侯耀　　会计：游飞

图 7-7　转账支票存根

记　账　凭　证

2023 年 8 月 3 日　　　　记字第 8 号

06号 深圳市前通实业有限公司出品

摘要	会计科目		借方金额											贷方金额											记账 ✓
	总账科目	明细科目	亿	千	百	十	万	千	百	十	元	角	分	亿	千	百	十	万	千	百	十	元	角	分	
采购固定资产	固定资产	电脑					2	2	5	0	0	0	0												
支付增值税	应交税费	应交增值税（进项税额）						2	9	2	5	0	0												
	银行存款	工商银行																2	5	4	2	5	0	0	
附件 7 张	合	计				¥	2	5	4	2	5	0	0				¥	2	5	4	2	5	0	0	

会计主管 侯耀　记账 游飞　出纳 何成成　审核 魏小小　制证 游飞

图 7-8　记账凭证

（5）会计人员依据审核后的记账凭证登记“银行存款”“固定资产”“应交税费”总分类账和明细分类账。

（6）会计人员填写固定资产原始卡片。

（7）出纳根据经济业务的时间顺序逐笔登记“银行存款”日记账。

【友情提示】

2023 年，我国基本实现从“以票控税”向“以数治税”分类精准监管转变。“以数治税”是指数字经济时代下，税收征管体系的数字化升级和智能化改造。纳税人取得的电子增值税专用发票，会计人员可以在当月结束后登录电子税务局完成抵扣勾选操作，勾选抵扣没有时间限制，能勾选即能抵扣，实现了税收的数字化管理。

（二）购进需要安装固定资产的账务处理

1. 账户设置

（1）“在建工程”账户：用来核算尚未完工交付使用的固定资产，借方登记购建固定资产的成本费用、安装调试费等尚未达到预定可使用状态前的相关支出；贷方登记完工交付使用固定资产的实际成本；余额在借方，表示尚未完工交付使用的固定资产。其结构如图 7-9所示。

借方　　　　在建工程	贷方
购建固定资产的成本费用、安装调试费等	完工交付使用固定资产的实际成本
尚未交付使用的固定资产	

图 7-9 “在建工程”账户结构

（2）“库存现金”账户：用来核算小企业存放于会计机构、由出纳人员保管的货币资金（包括人民币和外币）。其结构如图 7-10 所示。

借方　　　　库存现金	贷方
现金收入	现金支出
期末库存现金的金额	

图 7-10 “库存现金”账户结构

2. 账务处理

（1）企业购入需要安装的固定资产，其成本包括：购买价款、相关税费（不包括按照税法规定可抵扣的增值税进项税额）、运输费、装卸费、保险费、安装费、专业人员服务费等使固定资产达到预定可使用状态前所发生的可直接归属于该资产的全部支出。

（2）小企业购进需要安装的固定资产，按其成本借记“在建工程”账户，按实际缴纳的增值税额，借记“应交税费—应交增值税（进项税额）”账户，贷记“银行存款”账户；支付安装调试费时，借记“在建工程”账户，贷记“银行存款”账户；安装调试完成，交付使用时，借记“固定资产”账户，贷记“在建工程”账户。“在建工程”账户下，应按照具体设备、项目名称，进行明细分类核算。

【业务二】 购进需要安装固定资产的核算

【业务资料】2023 年 8 月 5 日，购进需要安装的混砂机设备 2 台，每台价格 49 000 元，增值税税率 13%，增值税额 12 740 元，对方代垫运输费 2 000 元，增值税额 180 元，开出转账支票支付货款及代垫运费。

【业务分析】购进设备时，按照实际成本借记“在建工程”账户；按支付的增值税额，借记“应交税费—应交增值税（进项税额）”账户；按支付的全部款项，贷记“银行存款”账户。

【业务流程及核算】

（1）财务主管根据合同对“请购单”“送货单”“增值税专用发票”“货物运输业增值税专用发票”进行审核，如图 7-11、图 7-12 所示。

电子发票（增值税专用发票）　发票号码：24512000000032255523
开票日期：2023 年 08 月 05 日

购买方信息	名称：重庆胜利铸件厂 统一社会信用代码/纳税人识别号： 500106505000000	销售方信息	名称：重庆顺风物流有限公司 统一社会信用代码/纳税人识别号： 500105546805679З

项目名称	规格型号	单位	数量	单价	金额	税率/征收率	税额
货物运输服务			1	2000.00	2000.00	9%	180.00
合　计：					¥2000.00		¥180.00
价税合计（大写）	⊗人民币贰仟壹佰捌拾元整				（小写）¥2180.00		
备注							

开票人：陆天亮

下载次数:1

图 7-11　货物运输业电子增值税专用发票

电子发票（增值税专用发票）　发票号码：24512000000032692168
开票日期：2023 年 08 月 05 日

购买方信息	名称：重庆胜利铸件厂 统一社会信用代码/纳税人识别号： 500106505000000	销售方信息	名称：四川大福钢铁有限公司 统一社会信用代码/纳税人识别号： 510181654009000

项目名称	规格型号	单位	数量	单价	金额	税率/征收率	税额
混砂机设备		台	2	49000.00	98000.00	13%	12740.00
合　计：					¥98000.00		¥12740.00
价税合计（大写）	⊗人民币壹拾壹万零柒佰肆拾元整				（小写）¥110740.00		
备注							

开票人：陈梅

下载次数:1

图 7-12　电子增值税专用发票

（2）每月结束后，会计人员登录电子税务局，点击“我要办税”，点击“税务数字账户”，点击“发票勾选确认”，点击“抵扣类勾选”，在该模块勾选需要抵扣的增值税专用发票，提交后即可打印发票勾选清单，作为会计资料保存。

（3）出纳人员根据领导签字同意的“付款申请书”，开出转账支票。

（4）会计人员根据“增值税专用发票”“转账支票存根”“送货单”等填制记账凭证，并交审核人员审核，如图 7-13 所示。

（5）会计人员依据审核后的记账凭证登记“在建工程”“应交税费”“银行存款”总分类账和明细分类账。

（6）出纳根据经济业务的时间顺序逐笔登记“银行存款”日记账。

记　账　凭　证

2023 年 8 月 8 日　　　　记字第 15 号

摘要	会计科目 总账科目	明细科目	借方金额（亿千百十万千百十元角分）	贷方金额（亿千百十万千百十元角分）	记账 ✓
采购原材料，尚未入库，开出汇票	在途物资	硅铁	3500000		
	应交税费	应交增值税（进项税）	455000		
	应付票据	四川大福钢铁有限公司		3955000	
附件 3 张	合计		¥3955000	¥3955000	

会计主管 侯耀　记账 游飞　出纳　审核 魏小小　制证 游飞

060号 深圳市前通实业有限公司出品

图 7-13　记账凭证

【业务三】　购买安装零配件的核算

【业务资料】2023 年 8 月 10 日，出纳按规定提取备用金 10 000 元，并用现金购买安装需要的零配件 3 套，合计 1 215 元。

【业务分析】购买安装零配件时，借记“在建工程”账户，贷记“库存现金”账户。

【业务流程及核算】

（1）出纳人员签发现金支票，领导签章，到银行办理取现，如图 7-14～图 7-16 所示。

中国工商银行　现金支票

付款期限自出票之日起十天

出票日期（大写）贰零贰叁年捌月零壹拾日　　付款行名称：中国工商银行歌乐山营业所

收款人：重庆胜利铸件厂　　出票人账号：6217 2131 3333 8888 000

人民币（大写）	壹万元整	百	十	万	千	百	十	元	角	分
			¥	1	0	0	0	0	0	0

用途：备用金　　密码 5803 0000 2222 1111

上列款项请从　　行号 409303002800

我账户内支付

出票人签章　重庆胜利铸件厂 财务专用章　谭兴官印　　复核　　记账

图 7-14　现金支票正面

附加信息：

重庆胜利铸件厂 财务专用章　谭兴官印

收款人签章：

2023 年 8 月 10 日

身份证件名称：　　发证机关：

号码

图 7-15　现金支票背面

中国工商银行
现金支票存根

IX II 30122334

附加信息________________

出票日期 2023 年 8 月 10 日

收款人：	重庆胜利铸件厂
金　额：	￥10000.00
用　途：	提现备用
备　注：	

单位主管：侯耀　　会计：游飞

图 7-16　支票存根

（2）会计人员根据“现金支票存根”等填制记账凭证，并交审核人员审核，如图 7-17 所示。

记　账　凭　证

2023 年 8 月 10 日　　记字第 15 号

摘要	会计科目		借方金额	贷方金额	记账 ✓
	总账科目	明细科目	亿千百十万千百十元角分	亿千百十万千百十元角分	
提现备用	库存现金		1000000		
	银行存款	工商银行		1000000	
附件 2 张	合计		￥1000000	￥1000000	

会计主管 侯耀　记账 游飞　出纳 何成成　审核 魏小小　制证 游飞

图 7-17　记账凭证

（3）出纳人员审核车间主任报销的安装零配件费用，支付现金。如图 7-18 所示。

（4）会计人员根据“重庆市商品销售统一发票”等填制记账凭证，并交审核人员审核，如图 7-19 所示。

（5）会计人员依据审核后的记账凭证登记“在建工程”“库存现金”“银行存款”总分类账和明细分类账。

（6）出纳根据经济业务的时间顺序逐笔登记“库存现金”“银行存款”日记账。

电子发票（普通发票）

发票号码：24512000000029097890

开票日期：2023 年 08 月 10 日

购买方信息	名称：重庆胜利铸件厂 统一社会信用代码/纳税人识别号： 500106505000000	销售方信息	名称：重庆汇德经营部 统一社会信用代码/纳税人识别号： 510181612309000

项目名称	规格型号	单位	数量	单价	金额	税率/征收率	税额
配件		套	3	393.20	1179.61	3%	35.39
合　计：					¥1179.61		¥35.39
价税合计（大写）	⊗人民币壹仟贰佰壹拾伍元整					（小写）¥1215.00	
备注							

开票人：李勇

下载次数：1

图 7-18　电子增值税普通发票

记　账　凭　证

2023 年 8 月 10 日　　记字第 16 号

摘要	总账科目	明细科目	借方金额	贷方金额	记账✓
报销在建工程采购零部件费用	在建工程		121500		
	库存现金			121500	
附件 2 张	合计		¥121500	¥121500	

会计主管 侯耀　记账 游飞　出纳 何成成　审核 魏小小　制证 游飞

06号 深圳市前通实业有限公司出品

图 7-19　记账凭证

【业务四】　交付使用固定资产的核算

【业务资料】2023 年 8 月 12 日，设备安装调试完毕，交付使用。

【业务分析】交付使用时，借记“固定资产”账户，贷记“在建工程”账户。

【业务流程及核算】

（1）设备安装调试合格，车间主任填制“固定资产交付使用验收单”，如图 7-20 所示。

（2）会计人员根据“固定资产交付使用验收单”等填制记账凭证，并交审核人员审核，如图 7-21所示。

（3）会计人员依据审核后的记账凭证登记“在建工程”“固定资产”总分类账和明细分类账。

（4）会计人员填写固定资产原始卡片。

固定资产交付使用验收单

使用部门：生产部　　　　交接日期：2023年8月12日

固定资产编号	固定资产名称	单位	型号	购建原价或自制成本	
				单价	49 000.00
				总值	98 000.00
N07	混砂机设备	台		安装费	1 215.00
				运输费	2 000.00
				合计	101 215.00
主要规格及说明				经安装调试合格	
出厂日期	2C23. 8. 3	预计使用年限	10年	估计重置价值	

技术验收：谢小兰　　使用部门：生产部　　财会部门：游飞

图 7-20　固定资产交付使用验收单

记　账　凭　证

2023 年 8 月 12 日　　　　记字第 19 号

06号　深圳市前通实业有限公司出品

摘要	总账科目	明细科目	借方金额（亿千百十万千百十元角分）	贷方金额（亿千百十万千百十元角分）	记账✓
在建工程交付使用	固定资产	混砂机设备	1 2 1 5 0 0		
	在建工程			1 2 1 5 0 0	
附件 2 张	合计		¥ 1 2 1 5 0 0	¥ 1 2 1 5 0 0	

会计主管 侯耀　记账 游飞　出纳 何成成　审核 魏小小　制证 游飞

图 7-21　记账凭证

【想一想】

小企业自行建造厂房等建筑物，如何核算？

任务二　购进原材料的核算

【任务描述】

能理解《小企业会计准则》中原材料的概念；会认识并填写与购进原材料相关的原始凭证；能够进行购进原材料的核算。

【知识准备】

一、原材料概述

小企业在采购环节除购进房屋、建筑物、机器设备等固定资产作为生产资料外，还会购进原材料等存货作为劳动资料。存货是指小企业在日常生产经营过程中持有以备出售的产成品或商品、处在生产过程中的在产品、将在生产过程或提供劳务过程中耗用的材料或物料等，以及小企业(农、林、牧、渔业)为出售而持有的或在将来收获为农产品的消耗性生物资产。

小企业的存货包括：原材料、在产品、半成品、产成品、商品、周转材料、委托加工物资、消耗性生物资产等。因是初学者，基础会计只学习原材料、在产品、产成品等，而本部分内容只掌握原材料的核算，在产品、产成品留待下一个项目学习。

(一) 原材料的概念

原材料，是指小企业在生产过程中经加工改变其形态或性质并构成产品主要实体的各种原料、主要材料、辅助材料、燃料、修理用备件、包装材料、外购半成品等。

(二) 外购原材料成本

原材料采购成本包括买价+采购费用。原材料的买价是指从供货方取得的发票上列明的材料价款。采购费用是指材料采购过程中发生的一系列相关费用，具体包括将材料从供应单位运到企业仓库所发生的运输费、搬运装卸费、保险费、相关税费(但不含按照税法规定可以抵扣的增值税进项税额)以及在外购原材料过程中发生的其他直接费用，如仓储费用、包装费、运输途中的合理损耗、入库前的挑选整理费等。

二、购进原材料的账务处理

(一) 购进直接入库原材料的账务处理

1. 账户设置

(1)“原材料”账户：用来核算小企业库存的各种原材料的实际成本，属资产类账户，借方登记入库原材料的实际成本；贷方登记发出原材料的实际成本，余额在借方，表示期末结存原材料的实际成本。其结构如图 7-22 所示。

借方	原材料 贷方
入库原材料实际成本	发出原材料实际成本
结存原材料实际成本	

图 7-22 “原材料”账户结构

(2)“应付账款”账户：用来核算小企业因购买材料，接受劳务等日常生产经营活动而应支付的款项，属负债类账户，贷方登记应付未付的款项；借方登记实际支付的款项；期末余额一般在贷方，表示企业尚未偿还的款项。其结构如图 7-23 所示。

借方	应付账款 贷方
实际支付的款项	购买货物应付未付的款项
	尚未偿还的款项

图 7-23 “应付账款”账户结构

2. 账务处理

小企业购进并直接入库的原材料，按其实际采购成本借记“原材料”账户，按实际应缴纳的增值税额，借记“应交税费—应交增值税(进项税额)”账户，按是否支付款项，贷记“银行存款”账户或“应付账款”账户。“原材料”账户下，应按照原材料的品种、规格等进行明细分类核算；“应付账款”账户下，应按照供应单位进行明细分类核算。

【业务一】 购进并直接入库原材料的核算

【业务资料】重庆胜利铸件厂，2023 年 8 月 7 日，从重庆天意石墨制品有限公司购进生铁 5 吨，每吨价格 4 000 元，共计 20 000 元，增值税税率 13%，增值税额 2 600 元，生铁已验收入库，货款暂欠。

【业务分析】购进并直接入库的原材料，按其成本借记“原材料”账户；按应付的增值税额，借记“应交税费—应交增值税(进项税额)”；按尚未支付的全部款项，贷记“应付账款”账户。

【业务流程及核算】

(1) 库管员核对送货单，检查原材料的品种、规格型号、质量等指标并验收，填制入库单，如图 7-24 所示。

入 库 单

2023 年 8 月 7 日

送货企业：重庆天意物资有限公司　　仓库：材料库　　单号：05

材料名称	规格型号	计量单位	入库数量	金额
生铁		吨	5	

第三联交财务科

库管员：李欢　　送货人：黎明

图 7-24 入库单

(2) 财务主管根据合同对“请购单”“送货单”“入库单”“增值税专用发票”进行审核，如图 7-25 所示。

(3) 每月结束后，会计人员登录电子税务局，点击“我要办税”，点击“税务数字账户”，点击“发票勾选确认”，点击“抵扣类勾选”，在该模块勾选需要抵扣的增值税专用发票，提交后即可打印发票勾选清单，作为会计资料保存。

(4) 会计人员根据“送货单”“入库单”“增值税专用发票”等填制记账凭证，并交审核人员审核，如图 7-26 所示。

电子发票（增值税专用发票）

发票号码：24512000000032206921

开票日期：2023 年 08 月 07 日

（印章：全国统一发票监制章 国家税务总局 重庆市税务局）

购买方信息	名称：重庆胜利铸件厂 统一社会信用代码/纳税人识别号： 500106505000000	销售方信息	名称：重庆天意石墨制品有限公司 统一社会信用代码/纳税人识别号： 500107543862784

项目名称	规格型号	单位	数量	单价	金额	税率/征收率	税额
生铁		吨	5	4000.00	20000.00	13%	2600.00
合　计：					¥20000.00		¥2600.00
价税合计（大写）	⊗人民币贰万贰仟陆佰元整				（小写）¥22600.00		
备注							

开票人：黄娟

下载次数:1

图 7-25　增值税专用发票

记　账　凭　证

2023 年 8 月 7 日　　　　记字第 11 号

摘要	总账科目	明细科目	借方金额（亿千百十万千百十元角分）	贷方金额（亿千百十万千百十元角分）	记账✓
采购原材料，未付款	原材料	生铁	2000000		
	应交税费	应交增值税（进项税额）	260000		
	应付账款	重庆天意石墨制品		2260000	
附件 3 张	合计		¥2260000	¥2260000	

会计主管　侯耀　　记账　游飞　　出纳　　　审核　魏小小　　　制证　游飞

06号　深圳市前通实业有限公司出品

图 7-26　记账凭证

（5）会计人员依据审核后的记账凭证登记“原材料”“应交税费”“应付账款”总分类账和明细分类账。

【业务二】　支付购进原材料货款的核算

【业务资料】重庆胜利铸件厂，2023 年 9 月 7 日，采用电汇方式支付重庆天意石墨制品有限公司购进生铁款，价税合计 22 600 元。

【业务分析】支付材料款，按其价税合计借记“应付账款”账户，贷记“银行存款”账户。

【业务流程及核算】

（1）出纳人员根据领导签字同意的“付款申请书”，到银行办理电汇付款，如图 7-27 所示。

中国工商银行重庆分行电汇凭证（回单）

委托日期 2023 年 9 月 7 日　　　　NO. 4023

汇款人	全　称	重庆胜利铸件厂	收款人	全　称	重庆天意石墨制品有限公司
	账　号	500106505000000		账　号	500107543862784
	汇出银行	工行歌乐山营业所		汇入银行	中国银行九龙广场支行
人民币（大写）	贰万贰仟陆佰元整			千百十万千百十元角分	¥2260000
汇款用途	货款		汇款人开户行盖章	中国工商银行歌乐山营业所 2023年09月07日 转讫	
单位主管 侯耀	会计 游飞				
复核	记账				

图 7-27　电汇凭证

（2）会计人员根据“电汇凭证(回单)”等填制记账凭证，并交审核人员审核，如图 7-28 所示。

记　账　凭　证

2023 年 9 月 7 日　　　　记字第 16 号

06号 深圳市前通实业有限公司出品

摘要	总账科目	明细科目	借方金额（亿千百十万千百十元角分）	贷方金额（亿千百十万千百十元角分）	记账✓
支付货款	应付账款	重庆天意石墨制品	2260000		
	银行存款	工商银行		2260000	
附件 1 张	合	计	¥2260000	¥2260000	

会计主管 侯耀　记账 游飞　出纳 何成成　审核 魏小小　制证 游飞

图 7-28　记账凭证

（3）会计人员依据审核后的记账凭证登记“银行存款”“应付账款”总分类账和明细分类账。

（4）出纳根据经济业务的时间顺序逐笔登记“银行存款”日记账。

（二）购进未入库原材料的账务处理

1. 账户设置

（1）“在途物资”账户：用来核算小企业已经购买，但尚未入库原材料的实际成本，该账户借方登记购进在途中的原材料，贷方登记验收入库的原材料，余额在借方，表示尚未验收入库的原材料的实际成本。其结构如图 7-29 所示。

借方	在途物资 贷方
购进在途中的原材料	验收入库的原材料
尚未验收入库的原材料	

图 7-29 “在途物资”账户结构

（2）“应付票据”账户：用来核算小企业因购买材料，接受劳务等日常生产经营活动而开出、承兑的商业汇票(银行承兑汇票和商业承兑汇票)。属负债类账户，贷方登记开出、承兑商业汇票的票面金额，借方登记到期实际支付的商业汇票的票面金额，余额在贷方，表示尚未到期的商业汇票的票面金额。其结构如图 7-30 所示。

借方	应付票据 贷方
到期实际支付的商业汇票的票面金额	开出、承兑商业汇票的票面金额
	尚未到期的商业汇票的票面金额

图 7-30 “应付票据”账户结构

【拓展阅读】

商业汇票

2. 账务处理

小企业购进尚未入库的原材料，按其实际采购成本借记“在途物资”账户，按实际应缴纳的增值税额，借记“应交税费—应交增值税(进项税额)”账户，按开出、承兑商业汇票的票面金额，贷记“应付票据”账户；原材料到达入库，借记“原材料”账户，贷记“在途物资”账户；商业汇票到期，按实际支付的商业汇票的票面金额，借记“应付票据”账户，贷记“银行存款”账户。“在途物资”账户下，应按照原材料的品种、规格等进行明细分类核算；“应付票据”账户下，应按照供应单位进行明细分类核算。

【业务三】 购进未入库原材料的核算

【业务资料】重庆胜利铸件厂，2023 年 8 月 8 日，从四川大福钢铁有限公司购进硅铁 5 吨，每吨价格 7 000 元，共计价格 35 000 元，增值税税率 13%，增值税额 4 550 元，硅铁尚未验收入库，根据相关单据开出 3 个月期限的银行承兑汇票。

【业务分析】购进未入库的原材料，按其成本借记“在途物资”账户；按应付的增值税额，借记“应交税费—应交增值税(进项税额)”；按开出的商业汇票的票面金额，贷记“应付票据”账户。

【业务流程及核算】

（1）财务主管根据合同对“请购单”“增值税专用发票”进行审核。

（2）出纳人员根据领导签字同意的“银行承兑汇票开具申请书”，签发银行承兑汇票，并到银行办理承兑汇票，如图 7-31 所示。

银行承兑汇票（存　根）　　3　　20800360
37033028

出票日期（大写）　贰零贰叁 年 零捌 月 零捌 日

出票人全称	重庆胜利铸件厂	收款人	全称	四川大福钢铁有限公司
出票人账号	500106505000000		账号	510181654009000
付款行全称	工行歌乐山营业所		开户银行	都江堰经济开发区
出票金额	人民币（大写）叁万玖仟伍佰伍拾元整		亿千百十万千百十元角分	¥3955000
汇票到期日（大写）	贰零贰叁年壹拾壹月零柒日	付款行	行号	209303006831
承兑协议编号	33005E0514000		地址	重庆市歌乐山大天池村 0 号
本汇票请你行承兑，到期无条件付款 重庆胜利铸件厂 财务专用章　谭兴官印 出票人签章		本汇票已经承兑，到期日由本行付款 中国工商银行股份有限公司 汇票专用章 承兑行签章 承兑日期　年　月　日		
		备注：		复核　　记账

图 7-31　银行承兑汇票

（3）会计人员根据“增值税专用发票”“银行承兑汇票存根联”等填制记账凭证，并交审核人员审核，如图 7-32 所示。

记　账　凭　证

2023 年 8 月 8 日　　　　记字第 15 号

06号 深圳市前通实业有限公司出品

摘要	总账科目	明细科目	借方金额（亿千百十万千百十元角分）	贷方金额（亿千百十万千百十元角分）	记账✓
采购原材料，尚未入库，开出汇票	在途物资	硅铁	3500000		
	应交税费	应交增值税（进项税额）	455000		
	应付票据	四川大福钢铁有限公司		3955000	
附件 3 张	合计		¥3955000	¥3955000	

会计主管 侯耀　记账 游飞　出纳　　审核 魏小小　　制证 游飞

图 7-32　记账凭证

（4）会计人员依据审核后的记账凭证登记“在途物资”“应交税费”“应付票据”总分类账和明细分类账。

【业务四】　原材料入库的核算

【业务资料】重庆胜利铸件厂，2023 年 8 月 10 日，从四川大福钢铁有限公司购进的硅铁 5 吨到达入库，同时按合同约定由收货方支付运费 550 元，增值税额 49.5 元。

【业务分析】，支付运费，借记“原材料”账户，贷记“银行存款”账户；原材料入库按其成本借记“原材料”账户，贷记“在途物资”账户。

【业务流程及核算】

（1）库管员核对“送货单”，检查原材料的品种、规格型号、质量等指标并验收，填写入库单。

（2）财务主管根据合同对“送货单”“货物运输业增值税专用发票”“入库单”进行审核，如图 7–33 所示。

电子发票（增值税专用发票）

发票号码：24512000000032210115

开票日期：2023 年 08 月 05 日

全国统一发票监制章 国家税务总局 重庆市税务局

购买方信息	名称：重庆胜利铸件厂 统一社会信用代码/纳税人识别号： 500106505000000
销售方信息	名称：重庆华安货运有限公司 统一社会信用代码/纳税人识别号： 500105246951367

项目名称	规格型号	单位	数量	单价	金额	税率/征收率	税额
货物运输服务			1	550.00	550.00	9%	49.50
合　计：					¥550.00		¥49.50
价税合计（大写）	⊗人民币伍佰玖拾玖元伍角整				（小写）¥599.50		
备注							

开票人：肖亮

下载次数:1

图 7–33　货物运输业电子增值税专用发票

（3）出纳人员根据领导签字同意的“付款申请书”签发转账支票支付运费。

（4）每月结束后，会计人员登录电子税务局，点击“我要办税”，点击“税务数字账户”，点击“发票勾选确认”，点击“抵扣类勾选”，在该模块勾选需要抵扣的增值税专用发票，提交后即可打印发票勾选清单，作为会计资料保存。

（5）会计人员根据“转账支票存根”“货物运输业增值税专用发票”等填制记账凭证，并交审核人员审核，如图 7–34 所示。

记　账　凭　证

2023 年 8 月 10 日　　　　记字第 23 号

摘要	总账科目	明细科目	借方金额	贷方金额	记账 ✓
支付运费	在途物资	硅铁	55000		
	应交税费	应交增值税（进项税额）	4950		
	银行存款			59950	
附件 2 张	合　计		¥59950	¥59950	

会计主管 侯耀　记账 游飞　出纳 何成成　审核 魏小小　制证 游飞

06号 深圳市前通实业有限公司出品

图 7–34　记账凭证

（6）会计人员根据“送货单”“入库单”等填制记账凭证，并交审核人员审核，如图 7-35所示。

记　账　凭　证

2023 年 11 月 17 日　　　　记字第 32 号

摘要	会计科目 总账科目	明细科目	借方金额（亿千百十万千百十元角分）	贷方金额（亿千百十万千百十元角分）	记账√
采购材料验收入库	原材料	硅铁	3555000		
	在途物资	硅铁		3555000	
附件 1 张	合计		¥3555000	¥3555000	

会计主管 侯耀　记账 游飞　出纳 何成成　审核 魏小小　制证 游飞

06号 深圳市前通实业有限公司出品

图 7-35　记账凭证

（7）会计人员依据审核后的记账凭证登记“在途物资”“原材料”“银行存款”“应交税费”总分类账和明细分类账。

（8）出纳根据经济业务的时间顺序逐笔登记“银行存款”日记账。

【想一想】

按合同约定，如果是销售方承担运费又如何进行核算？

【业务五】　支付到期商业汇票的核算

【业务资料】重庆胜利铸件厂，2023 年 11 月 7 日，支付到期银行承兑汇票面额 39 550元。

【业务分析】支付到期商业汇票时，按其面额借记“应付票据”账户，贷记“银行存款”账户。

【业务流程及核算】

（1）出纳人员在银行承兑汇票到期日前存足款项，按期付款，如图 7-36 所示。

（2）会计人员根据“付款通知书”等填制记账凭证，并交审核人员审核，如图 7-37 所示。

（3）会计人员依据审核后的记账凭证登记“银行存款”“应付票据”总分类账和明细分类账。

（4）出纳根据经济业务的时间顺序逐笔登记“银行存款”日记账。

银行承兑汇票（存　根）　　3　　20800360
37033028

出票日期（大写）　贰零贰叁 年 零捌 月 零捌 日

出票人全称	重庆胜利铸件厂	收款人	全称	四川大福钢铁有限公司
出票人账号	500106505000000	收款人	账号	510181654009000
付款行全称	工行歌乐山营业所	收款人	开户银行	都江堰经济开发区
出票金额	人民币（大写）叁万玖仟伍佰伍拾元整		亿 千 百 十 万 千 百 十 元 角 分	¥ 3 9 5 5 0 0
汇票到期日（大写）	贰零贰叁年壹拾壹月零柒日	付款行	行号	209303006831　复印件与原价无误
承兑协议编号	33005E0514000	付款行	地址	重庆市歌乐山大天池村 0 号
本汇票请你行承兑，到期无条件付款　重庆胜利铸件厂 财务专用章　谭兴官印　出票人签章		本汇票已经承兑，到期日由本行付款　中国工商银行股份有限公司 汇票专用章　承兑行签章　承兑日期 年 月 日　备注：		复核　记账

图 7-36　银行承兑汇票

记　账　凭　证

2023 年 11 月 07 日　　　　记字第 10 号

0 6 号　深圳市前通实业有限公司出品

摘要	会计科目：总账科目	会计科目：明细科目	借方金额（亿千百十万千百十元角分）	贷方金额（亿千百十万千百十元角分）	记账 ✓
支付票据款	应付票据	四川大福钢铁有限公司	3 9 5 5 0 0 0		
	银行存款	工商银行		3 9 5 5 0 0 0	
附件 2 张	合计		¥ 3 9 5 5 0 0 0	¥ 3 9 5 5 0 0 0	

会计主管　侯耀　记账　游飞　出纳　何成成　审核　魏小小　制证　游飞

图 7-37　记账凭证

任务三　采购环节费用的核算

【任务描述】

能辨别采购环节的相关费用；会认识并填写与采购环节相关费用的原始凭证；能进行采购环节费用的核算。

【知识准备】

一、采购费用概述

工业企业在采购过程中，难免会发生一系列相关的采购费用，主要包括两方面的内容：一方面包括计入小企业采购成本的采购费用，主要包括将货物从供应单位运到企业仓库所发生的运输费、搬运装卸费、保险费、相关税费(但不含按照税法规定可以抵扣的增值税进项税额)以及在外购货物过程中发生的其他直接费用，如仓储费用、包装费、运输途中的合理损耗、入库前的挑选整理费等；另一方面包括采购过程中的其他费用，如采购人员的差旅费、市内运杂费、零星搬运费等一些金额较小，又非常频繁发生的一些费用。

二、采购费用的账务处理

(一) 共同采购费用的账务处理

1. 共同采购费用概述

小企业在存货的采购过程中，其成本计算对象主要按存货的品种进行归集。一般情况下，采购费用能分清负担对象的，应直接计入存货的采购成本；不能分清负担对象的，应选择合理的分配方法，分配计入有关存货的采购成本，可按所购存货的数量或采购价格比例进行分配。

2. 共同采购费用的分配

可以根据材料的特点或采购费用的收费标准，选择材料的数量或者采购价格比例进行分配。其计算公式如下：

共同采购费用分配率=共同采购费用总额/采购材料的总数量(采购价格总额)

某种材料应分配的采购费用=该种材料的数量(采购价格)×共同采购费用分配率

3. 账务处理

小企业共同采购费用购进材料，按其买价+分摊的采购费用，借记“在途物资”“原材料”账户，按实际应缴纳的增值税额，借记“应交税费—应交增值税(进项税额)”账户，按其买价+全部采购费用金额，贷记“应付票据”“应付账款”“银行存款”等账户。“在途物资”“原材料”账户下，应按照材料的品种、规格等进行明细分类核算。

【业务一】 共同采购费用购进原材料的核算

【业务资料】重庆胜利铸件厂 2023 年 8 月 12 日从重庆三峡物资有限公司购进硅铁 8 吨，每吨价格 7 000 元，共计 56 000 元；生铁 7 吨，每吨价格 4 000 元，共计28 000元，增值税税率 13%，货物已经到达并验收入库，共同运输费用 1 650 元，增值税税率 9%。同时开出 2 张转账支票分别支付货款和运输费。

【业务分析】购进并入库的原材料，按其买价和分摊的采购费用借记“原材料”账户；按应付的增值税额，借记“应交税费—应交增值税(进项税额)”；按转账支票金额，贷记“银行存款”账户。

【业务流程及核算】

（1）库管员核对“送货单”，检查原材料的品种、规格型号、质量等指标并验收，填写入库单。

（2）财务主管根据合同对“送货单”“增值税专用发票”“入库单”进行审核。

（3）出纳人员根据领导签字同意的“付款申请书”，签发转账支票支付货款和运费。

（4）会计人员根据“货物运输业增值税专用发票”，编制“共同采购费用分摊表”，如图 7-38 所示。

共同采购费用分摊表

2023 年 8 月 12 日

材料名称	数量（吨）	单位分配额	分配金额
硅铁	8	880.00	880.00
生铁	7	770.00	770.00
合计	15	110.00	1 650.00

编制：游飞　　　审核：侯耀

图 7-38　共同采购费用分摊表

（5）会计人员根据“送货单”“入库单”“增值税专用发票”“货物运输业增值税专用发票”“转账支票存根”“共同采购费用分摊表”等填制记账凭证，并交审核人员审核，如图 7-39所示。

记　账　凭　证

2023 年 8 月 12 日　　　　记字第 17 号

06号　深圳市前通实业有限公司出品

摘要	会计科目 总账科目	会计科目 明细科目	借方金额（亿千百十万千百十元角分）	贷方金额（亿千百十万千百十元角分）	记账√
材料采购验收入库	原材料	硅铁	5688000		
	原材料	硅铁	2877000		
	应交税费	应交增值税（进项税额）	1106850		
	银行存款	工商银行		9671850	
附件 6 张	合计		¥9671850	¥9671850	

会计主管 侯耀　记账 游飞　出纳 何成成　审核 魏小小　制证 游飞

图 7-39　记账凭证

（6）会计人员依据审核后的记账凭证登记“原材料”“应交税费”“银行存款”总分类账和明细分类账。

（7）出纳根据经济业务的时间顺序逐笔登记“银行存款”日记账。

（二）采购过程中其他费用的账务处理

为了简化核算，实际工作中对一些金额较小，又非常频繁发生的一些费用，如采购人员的差旅费、市内运杂费、零星搬运费、专设采购机构的经费等费用，不计入材料采购成本，而作为“管理费用”。

1. 账户设置

“管理费用”账户：用来核算小企业为组织和管理生产经营发生的其他费用，包括：小企业在筹建期间内发生的开办费、行政管理部门（除销售部门、生产部门外）发生的费用（包括固定资产折旧费、修理费、办公费、水电费、差旅费、管理人员的职工薪酬等）、业务招待费、研究费用、技术转让费、相关长期待摊费用摊销、财产保险费、聘请中介机构费、咨询费（含顾问费）、诉讼费等费用。该账户属于费用类账户，借方登记企业发生的各项管理费用，贷方登记本月转入“本年利润”账户的管理费用，月末结转损益后该账户无余额。其结构如图 7-40 所示。

借方　　　　管理费用	贷方
发生的各项管理费用	转入“本年利润”账户的管理费用
期末无余额	

图 7-40　“管理费用”账户结构

【拓展阅读】

《中华人民共和国现金管理暂行条例》

2. 账务处理

小企业购进原材料，发生的采购人员差旅费、市内运杂费、零星搬运费、专设采购机构的经费等费用，按其实际发生额借记“管理费用”账户，贷记“库存现金”等账户。“管理费用”账户下，应按管理费用项目进行明细分类核算，“库存现金”账户下，可以按照币种进行明细分类核算。

【业务二】　支付采购过程中其他费用的核算

【业务资料】2023 年 8 月 15 日，重庆胜利铸件厂从市内购进纸箱，支付给张强运杂费 120 元。

【业务分析】支付市内运杂费时，借记“管理费用”账户，贷记“库存现金”账户。

【业务流程及核算】

（1）张强填写“费用报销单”，交相关领导签字。

（2）出纳人员根据领导签字同意的“费用报销单”，支付现金，如图 7-41 所示。

（3）会计人员根据“费用报销单”填制记账凭证，并交审核人员审核，如图 7-42 所示。

费 用 报 销 单

部门：采购部　　2023 年 8 月 15 日　　编号：056

开支内容	金额	结算方式
市内运杂费	120.00	1. 冲借款______元 2. 转账______元 3. 汇款______元 4. 现金付讫 ¥120.00 元
	现金付讫	
合计：（大写）人民币壹佰贰拾元整		

附单据 1 张

单位负责人：谭兴官　会计主管：侯耀　出纳：何成成　经办人：张强

图 7-41　费用报销单

记　账　凭　证

2023 年 8 月 15 日　　记字第 23 号

06号 深圳市前通实业有限公司出品

摘要	会计科目		借方金额											贷方金额											记账 √
	总账科目	明细科目	亿	千	百	十	万	千	百	十	元	角	分	亿	千	百	十	万	千	百	十	元	角	分	
支付市内运杂费	管理费用	市内运杂费							1	2	0	0	0												
	库存现金																			1	2	0	0	0	
附件 1 张	合	计						¥	1	2	0	0	0						¥	1	2	0	0	0	

会计主管 侯耀　记账 游飞　出纳 何成成　审核 魏小小　制证 游飞

图 7-42　记账凭证

（4）会计人员依据审核后的记账凭证登记“管理费用”“库存现金”总分类账和明细分类账。

（5）出纳根据经济业务的时间顺序逐笔登记“库存现金”日记账。

【议一议】

1. 采购人员报销差旅费如何核算？
2. 采购过程中，用现金支付给个人的搬运费记入什么账户？
3. 采购部门发生的办公费如何核算？

【做一做】

根据下列经济业务填制通用记账凭证并登记总分类账及明细分类账。

1. 2023 年 2 月 2 日，从光大公司购进一台不需安装的设备，价格 74 000 元，增值税税率 13%，增值税额 9 620 元，设备已投入使用，同时开出交通银行的转账支票付款。

2. 2023 年 2 月 3 日，从麻花公司购进一条需要安装的生产线设备，价格 360 000 元，增值税额 46 800 元，麻花公司代垫运输费 3 800 元，现生产线设备已运抵，同时开出一张

3 个月期限的银行承兑汇票。

3. 2023 年 2 月 6 日，开出交通银行转账支票支付安装调试费 4 200 元。

4. 2023 年 2 月 6 日，安装调试成功，生产线交付使用。

5. 2023 年 2 月 8 日，向五洋公司购进甲材料 12 吨，每吨 8 500 元，总价款 102 000 元，增值税额 13 260 元，甲材料已经到达入库，货款暂欠。

6. 2023 年 2 月 8 日，开出交通银行转账支票支付甲材料的运输费 1 320 元，运输行业的增值税税率为 9%，增值税额 118. 80 元。

7. 2023 年 2 月 11 日，向达达公司购进乙材料 18 吨，每吨价格 6 400 元，总价款 115 200元，增值税额 14 976 元，达达公司代垫运费 1 980 元，增值税额 178. 20 元，乙材料尚未到达，款项暂欠。

8. 2023 年 2 月 14 日，乙材料到达入库，同时开出招商银行转账支票支付货款。

9. 2023 年 2 月 19 日，向欢欢公司购进甲材料 13 吨，每吨 8 600 元，乙材料 12 吨，每吨 6 200 元，增值税税率 13%，欢欢公司代垫运输费 2 750 元，增值税额 247. 50 元，材料验收入库，通过交通银行电汇付款(按采购价格进行分配)。

10. 2023 年 2 月 20 日，用现金支付市内运杂费 86 元。

11. 2023 年 3 月 7 日，通过招商银行向五洋公司支付甲材料货款。

12. 2023 年 5 月 2 日，之前开给麻花公司的银行承兑汇票到期，通过交通银行按面额付款。

项目八 生产业务分析、凭证填制及账簿登记

项目目标

1. 会分析生产企业常见生产业务。
2. 会进行生产费用归集的核算。
3. 会进行制造费用的核算。
4. 会进行产成品的核算。

项目内容

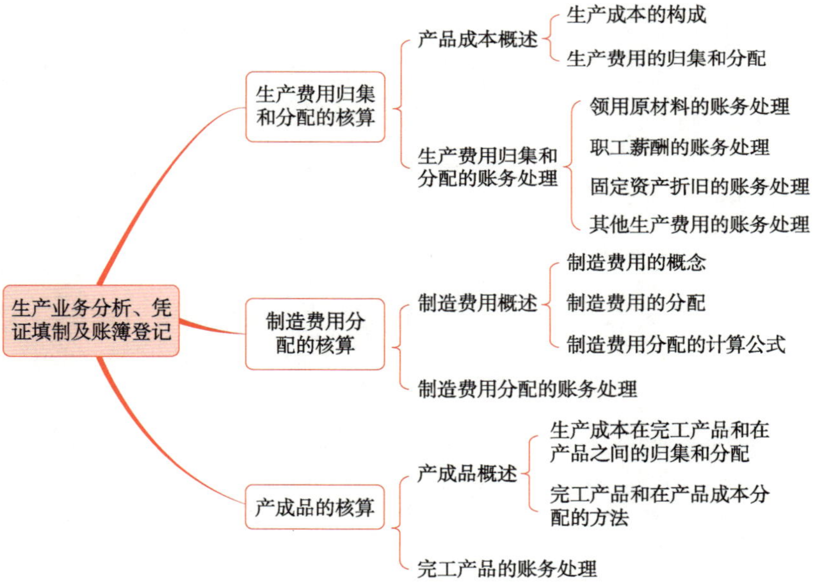

学时建议

10 学时

【导入案例】

重庆胜利铸件厂于 2023 年 7 月 1 日成立，采购完成后，从 2023 年 8 月到 2023 年 12

月发生相关的生产业务，资料如下：

（1）2023年8月20日，领用原材料生产产品。

（2）2023年8月31日，计提本月员工的工资。

（3）2023年8月31日，结转应由员工支付的社会保险费和住房公积金。

（4）2023年8月31日，计提本月应付的社会保险费和住房公积金。

（5）2023年9月10日，发放职工8月份工资。

（6）2023年9月12日，缴纳单位和个人承担的社会保险费。

（7）2023年9月12日，缴纳单位和个人承担的住房公积金。

（8）2023年9月25日，支付本月电费。

（9）2023年9月27日，报销修理用零配件费用。

（10）2023年9月30日，计提本月的固定资产折旧费。

（11）2023年9月30日，分配制造费用。

（12）2023年9月30日，铸铁件、铸钢件完工入库。

- 出纳人员如何办理职工薪酬业务？
- 出纳人员如何登记与生产业务有关的银行存款日记账和现金日记账？
- 会计人员如何对制造费用进行分配？
- 会计人员如何编制生产业务的记账凭证、登记总分类账及明细分类账？
- 审核人员和会计主管如何对生产业务进行审核？

这里所讲生产环节是在小企业采购完成之后，主要利用机器设备和人工等将原材料加工成产品的过程。生产环节主要包括几方面的内容：①小企业领用各种原料、主要材料、辅助材料等原材料。②小企业开动机器设备等固定资产，辅之以工人对原材料进行加工。③小企业在生产加工过程中难免发生其他加工费用。④生产加工完毕，产成品验收入库。因此，领用原材料的核算、职工薪酬的核算、固定资产折旧的核算、其他生产费用的核算、制造费用的核算、产成品的核算就构成生产业务核算的主要内容。

任务一 生产费用归集和分配的核算

【任务描述】

能理解《小企业会计准则》中产品成本的构成；能认识并填写与生产费用相关的原始凭证；能进行生产费用归集的核算。

【知识准备】

一、产品成本概述

产品成本是小企业一定时期内为生产一定产品所支出的生产费用。产品成本核算是对生产经营过程中实际发生的各种成本进行计算、归集和分配的过程。为了生产产品，必然要发生各种耗费，如材料的耗费、固定资产的磨损、职工薪酬的发放和其他费用等，这些生产耗费最终应归集分配到各种产品成本中，构成产品成本。对于生产经营过程中发生的与产品生产无直接关系的各项费用，如管理费用、销售费用、财务费用等，应当直接计入当期损益，不计入产品成本。

（一）生产成本的构成

小企业的生产成本由直接费用和间接费用两部分构成。其中，直接费用包括直接材料费、直接人工费和其他直接费用，间接费用包括制造费用。

（二）生产费用的归集和分配

小企业发生的各项生产费用，应当按照成本核算对象和成本项目分别归集。

（1）属于材料费、人工费等直接费用，直接计入基本生产成本和辅助生产成本。

（2）属于辅助生产车间为生产产品提供的动力等直接费用，可以先作为辅助生产成本进行归集，然后按照合理的方法分配计入基本生产成本；也可以直接计入所生产产品发生的生产成本。

（3）其他间接费用应当作为制造费用进行归集，月度终了，再按一定的分配标准，分配计入有关产品的成本。

小企业由于生产经营的规模较小，为了简化核算，本部分的内容不涉及辅助生产成本或者采用直接计入所生产产品发生的生产成本。

二、生产费用归集和分配的账务处理

（一）领用原材料的账务处理

1. 账户设置

“生产成本”账户：用来记录正在生产过程中的在产品成本，如产品耗用的直接材料、直接人工、制造费用等。该账户属于成本类账户，借方登记生产产品直接耗用的材料费和人工费，以及月末转入的制造费用；贷方登记转出的完工入库产品的生产成本；期末借方余额表示尚未完工产品的成本。其结构如图 8-1 所示。

借方	生产成本　　　　　贷方
直接材料、直接人工、分配的制造费用	完工入库产品的生产成本
尚未完工产品的成本	

图 8-1　“生产成本”账户结构

2. 账务处理

小企业领用原材料生产产品，其材料费应按受益对象进行分配，能具体分清产品的直接材料费，借记“生产成本”账户；不能分清具体产品耗用的车间耗用材料费，属于间接费用，借记“制造费用”账户，按领用原材料的实际成本，贷记“原材料”账户。“生产成本”账户下，应按照产品品种进行明细分类核算；“制造费用”账户应按照费用名称进行明细分类核算。

【业务一】 领用原材料的核算

【业务资料】2023 年 8 月 20 日，重庆胜利铸件厂领用生铁 1.05 吨，硅铁 0.02 吨，增碳剂 0.02 吨，生产铸铁件。生铁成本 3 900 元/吨，硅铁成本 7 100 元/吨，增碳剂成本 5 800 元/吨。领用废钢 2 吨，硅铁 0.02 吨，锰铁 0.01 吨，生产铸钢件。废钢成本 2 800 元/吨，锰铁成本 8 500 元/吨。

【业务分析】领用原材料生产产品，按具体产品受益对象，借记“生产成本”账户；按原材料的实际成本，贷记“原材料”账户。

【业务流程及核算】

(1)库管员根据领料人的具体要求，填写出库单，领料人签字后发货，如图 8-2、图 8-3所示。

出 库 单

2023 年 8 月 20 日

领料部门：铸铁件车间　　仓库：原材料库　　单号：01

材料名称	规格型号	计量单位	出库数量	金额
生铁		吨	1.05	4 095.00
硅铁		吨	0.02	142.00
增碳剂		吨	0.02	116.00

第三联交财务科

库管员：李欢　　领料人：杨晓军

图 8-2 出库单

出 库 单

2023 年 8 月 20 日

领料部门：铸钢件车间　　仓库：原材料库　　单号：02

材料名称	规格型号	计量单位	出库数量	金额
废钢		吨	2	5 600.00
硅铁		吨	0.02	142.00
锰铁		吨	0.01	85.00

第三联交财务科

库管员：李欢　　领料人：姚敏敏

图 8-3 出库单

(2)会计人员根据“出库单”等填制记账凭证，并交审核人员审核，如图 8-4、图 8-5所示。

记 账 凭 证

2023 年 8月 20日　　记字第 × 号

06号　深圳市前通实业有限公司出品

摘要	会计科目		借方金额											贷方金额											记账√
	总账科目	明细科目	亿	千	百	十	万	千	百	十	元	角	分	亿	千	百	十	万	千	百	十	元	角	分	
领料	生产成本	铸铁件						4	3	5	3	0	0												√
	原材料	生铁																	4	0	9	5	0	0	√
	原材料	硅铁																		1	4	2	0	0	√
	原材料	增碳剂																		1	1	6	0	0	√
附件 1 张	合	计					¥	4	3	5	3	0	0					¥	4	3	5	3	0	0	

会计主管 侯耀　记账 游飞　出纳　审核 魏小小　制证 游飞

图 8-4 记账凭证

记 账 凭 证

2023 年 8月 20日　　记字第 × 号

06号　深圳市前通实业有限公司出品

摘要	会计科目		借方金额											贷方金额											记账√
	总账科目	明细科目	亿	千	百	十	万	千	百	十	元	角	分	亿	千	百	十	万	千	百	十	元	角	分	
领料	生产成本	铸钢件						5	8	2	7	0	0												√
	原材料	废钢																	5	6	0	0	0	0	√
	原材料	硅铁																		1	4	2	0	0	√
	原材料	锰铁																			8	5	0	0	√
附件 1 张	合	计					¥	5	8	2	7	0	0					¥	5	8	2	7	0	0	

会计主管 侯耀　记账 游飞　出纳　审核 魏小小　制证 游飞

图 8-5 记账凭证

（3）会计人员依据审核后的记账凭证登记“生产成本”“原材料”总分类账和明细分类账。

（二）职工薪酬的账务处理

1. 职工薪酬概述

职工薪酬是指小企业为获得职工提供的服务而给予职工的各种形式的报酬以及其他相关支出。包括职工在职期间和离职后提供给职工的全部货币性薪酬和非货币性薪酬，是小企业必须支付的人工费用。职工薪酬具体包括：①职工工资、奖金、津贴和补贴；②职工福利费；③养老保险费、医疗保险费、失业保险费、工伤保险费和生育保险费等社会保险费；④住房公积金；⑤工会经费和职工教育经费；⑥非货币性福利；⑦因解除与职工的劳动关系给予的补偿；⑧其他与获得职工提供的服务相关的支出。

【知识拓展】

社会保险费

2. 账户设置

（1）“应付职工薪酬”账户：用来核算小企业在职工为其提供服务的会计期间（通常是

按月来确定)，应付给职工的各种薪酬。该账户属于负债类账户，贷方登记应付的职工薪酬，借方登记实际发放的职工薪酬，期末贷方余额表示尚未支付的职工薪酬。其结构如图 8-6 所示。

应付职工薪酬

借方	贷方
实际发放的职工薪酬	应付的职工薪酬
	尚未支付的职工薪酬

图 8-6 “应付职工薪酬”账户结构

(2)“制造费用”账户：用来核算小企业生产车间(部门)为生产产品和提供劳务而发生的各项间接费用。如车间管理人员薪酬、折旧费、车间修理费、水电费等。该账户属于成本类账户，借方登记本月发生的制造费用，贷方登记月末转入生产成本的金额，月末结转后无余额。其结构如图 8-7 所示。

制造费用

借方	贷方
发生的车间管理人员薪酬、折旧费、修理费、水电费等	转入生产成本的金额
期末无余额	

图 8-7 “制造费用”账户结构

(3)“销售费用”账户：用来核算小企业在销售产品或提供劳务过程中发生的各种费用。包括：销售人员的职工薪酬、商品维修费、运输费、装卸费、包装费、保险费、广告费、业务宣传费、展览费以及专设销售机构的费用等，在实务中如果实际发生了销售佣金、代销手续费等费用也计入销售费用。该账户属于费用类账户，借方登记企业发生的各项销售费用，贷方登记本月转入“本年利润”账户的销售费用，月末结转损益后该账户无余额。其结构如图 8-8 所示。

销售费用

借方	贷方
发生的各项销售费用	转入“本年利润”的销售费用
期末无余额	

图 8-8 “销售费用”账户结构

(4)“其他应付款”账户：用来核算小企业除应付票据、应付账款、应付利息、预收账款等以外的其他各种应付及暂收款项。包括：应付的各种赔款，如因小企业违约等而应向对方支付的违约金等；应付租赁固定资产等的租金；向职工扣取应付的社会保险费、住房公积金、水电费等；存入保证金，如出租固定资产、包装物等收取的押金等；其他各种应付、暂收款项。其结构如图 8-9 所示。

借方	其他应付款 贷方
实际支付的其他应付款项	应付的违约金、押金、向职工扣取应付的社会保险费及住房公积金等
	尚未支付的其他应付款项

图 8-9 “其他应付款”账户结构

3. 职工薪酬分配的原则

小企业应当在职工为其提供服务的会计期间(通常按月确定)，将应付的职工薪酬确认为负债，并根据职工提供服务的受益对象，分下列情况进行会计处理：

(1) 应由生产产品、提供劳务负担的职工薪酬，计入产品成本。小企业在生产产品过程中，直接从事产品生产的工人以及生产车间管理人员的职工薪酬，作为直接人工成本计入生产成本。在具体进行账务处理时，小企业在生产产品过程中，生产车间管理人员发生的职工薪酬，先通过“制造费用”账户进行归集，月末再分配结转至“生产成本”账户。

(2) 应由在建工程、无形资产开发项目负担的职工薪酬，计入固定资产成本或无形资产成本。

(3) 其他职工薪酬(含因解除与职工的劳动关系给予的补偿)，计入当期损益。

4. 账务处理

小企业月末确认应付的职工薪酬，其人工费根据职工提供服务的受益对象进行分配，生产工人的薪酬，借记“生产成本”账户；车间管理人员的薪酬，借记“制造费用”账户；销售部门人员的薪酬，借记“销售费用”账户；行政管理部门人员的薪酬以及难以确定直接对应受益对象的人员的职工薪酬，借记“管理费用”账户；按应付的职工薪酬，贷记“应付职工薪酬”账户。“制造费用”账户下，应按照成本项目进行明细分类核算；“应付职工薪酬”账户应按照职工薪酬内容进行明细分类核算。

【业务二】 应付职工薪酬的核算

【业务资料】2023 年 8 月 31 日，出纳人员根据公司的工资考核制度，计算 2023 年 8 月的应付工资总额 114 000 元，应付的社会保险费总额 37 050 元，应付的住房公积金总额11 400 元。

【业务分析】计提 2023 年 8 月工资、社会保险费、住房公积金时，按照生产工人工资、社会保险费、住房公积金，借记“生产成本”账户；车间管理人员的，借记“制造费用”账户；销售部门人员的，借记“销售费用”账户；其余部门人员的，借记“管理费用”账户；按实际应支付的工资、社会保险费、住房公积金总额，贷记“应付职工薪酬”账户。

【业务流程及核算】

(1) 出纳人员根据传递的各部门领导签字同意的工资考核意见，编制 2023 年 8 月的工资表，如图 8-10 所示。

重庆胜利铸件厂工资表

2023 年 8 月

姓名	基本工资	奖金 ---	事假扣款	应付工资	医疗保险费 2%+3	养老保险 8%	失业保险 1%	住房公积金 10%	税前工资	个人所得税	实发工资
谭兴富				8 000	163	640	80	800	6 317	176.7	6 140.3
张天舒				8 000	163	640	80	800	6 317	176.7	6 140.3
刘浩				2 600	55	208	26	260	2 051		2 051
李芳				5 000	102	400	50	500	3 948	13.44	3 934.6
黄晓明				3 000	63	240	30	300	2 367		2 367
侯耀				5 000	102	400	50	500	3 948	13.44	3 934.6
游飞				3 000	63	240	30	300	2 367		2 367
何成成				2 800	59	224	28	280	2 209		2 209
甄小小				2 600	55	208	26	260	2 051		2 051
李欢				2 600	55	208	26	260	2 051		2 051
赵杰				5 000	102	400	50	500	3 948	13.44	3 934.6
李开发				4 500	93	360	45	450	3 552	1.56	3 550.4
徐勇				4 000	83	320	40	400	3 157		3 157
王好				4 200	87	336	42	420	3 315		3 315
程黎明				4 000	83	320	40	400	3 157		3 157
谢小兰				5 000	102	400	50	500	3 948	13.44	3 934.6
王芳				3 400	71	272	34	340	2 683		2 683
张开芳				3 400	71	272	34	340	2 683		2 683
张玲玲				3 400	71	272	34	340	2 683		2 683
王峰				3 400	71	272	34	340	2 683		2 683
杨晓军				2 500	53	200	25	250	1 972		1 972
王新明				2 500	53	200	25	250	1 972		1 972
曹正发				5 000	102	400	50	500	3 948	13.44	3 934.6
王鹏飞				3 400	71	272	34	340	2 683		2 683
张红梅				3 400	71	272	34	340	2 683		2 683
冉东泽				3 400	71	272	34	340	2 683		2 683
姚敏敏				3 400	71	272	34	340	2 683		2 683
刘波				2 500	53	200	25	250	1 972		1 972
刘龙天				2 500	53	200	25	250	1 972		1 972
李鑫隆				2 500	53	200	25	250	1 972		1 972
合计				114 000	2 365	9 120	1 140	11 400	89 975	422	89 553

单位负责人：谭兴富　　　审核：侯耀　　　编制：何成成

图 8-10　工资表

（2）财务主管对工资表进行审核。

（3）会计人员根据工资表编制工资分配汇总表，如图 8-11 所示。

（4）会计人员根据工资分配汇总表等填制记账凭证，并交审核人员审核，如图 8-12、图 8-13 所示。

（5）会计人员根据工资表编制社会保险费及住房公积金分配汇总表，如图 8-14 所示。

重庆胜利铸件厂工资分配汇总表

2023 年 8 月　　　　单位：元

部门名称		应付工资	医疗保险费 2%+3	养老保险 8%	失业保险 1%	住房公积金 10%	税前工资	个人所得税	实发工资
生产部门	铸铁件生产人员	18 600	390	1 488	186	1 860	14 676		14 676
	铸钢件生产人员	21 100	443	1 688	211	2 110	16 648		16 648
	生产主管	10 000	204	800	100	1 000	7 896	26.8	7 869.2
销售部		21 700	448	1 736	217	2 170	17 129	15	17 114
行政部、采购部、财务部		42 600	880	3 408	426	14 260	33 626	380.2	33 245.8
合计		114 000	2 365	9 120	1 140	11 400	89 975	422	89 553

编制：游飞　　　　审核：侯耀

图 8-11　工资分配汇总表

记　账　凭　证

2023 年 8月　31日　　　　记字第 × 号

06号　深圳市前通实业有限公司出品

摘要	总账科目	明细科目	借方金额（亿千百十万千百十元角分）	贷方金额（亿千百十万千百十元角分）	记账√
分配职工工资	生产成本	铸铁件	1 8 6 0 0 0 0		√
	生产成本	铸钢件	2 1 1 0 0 0 0		√
	制造费用	工资	1 0 0 0 0 0 0		√
	销售费用	工资	2 1 7 0 0 0 0		√
	管理费用	工资	4 2 6 0 0 0 0		√
	应付职工薪酬	工资		1 1 4 0 0 0 0 0	√
附件 2 张	合计		¥ 1 1 4 0 0 0 0 0	¥ 1 1 4 0 0 0 0 0	

会计主管　侯耀　　记账　游飞　　出纳　　审核　魏小小　　制证　游飞

图 8-12　记账凭证

记　账　凭　证

2023 年 8月　31日　　　　记字第 × 号

06号　深圳市前通实业有限公司出品

摘要	总账科目	明细科目	借方金额（亿千百十万千百十元角分）	贷方金额（亿千百十万千百十元角分）	记账√
结转代缴个人承担	应付职工薪酬	工资	2 4 4 4 7 0 0		√
社会保险费	其他应付款	社会保险费		1 2 6 2 5 0 0	√
住房公积金	其他应付款	住房公积金		1 1 4 0 0 0 0	√
个人所得税	应交税费	应交个人所得税		4 2 2 0 0	√
附件见记字第X号所附凭证张	合计		¥ 2 4 4 4 7 0 0	¥ 2 4 4 4 7 0 0	

会计主管　侯耀　　记账　游飞　　出纳　　审核　魏小小　　制证　游飞

图 8-13　记账凭证

（6）会计人员根据社会保险费及住房公积金分配汇总表等填制记账凭证，并交审核人员审核，如图 8-15 所示。

（7）会计人员依据审核后的记账凭证登记“生产成本”“制造费用”“管理费用”“销售费用”“应付职工薪酬”总分类账和明细分类账。

重庆胜利铸件厂社会保险费及住房公积金分配汇总表

2023 年 8 月　　　　单位：元

部门名称		应付工资	医疗保险费 9.5%	养老保险 20%	失业保险 1.5%	工伤保险 0.8%	生育保险 0.7%	社会保险费合计	住房公积金 10%	住房公积金合计
生产部门	铸铁件生产人员	18 600	1 767	3 720	279	148.8	130.2	6 045	1 860	1 860
	铸钢件生产人员	21 100	2 004.5	4 220	316.5	168.8	147.7	6 857.5	2 110	2 110
	生产主管	10 000	950	2 000	150	80	70	3 250	1 000	1 000
销售部		21 700	2 061.5	4 340	325.5	173.6	151.9	7 052.5	2 170	2 170
行政部、采购部、财务部		42 600	4 047	8 520	639	340.8	298.2	13 845	4 260	4 260
合计		114 000	10 830	22 800	1 710	912	798	37 050	11 400	11 400

编制：游飞　　　　审核：侯耀

图 8-14　社会保险费及住房公积金分配汇总表

记　账　凭　证

2023 年 8月　31日　　　　记字第 × 号

06号

摘要	总账科目	明细科目	借方金额 亿	千	百	十	万	千	百	十	元	角	分	贷方金额 亿	千	百	十	万	千	百	十	元	角	分	记账 √
分配职工薪酬	生产成本	铸铁件						7	9	0	5	0	0												√
	生产成本	铸钢件						8	9	6	7	5	0												√
	制造费用	工资						4	2	5	0	0	0												√
	销售费用	工资						9	2	2	2	5	0												√
	管理费用	工资					1	8	1	0	5	0	0												√
	应付职工薪酬	社会保险费																3	7	0	5	0	0	0	√
	应付职工薪酬	住房公积金																1	1	4	0	0	0	0	√
附件 1 张	合计					¥	4	8	4	5	0	0	0				¥	4	8	4	5	0	0	0	

深圳市前通实业有限公司出品

会计主管 侯耀　记账 游飞　出纳　审核 魏小小　制证 游飞

图 8-15　记账凭证

【业务三】　发放应付职工薪酬的核算

【业务资料】2023 年 9 月 10 日，出纳人员开出转账支票支付员工的工资 89 553 元。

【业务分析】开出转账支票发放工资时，借记“应付职工薪酬”账户，贷记“银行存款”账户。

【业务流程及核算】

（1）出纳人员根据领导签字同意的“工资表”，签发转账支票，到银行办理工资转账，如图 8-16 所示。

（2）会计人员根据“转账支票存根”等填制记账凭证，并交审核人员审核，如图 8-17 所示。

（3）会计人员依据审核后的记账凭证登记“应付职工薪酬”“银行存款”总分类账和明细分类账。

中国工商银行（渝）
转账支票存根

ⅨⅡ 30122444

附加信息________________

出票日期 2023 年 9 月 10 日

收款人： 重庆胜利铸件厂 金　额：￥89 553.00 用　途：工资 备　注：

单位主管：侯耀　会计：游飞

图 8-16　转账支票存根

记　账　凭　证

2023 年 9月　10日　　记字第 × 号

06号　深圳市前通实业有限公司出品

摘要	会计科目		借方金额											贷方金额											记账
	总账科目	明细科目	亿	千	百	十	万	千	百	十	元	角	分	亿	千	百	十	万	千	百	十	元	角	分	√
发放工资	应付职工薪酬	工资					8	9	5	5	3	0	0												√
	银行存款	工商银行歌乐山营业所																8	9	5	5	3	0	0	√
附件 1 张	合计					¥	8	9	5	5	3	0	0				¥	8	9	5	5	3	0	0	

会计主管　侯耀　记账　游飞　出纳　何成成　审核　魏小小　制证　游飞

图 8-17　记账凭证

（4）出纳根据经济业务的时间顺序逐笔登记“银行存款”日记账。

【业务四】　缴纳社会保险费及住房公积金的核算

【业务资料】2023 年 9 月 12 日，接银行扣款通知书，缴纳 2023 年 8 月的社会保险费，单位缴纳和个人缴纳合计 49 675 元，住房公积金，单位缴纳和个人缴纳合计 22 800 元。

【业务分析】根据银行缴纳社会保险费和住房公积金通知，按单位承担部分，借记“应付职工薪酬”账户，个人承担部分，借记“其他应付款”账户，按缴纳的总金额，贷记“银行存款”账户。

【业务流程及核算】

（1）出纳人员到银行领取“社会保险费电子转账凭证”及“住房公积金汇缴书”，如图 8-18、图 8-19 所示。

社会保险费电子转账凭证

2023 年 9 月 12 日　　　　凭证提交号：080222

付款人	全称	重庆胜利铸件厂	收款人	全称	重庆市税务局凤天路征收分局
	账号	6217 2131 3333 8888 000		账号	6245 2131 4231 8888 111
	开户行	中国工商银行歌乐山营业所		开户行	中国工商银行凤天路支行
	行号			行号	
金额		人民币肆万玖仟陆佰柒拾伍元整			¥49 675.00
摘要	代扣号：****31199，2013 年 6 月社保费 养老小计：31 920.00　单位养老：22 800.00　个人养老：9 120.00 失业小计：2 850.00　单位失业：1 710.00　个人失业：1 140.00 医疗小计：13 195.00　单位医疗：10 830.00　个人医疗：2 365.00 工伤小计：912.00　单位工伤：912.00 生育小计：798.00　单位生育：798.00				收款人开户银行盖章
备注	本凭证一式两联：第一联作开户银行的记账凭证，第二联交缴费单位作付款凭证。 打印次数：				转账时间： 11:[illegible]:10

中国工商银行股份有限公司
歌乐山营业所
2023.09.12
受理凭证专用章

复核：XXX　　记账：XXX

图 8-18　社会保险费电子转账凭证

中国工商银行歌乐山营业所住房公积金汇缴书

2023 年 9 月 12 日　　　　字第 422 号

单位名称	重庆市公积金管理处				汇缴：2023 年 8 月份	
开户行	中国工商银行春光路支行	单位账号	6230 4455 3333 7777 222		汇缴：30 人	
金额	人民币（大写）：贰万贰仟捌佰元整				千百十万千百十元角分：¥2 2 8 0 0 0 0	
上次汇缴		本次增加汇缴		本次减少汇缴		本次汇缴
人数	金额	人数	金额	人数	金额	人数 / 金额
30	¥22 800.00					[illegible] / [illegible]800.00
付款行		付款账号		支票号码		
工商银行歌乐山营业所		6217 2131 3333 8888 000		——		

中国工商银行股份有限公司
歌乐山营业所
2023.09.12
受理凭证专用章

收款银行盖章

图 8-19　住房公积金汇缴书

（2）会计人员根据“社会保险费电子转账凭证”“住房公积金汇缴书”等填制记账凭证，并交审核人员审核，如图 8-20、图 8-21 所示。

记　账　凭　证

2023 年 9月　12日　　　　记字第 × 号

摘要	总账科目	明细科目	借方金额（亿千百十万千百十元角分）	贷方金额（亿千百十万千百十元角分）	记账√
支付社会保险费	应付职工薪酬	社会保险费	3705000		√
	其他应付款	社会保险费	1262500		√
	银行存款	工商银行歌乐山营业所		4967500	√
附件 1 张	合计		¥4967500	¥4967500	

0 6 号　深圳市前通实业有限公司出品

会计主管 侯耀　记账 游飞　出纳 何成成　审核 魏小小　制证 游飞

图 8-20　记账凭证

记 账 凭 证

2023 年 9月 12日　　　　记字第 × 号

06号 深圳市前通实业有限公司出品

摘要	总账科目	明细科目	借方金额（亿千百十万千百十元角分）	贷方金额（亿千百十万千百十元角分）	记账
支付住房公积金	应付职工薪酬	住房公积金	1140000		√
	其他应付款	住房公积金	1140000		√
	银行存款	工商银行歌乐山营业所		2280000	√
附件 1 张	合	计	¥2280000	¥2280000	

会计主管 侯耀　记账 游飞　出纳 何成成　审核 魏小小　制证 游飞

图 8-21　记账凭证

（3）会计人员依据审核后的记账凭证登记“应付职工薪酬”“银行存款”总分类账和明细分类账。

（4）出纳根据经济业务的时间顺序逐笔登记“银行存款”日记账。

【议一议】

1. 工会经费和职工教育经费如何核算？
2. 职工福利费如何核算？
3. 因解除与职工的劳动关系给予的补偿如何核算？

（三）固定资产折旧的账务处理

1. 固定资产折旧概述

固定资产在使用过程中始终保持其原有实物形态，但其价值却随着固定资产的磨损而逐渐转移到产品的成本费用中。这部分逐渐转移的价值，称为固定资产折旧，在成本费用中称为折旧费。小企业应当在固定资产的使用寿命内，按照确定的方法对应计折旧额进行系统的分摊。应计折旧额，是指应当计提折旧的固定资产的原价（成本）扣除其预计净残值后的金额。

（1）影响折旧的因素主要有：①固定资产原价，是指固定资产的成本。②预计净残值，是指固定资产预计使用寿命已满，小企业从该项固定资产处置中获得的扣除预计处置费用后的净额。③固定资产预计使用寿命，是指小企业使用固定资产的预计期间。

（2）计提折旧的固定资产范围：小企业所有固定资产均应计提折旧，但两种情况除外：①已提足折旧仍继续使用的固定资产。固定资产提足折旧后，不论能否继续使用，均不再计提折旧。提前报废的固定资产也不再补提折旧。所谓提足折旧是指已经提足该项固定资产的应计折旧额。②单独计价入账的土地。

（3）固定资产的折旧时间。固定资产应当按月计提折旧，当月增加的固定资产，当月不计提折旧，从下月起计提折旧；当月减少的固定资产，当月仍计提折旧，从下月起不计提折旧。

（4）固定资产的折旧方法。小企业应当按照年限平均法（直线法）计提折旧。小企业的固定资产由于技术进步等原因，确需加速折旧的，可以采用双倍余额递减法和年数总和法。小企业应当根据固定资产的性质和使用情况，并考虑税法的规定，合理确定固定资产的使用寿命和预计净残值。固定资产的使用寿命、预计净残值一经确定，不得随意变更。

（5）年限平均法计算公式：

年折旧率＝(1－预计净残值率)÷预计使用寿命

月折旧率＝年折旧率÷12

月折旧额＝固定资产原值×月折旧率

2. 账户设置

“累计折旧”账户：用来核算小企业固定资产的累计折旧额。该账户属于资产类账户，是“固定资产”的备抵账户，贷方登记计提的折旧数，借方登记固定资产减少时冲销的折旧数，期末贷方余额表示现有固定资产的累计折旧数。由于折旧的增加即表示固定资产实际价值的减少，固定资产原值减去累计折旧后的价值反映固定资产的账面价值，因此，该账户的结构与固定资产账户相反。其结构如图 8－22 所示。

累计折旧

借方	贷方
固定资产减少时冲销的折旧数	提取的折旧数
	现有固定资产的累计折旧数

图 8－22 “累计折旧”账户结构

3. 账务处理

固定资产的折旧费应当根据固定资产的受益对象计入相关资产成本或者当期损益。每月月末，固定资产计提折旧时，贷记“累计折旧”账户；按其受益对象，生产车间使用的固定资产的折旧费，借记“制造费用”账户；管理部门使用的固定资产的折旧费，借记“管理费用”账户；销售部门使用的固定资产的折旧费，借记“销售费用”账户。

【业务五】 固定资产折旧的核算

【业务资料】2023 年 9 月 30 日，会计人员根据月初固定资产原值、预计净残值、使用年限，采用年限平均法对固定资产进行折旧。

【业务分析】计提折旧时，贷记“累计折旧”账户，按受益对象，借记“制造费用”“管理费用”“销售费用”账户。

【业务流程及核算】

（1）会计人员编制固定资产折旧汇总表，会计主管进行审核。如图 8－23 所示。相关计算如下：

电脑的月折旧率＝(1－预计净残值率)÷预计使用寿命÷12

＝(1－5%)÷5÷12≈1.58%

电脑的月折旧额＝固定资产原值×月折旧率

＝5000×1.58%＝79(元)

（2）会计人员根据“固定资产折旧汇总表”等填制记账凭证，并交审核人员审核，如图

8-24 所示。

重庆胜利铸件厂固定资产折旧汇总表

2023 年 9 月

部门名称	名称	增加时间	原值（元）	使用年限	净残值率	月折旧率	月折旧额
管理部	电脑	2022.8	5 000	5	5%	1.58%	79
	空调	2022.8	10 000	5	5%	1.58%	158
销售部	电脑	2022.8	5 000	5	5%	1.58%	79
	空调	2022.8	10 000	5	5%	1.58%	158
采购部	电脑	2022.8	5 000	5	5%	1.58%	79
	空调	2022.8	10 000	5	5%	1.58%	158
生产部	电炉	2022.7	300 000	20	5%	0.396%	1 188
	混砂机	2022.8	50 000	10	5%	0.792%	396
	空调	2022.8	10 000	5	5%	1.58%	158
合计							2 453.00

编制：游飞　　　　审核：侯耀

图 8-23　固定资产折旧汇总表

记　账　凭　证

2023 年 9月　30日　　　　记字第　×　号

06号　深圳市前通实业有限公司出品

摘要	会计科目		借方金额											贷方金额											记账
	总账科目	明细科目	亿	千	百	十	万	千	百	十	元	角	分	亿	千	百	十	万	千	百	十	元	角	分	√
计提折旧	制造费用	折旧费						1	7	4	2	0	0												√
	管理费用	折旧费							4	7	4	0	0												√
	销售费用	折旧费							2	3	7	0	0												√
	累计折旧																		2	4	5	3	0	0	√
附件 1 张	合计						¥	2	4	5	3	0	0					¥	2	4	5	3	0	0	

会计主管　侯耀　　记账　游飞　　出纳　　　审核　魏小小　　　制证　游飞

图 8-24　记账凭证

（3）会计人员依据审核后的记账凭证登记“制造费用”“管理费用”“销售费用”“累计折旧”总分类账和明细分类账。

【试一试】

算算图8-23其他固定资产的月折旧率和月折旧额。

（四）其他生产费用的账务处理

小企业在生产经营过程中实际发生的生产费用，除消耗的材料费、人工费、固定资产的折旧费外，还包括水电费、车间修理费、车间办公费等其他生产费用。这里仅以水电费、车间修理费为例进行讲述。

【业务六】 电费的核算

【业务资料】2023 年 9 月 20 日，电力公司抄电表，9 月 25 日支付本月电费价税合计 3 034.98 元，同时取得增值税专用发票。

【业务分析】支付电费时，贷记“银行存款”账户，按受益对象，借记“制造费用”“管理费用”账户。

【业务流程及核算】

（1）出纳人员根据领导签字同意的“付款申请书”，签发转账支票，并取得“增值税专用发票”，如图 8-25 所示。

电子发票（增值税专用发票）

发票号码：50006929970000033890

开票日期：2023 年 9 月 25 日

购买方信息	名称：重庆胜利铸件厂 统一社会信用代码/纳税人识别号： 500106505000000	销售方信息	名称：国网重庆电力公司市区供电分局 统一社会信用代码/纳税人识别号： 500103900046312

项目名称	规格型号	单位	数量	单价	金额	税率/征收率	税额
工业用电		度	2300	0.80	1840.00	13%	239.20
居民用电		度	1450	0.52	754.00	13%	98.02
合　计：					¥2594.00		¥337.22
价税合计（大写）	⊗人民币贰仟玖佰叁拾壹元贰角贰分					（小写）¥2931.22	
备注							

开票人：郭明

下载次数:1

图 8-25　电子增值税专用发票

（2）会计人员根据“增值税专用发票”，编制“电量消耗统计表”，并交会计主管审核，如图 8-26 所示。

电量消耗统计表

2023 年 9 月

收益部门	工业用电（度）	居民用电（度）	单价	金额
生产部门	2 300		0.80	1 840.00
管理部门		1 450	0.52	754.00
合计	2 300	1 450		2 594.00

编制：潘飞　　　　审核：佳耀

图 8-26　电量消耗统计表

（3）每月结束后，会计人员登录电子税务局，点击“我要办税”，点击“税务数字账户”，点击“发票勾选确认”，点击“抵扣类勾选”，在该模块勾选需要抵扣的增值税专用发票，提交后即可打印发票勾选清单，作为会计资料保存。

（4）会计人员根据“转账支票存根”“增值税专用发票”“电量消耗统计表”等填制记账

凭证，并交审核人员审核，如图 8-27 所示。

记 账 凭 证

2023 年 9月 25日　　记字第 × 号

06号

摘要	会计科目：总账科目	会计科目：明细科目	借方金额（亿千百十万千百十元角分）	贷方金额（亿千百十万千百十元角分）	记账 √
支付电费	制造费用	电费	184000		√
	管理费用	电费	75400		√
	应交税费	应交增值税（进项税额）	33722		√
	银行存款	工商银行歌乐山营业所		293122	√
附件 3 张	合计		¥293122	¥293122	

深圳市前通实业有限公司出品

会计主管 侯耀　记账 游飞　出纳 何成成　审核 魏小小　制证 游飞

图 8-27　记账凭证

（5）会计人员依据审核后的记账凭证登记“制造费用”“管理费用”“银行存款”总分类账和明细分类账。

（6）出纳根据经济业务的时间顺序逐笔登记“银行存款”日记账。

【问一问】

1. 问：受益对象无法分清的，记入什么账户？

答：小企业受成本效益影响，生产经营管理比较粗放，往往无法按不同车间核算，而办公区的销售部、采购部、行政部、财务部有些费用也无法区分，为简化核算手续，车间的费用可以记入制造费用账户，其余部门的费用可以记入管理费用账户，要根据小企业实际情况，灵活运用。

2. 问：小企业会计在实际工作中，无法按月做到严格区分时，需不需要在不同月份间进行分摊？

答：实际工作中，视小企业的具体情况而定，如果不影响全年利润，可以不分摊。以水电费为例，往往抄表在每月的 20 日，付费在每月的 25 日，则可以简化处理为付费当月的成本费用。又如差旅费，出差在 2 月，因多种原因，报销在 5 月，则可以计入 5 月的费用，但不得跨年报销。再如预付下一年的报刊杂志费、保险费、房屋租金等，如果是每年都相对固定的开支，在不影响每年利润均衡情况下，可以计入付费当月的成本费用。

【业务七】 修理费的核算

【业务资料】2023 年 9 月 27 日，重庆胜利铸件厂车间主任曹正发因车间零星修理，报销零配件费用 425 元。

【业务分析】支付零配件费用时，贷记“库存现金”账户，按受益对象，借记“制造费用”账户。

【业务流程及核算】

（1）出纳人员根据领导签字同意报销的“电子增值税普通发票”，支付现金，盖上现金付讫章，如图 8-28 所示。

电子发票（普通发票）

发票号码：24512000000022390356

开票日期：2023 年 09 月 27 日

购买方信息 名称：重庆胜利铸件厂 统一社会信用代码/纳税人识别号：500106505000000	销售方信息 名称：重庆顺德经营部 统一社会信用代码/纳税人识别号：510181612309000

项目名称	规格型号	单位	数量	单价	金额	税率/征收率	税额
配件		套	5	82.52	412.62	3%	12.38
合　计：					¥412.62		¥12.38
价税合计（大写）	⊗人民币肆佰贰拾伍元整				（小写）¥425.00		
备注							

开票人：胡飞

下载次数：1

图 8-28　电子增值税普通发票

（2）会计人员根据“重庆市商品销售发票”等填制记账凭证，并交审核人员审核，如图 8-29 所示。

记　账　凭　证

2023 年 9月　27日　　记字第 × 号

06号　深圳市前通实业有限公司出品

摘要	总账科目	明细科目	借方金额	贷方金额	记账
修理配件	制造费用	修理费	42500		√
	库存现金			42500	√
附件 1 张	合计		¥42500	¥42500	

会计主管 侯耀　记账 游飞　出纳 何成成　审核 魏小小　制证 游飞

图 8-29　记账凭证

（3）会计人员依据审核后的记账凭证登记“制造费用”“库存现金”“制造费用”总分类账和明细分类账。

（4）出纳人员根据经济业务的时间顺序逐笔登记“银行存款”日记账。

任务二　制造费用分配的核算

【任务描述】

能理解《小企业会计准则》中制造费用的概念；认识并会填写与制造费用相关的原始凭

证；能进行制造费用分配的核算。

【知识准备】

一、制造费用概述

（一）制造费用的概念

制造费用，是指小企业生产车间（部门）为生产产品和提供劳务而发生的各项间接费用。制造费用是一种间接生产成本，包括小企业生产车间（部门）管理人员的职工薪酬、折旧费、机物料消耗、固定资产修理费、办公费、水电费、劳动保护费、季节性和修理期间的停工损失等。

制造费用应通过“制造费用”账户进行归集，月末按照一定的方法分配转入有关成本计算对象。

（二）制造费用的分配

制造费用归集后，再根据制造费用的性质，合理选择方法进行分配。也就是说，小企业所选择的制造费用分配方法，必须与制造费用的发生具有较密切的相关性，并且使分配到产品上的制造费用金额科学合理，同时，还应考虑计算手续的简便。在各种产品之间分配制造费用的方法，通常有按生产工人工资、按生产工人工时、按机器工时、按耗用原材料的数量成本、按直接费用（直接材料和直接人工之和）及按产成品产量等。

（三）制造费用分配的计算公式

以按生产工人的工资为分配标准举例，其制造费用分配的相关计算公式如下：

制造费用分配率＝制造费用总额 ÷车间生产工人工资总额

某种产品应负担的制造费用＝这种产品的生产工人工资总额×制造费用分配率

二、制造费用分配的账务处理

月末，小企业选用一定的方法对本月的制造费用进行分配后，按照产品品种，借记“生产成本”账户，贷记“制造费用”账户。“制造费用”账户下，应按照成本项目进行明细分类核算，制造费用月末分配后，应无余额。

【业务一】 分配制造费用的核算

【业务资料】2023 年 9 月 30 日，会计根据月末制造费用总分类账上记录的制造费用余额 18 257 元，以生产工人工资为分配标准，对制造费用按产品品种（铸铁件、铸钢件）进行分配。

【业务分析】按产品品种分配制造费用时，借记“生产成本—铸铁件”“生产成本—铸钢件”账户，贷记“制造费用”账户。

【业务流程及核算】

（1）会计对“制造费用”总分类账进行审核，如图 8-30 所示。

总第 120 页 分第 34 页

制造费用

2023 年 度

会计科目及编号：制造费用

子 目 及 户 名：

2023年 月	日	凭证号数 种类	号数	摘要	对应科目	借方（亿千百十万千百十元角分）	√	贷方（亿千百十万千百十元角分）	√	借或贷	余额（亿千百十万千百十元角分）	√
9	25	记	×	支付电费		184000					184000	
9	27	记	×	报销修理用零配件		42500					226500	
9	30	记	×	计提折旧费		174200					400700	
9	30	记	×	计提工资		1000000					1400700	
9	30	记	×	分配社会保险费及住房公积金		425000					1825700	

图 8-30 “制造费用”总分类账

（2）会计根据“制造费用总分类账”余额，编制“制造费用分配表”，如图 8-31 所示。相关计算如下：

$$制造费用分配率 = 18\ 257 \div (18\ 600 + 21\ 100)$$

$$= 18\ 257 \div 39\ 700 \approx 0.46$$

$$铸铁件应分摊制造费用 = 18\ 600 \times 0.46 = 8\ 556(元)$$

$$铸钢件应分摊制造费用 = 18\ 257 - 8\ 556 = 9\ 701(元)$$

2023 年 9 月制造费用分配表

产品名称	产品工人工资	分配率	分配额
铸铁件	18 600	0.46	8 556
铸钢件	21 100	0.46	9 701
合计	39 700	—	18 257

编制：游飞　　　　审核：侯耀

图 8-31 制造费用分配表

（3）会计根据“制造费用分配表”等填制记账凭证，并交审核人员审核，如图 8-32 所示。

记 账 凭 证

2023 年 9月 30日　　　　记字第 × 号

06号　深圳市前通实业有限公司出品

摘要	会计科目 总账科目	明细科目	借方金额（亿千百十万千百十元角分）	贷方金额（亿千百十万千百十元角分）	记账 √
分配制造费用	生产成本	铸铁件	855600		√
	生产成本	铸钢件	970100		√
	制造费用			1825700	√
附件 1 张	合计		¥1825700	¥1825700	

会计主管 侯耀　记账 游飞　出纳　审核 魏小小　制证 游飞

图 8-32 记账凭证

（4）会计依据审核后的记账凭证登记“制造费用”“生产成本”总分类账和明细分类账。

任务三　产成品的核算

【任务描述】

能理解《小企业会计准则》中生产成本在完工产品和在产品之间的分配；认识并会填写与产成品相关的原始凭证；能进行完工产成品的核算。

【知识准备】

一、产成品概述

产成品，是指小企业已经完成全部生产过程并已验收入库，符合标准规格和技术条件，可以按照合同规定的条件送交订货单位，或者可以作为商品对外销售的产品。

在产品，是指小企业正在制造尚未完工的产品。包括正在各个生产工序加工的产品，以及已加工完毕但尚未检验或已检验但尚未办理入库手续的产品。

（一）生产成本在完工产品和在产品之间的归集和分配

每月月末，当月生产成本明细分类账中按照成本项目(直接材料、直接人工、制造费用)归集了本月生产成本以后，这些成本就是本月发生的生产成本，但并不是本月完工产品的成本。计算本月完工产品成本，还需要将本月发生的生产成本加上月初在产品成本，然后再将其在本月完工产品成本和月末在产品之间进行分配，以求得本月完工产品成本。完工产品和在产品成本之间的关系如下：

本月完工产品成本=月初在产品成本+本月发生的生产成本-月末在产品成本

（二）完工产品成本和在产品成本分配的方法

小企业应当根据在产品数量的多少、各月在产品数量变化的大小、各项成本比重的大小以及定额管理基础的好坏等具体条件，采用适当的分配方法将直接材料、直接人工和制造费用等生产成本在完工产品和在产品之间进行分配。常用的分配方法有：不计算在产品成本法、在产品按固定成本计算法、在产品按所耗直接材料计算法、约当产量比例法、在产品按定额成本计算法、定额比例法等。这里，因是会计基础，我们采用不计算在产品成本法，其余方法留待成本会计学习。

【知识拓展】

完工产品成本和在产品成本的分配方法

二、完工产品的账务处理

1. 账户设置

“库存商品”账户：用来核算小企业库存的各种商品的实际成本。工业企业的库存商品主要指产成品。该账户属于资产类账户，借方登记已经完工入库的各种产品的实际成本，贷方登记已经出售的各种产品的实际成本，期末借方余额表示库存产成品的成本。其结构如图 8-33 所示。

借方	库存商品　　　　贷方
完工入库产品的成本	出售产品的成本
库存产品的成本	

图 8-33 “库存商品”账户结构

2. 账务处理

小企业生产产品完工入库时，按照选用的方法计算的完工产成品的成本，借记“库存商品”账户，贷记“生产成本”账户。“库存商品”账户下，应按照产成品的品种、规格或类别进行明细分类核算。

【业务一】 完工入库产成品的核算

【业务资料】2023 年 9 月 30 日，本月生产的铸铁件和铸钢件各 50 吨全部入库。

【业务分析】产品完工入库时，借记“库存商品—铸铁件”“库存商品—铸钢件”账户，贷记“生产成本—铸铁件”“生产成本—铸钢件”账户。

【业务流程及核算】

（1）库管人员填写产成品入库单，如图 8-34、图 8-35 所示。

产成品入库单

2023 年 9 月 30 日

送存部门：铸铁件车间　　　　仓库：产成品库　　单号：01

产品名称	计量单位	入库数量	金额
铸铁件	吨	50	

库管员：李欢　　　　送存人：杨晓军

第三联交财务科

图 8-34 产品入库单

产成品入库单

2023 年 9 月 30 日

送存部门：铸钢件车间　　　　仓库：产成品库　　单号：02

产品名称	计量单位	入库数量	金额
铸钢件	吨	50	

第三联交财务科

库管员：李欢　　　　送存人：杨晓军

图 8-35　产品入库单

（2）会计对“铸铁件明细分类账”“铸钢件明细分类账”进行审核，如图 8-36、图 8-37 所示。

（3）会计人员根据“铸铁件明细分类账”“铸钢件明细分类账”余额，编制“产成品成本计算单”，如图 8-38 所示。

（4）会计根据“产成品入库单”“产成品成本计算单”等填制记账凭证，并交审核人员审核，如图 8-39 所示。

总第 200 页　分第 45 页

生产成本

2023 年 度

会计科目及编号：生产成本
子 目 及 户 名：铸铁件

2023年 月	日	凭证号数 种类	号数	摘要	对应科目	借方	√	贷方	√	借或贷	余额	√
9	20	记	×	领用原材料		217650.00					217650.00	
9	30	记	×	计提工资		18600.00					236250.00	
9	30	记	×	计提社会保险费及住房公积金		7905.00					244155.00	
9	30	记	×	分配制造费用		8556.00					252711.00	

图 8-36　铸铁件明细分类账

总第 201 页　分第 46 页

生产成本

2023 年 度

会计科目及编号：生产成本
子 目 及 户 名：铸钢件

2023年 月	日	凭证号数 种类	号数	摘要	对应科目	借方	√	贷方	√	借或贷	余额	√
9	20	记	×	领用原材料		291350.00					291350.00	
9	30	记	×	计提工资		21100.00					312450.00	
9	30	记	×	计提社会保险费及住房公积金		8967.50					321417.50	
9	30	记	×	分配制造费用		9701.00					331118.50	

图 8-37　铸钢件明细分类账

产成品成本计算单

2023 年 9 月 30 日

产品名称	计量单位	入库数量	单位成本	总成本
铸铁件	吨	50	5 054.22	252 711.00
铸钢件	吨	50	6 622.37	331 118.50

编制：游飞　　　　审核：侯耀

图 8-38　产品成本计算单

记　账　凭　证

2023 年 9月 30日　　　　记字第 × 号

06号　深圳市前通实业有限公司出品

摘要	会计科目		借方金额	贷方金额	记账
	总账科目	明细科目	亿千百十万千百十元角分	亿千百十万千百十元角分	√
产成品完工入库	库存商品	铸铁件	2 5 2 7 1 1 0 0		√
	库存商品	铸钢件	3 3 1 1 1 8 5 0		√
	生产成本	铸铁件		2 5 2 7 1 1 0 0	√
	生产成本	铸钢件		3 3 1 1 1 8 5 0	
附件 1 张	合计		¥ 5 8 3 8 2 9 5 0	¥ 5 8 3 8 2 9 5 0	

会计主管 侯耀　记账 游飞　出纳　审核 魏小小　制证 游飞

图 8-39　记账凭证

（5）会计依据审核后的记账凭证登记“库存商品”“生产成本”总分类账和明细分类账。

【做一做】

根据下列经济业务填制通用记账凭证并登记总分类账及明细分类账。

1. 2023 年 10 月 10 日，领用甲材料 2 吨，每吨成本 8 500 元，生产 A 产品。
2. 2023 年 10 月 13 日，领用乙材料 3 吨，每吨成本 6 500 元，生产 B 产品。
3. 2023 年 10 月 15 日，开出现金支票取现 56 000 元，备发工资。
4. 2023 年 10 月 15 日，用现金发放上月工资 56 000 元。
5. 2023 年 10 月 16 日，接招商银行扣款通知，支付上月社会保险费 30 450 元，其中，单位承担部分 22 750 元，个人承担部分 7 700 元，个人保险费上月已转入其他应付款账户。
6. 2023 年 10 月 16 日，接招商银行扣款通知，支付上月住房公积金 14 000 元，其中，单位承担的住房公积金 7 000 元，个人承担的住房公积金 7 000 元，个人承担住房公积金上月已经转入其他应付款账户。
7. 2023 年 10 月 17 日，现金购买行政部门水电设施的修理配件 765 元。
8. 2023 年 10 月 19 日，车间技术工人出差报销差旅费 500 元，出纳审核后，支付其现金。
9. 2023 年 10 月 28 日，计提本月职工的工资，并结转代扣的应由个人承担的社会保险费和住房公积金（表 8-1）。

表 8-1　重庆胜利铸件厂工资分配汇总表

2023 年 10 月　　　　单位：元

部门名称		应付工资	医疗保险费 2%+3	养老保险 8%	失业保险 1%	住房公积金 10%	税前工资	个人所得税	实发工资
生产部门	A 生产人员	19 500	393	1 560	195	1 950	15 402		15 402
	B 生产人员	16 000	323	1 280	160	1 600	12 637		12 637
	生产主管	10 000	204	800	100	1 000	7 896		7 896

续表

部门名称	应付工资	医疗保险费 2%+3	养老保险 8%	失业保险 1%	住房公积金 10%	税前工资	个人所得税	实发工资
销售部	20 200	407	1 616	202	2020	15 955		15 955
行政部、采购部、财务部	28 300	569	2 264	283	2 830	22 354		22 354
合计	94 000	1 896	7 520	940	9 400	74 244		74 244

10. 2023 年 10 月 28 日，按本月应付工资总额计提单位负担的养老保险 20%、医疗保险 9.5%、失业保险 1.5%、工伤保险 1%、生育保险 0.7%。

11. 2023 年 10 月 28 日，按本月应付工资总额 10%计提单位负担的住房公积。

12. 2023 年 10 月 28 日，计提固定资产折旧费，其中车间 3 800 元、行政部 1 200 元、销售部 1 340 元、财务部 1 400 元。

13. 2023 年 10 月 28 日，通过交通银行转账支付本月电费价税合计 7 371 元，其中工业用电 4 800 元，居民用电 1 500 元，增值税额 1 071 元。

14. 2023 年 10 月 28 日，通过交通银行转账支付本月工业用水 750 元。

项目九 销售业务分析、凭证填制及账簿登记

项目目标

1. 会分析生产企业常见销售业务。
2. 会进行销售主营业务的核算。
3. 会进行销售兼营业务的核算。
4. 会进行销售费用的核算。
5. 会进行相关税费的核算。

项目内容

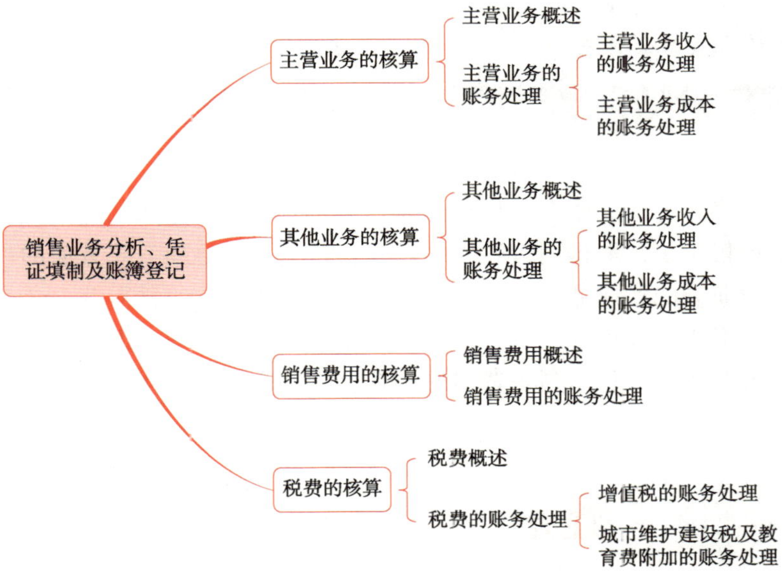

学时建议

10 学时

【导入案例】

重庆胜利铸件厂于 2023 年 7 月 1 日成立，生产完工后，从 2023 年 10 月到 2024 年 1

月发生相关的销售业务，资料如下：

（1）2023 年 10 月 8 日，销售产品，取得银行承兑汇票。

（2）2023 年 10 月 18 日，销售人员借差旅费。

（3）2023 年 10 月 21 日，销售材料，货款暂欠。

（4）2023 年 10 月 25 日，销售人员报销差旅费。

（5）2023 年 10 月 31 日，结转已售产品成本。

（6）2023 年 10 月 31 日，结转已售材料成本。

（7）2023 年 10 月 31 日，计算应交增值税。

（8）2023 年 10 月 31 日，计算应交城市维护建设税和教育费附加。

（9）2023 年 11 月 5 日，申报并交纳增值税。

（10）2023 年 11 月 5 日，申报并交纳城市维护建设税和教育费附加。

（11）2023 年 11 月 21 日，收到货款。

（12）2024 年 1 月 7 日，银行承兑汇票到期，收到票面金额。

- 出纳人员如何办理支票和商业汇票的委托收款？
- 出纳人员如何登记与销售业务有关的银行存款日记账和现金日记账？
- 会计人员如何办理税费的申报和缴纳？
- 会计人员如何编制销售业务的记账凭证、登记总分类账及明细分类账？
- 审核人员和会计主管如何对销售业务进行审核？

这里所讲销售环节是工业企业生产经营过程的最后阶段，在小企业生产完成之后，将生产的产品销售出去，取得销售收入的过程。它主要包括以下几方面的内容：①小企业销售属于主营业务的产成品；②小企业销售属于其他业务的材料等；③小企业在销售过程中发生销售费用；④销售完成后，向国家缴纳相关的税费。因此，销售主营业务的核算、销售其他业务的核算、销售费用的核算、税费的核算等就构成销售业务核算的主要内容。

任务一　主营业务的核算

【任务描述】

能理解《小企业会计准则》中主营业务的范围；认识并会填写与主营业务相关的原始凭证；能进行销售主营业务的核算。

【知识准备】

一、主营业务概述

按小企业经营业务的主次分类，收入分为主营业务收入和其他业务收入。主营业务是指小企业为完成其经营目标而从事的日常活动中的主要活动，可根据小企业营业执照上规定的主要业务范围确定，例如工业企业的主营业务是销售产品。主营业务是小企业的重要业务，主营业务形成的收入就称为主营业务收入，是小企业收入的主要来源，应重点加以核算。工业企业主营业务收入应按产品的品种或业务的类别等设置明细分类账，以详细反映每一重大交易的信息。

小企业(工业)使用材料、人工、机器设备生产产品，最终通过销售产品实现收入和利润。产品未完成之前，生产所耗费的材料费、人工费、机器设备的折旧费和修理费以及生产车间的制造费用等构成了产品的成本，体现为存货(如生产成本、库存商品)。小企业对外销售了所生产的产品，实现了销售收入，在这种情况下，应结转所售产品的生产成本，就构成了销售产品的当期主营业务成本。

二、主营业务的账务处理

(一) 主营业务收入的账务处理

1. 账户设置

(1)“主营业务收入”账户：用来核算小企业销售产品、提供劳务等主营业务取得的收入。该账户属于收入类账户，贷方登记销售产品所实现的销售收入，借方登记期末转入“本年利润”账户的收入，期末结转后无余额。其结构如图 9-1 所示。

借方　　主营业务收入	贷方
转入“本年利润”账户的收入	销售产品实现的收入
	(期末无余额)

图 9-1 “主营业务收入”账户结构

(2)“应收票据”账户：用来核算小企业因销售产品、提供劳务等日常生产经营活动而收取的商业汇票(包括银行承兑汇票和商业承兑汇票)。该账户属资产类账户，借方登记取得的商业汇票的票面金额，贷方登记到期收到的商业汇票的票面金额，期末余额在借方，表示企业持有的商业汇票的票面金额。其结构如图 9-2 所示。

借方　　应收票据	贷方
取得的商业汇票的票面金额	到期收到的商业汇票的票面金额
企业持有的商业汇票的票面金额	

图 9-2 “应收票据”账户结构

2. 账务处理

小企业因销售产品、提供劳务等尚未收到的款项，借记“应收账款”账户；小企业因销售产品、提供劳务等而收到的商业汇票，按照商业汇票的票面金额，借记“应收票据”账户，按照确认的销售主营业务的收入，贷记“主营业务收入”账户，涉及增值税销项税额的，还应按照增值税专用发票上注明的增值税销项税额，贷记“应交税费—应交增值税（销项税额）”账户。“应收账款”“应收票据”账户下，应按客户单位进行明细分类核算；“主营业务收入”账户下，应按照产品品种或业务类别进行明细分类核算。

【业务一】 销售产品的核算

【业务资料】2023 年 10 月 8 日，重庆胜利铸件厂向重庆百盛家具厂销售铸铁件 20 吨，每吨售价 7 200 元，售价合计 144 000 元，增值税额 18 720 元；铸钢件 15 吨，每吨售价 8 000 元，售价合计 120 000 元，增值税额 15 600 元；货已经发出，同时收到一张 3 个月期限的银行承兑汇票。

【业务分析】销售产品时，按价税合计，借记“应收账款”账户；按销售售价，贷记“主营业务收入”账户；按应收取的销项税额，贷记“应交税费—应交增值税（销项税额）”。

【业务流程及核算】

（1）库管员根据销售合同的要求，填写“出库单”并发货，如图 9-3 所示。

出库单

2023 年 10 月 8 日

领货存部门：销售部　　　　仓库：产成品库　　单号：12

材料名称	规格型号	计量单位	出库数量	金额
铸铁件		吨	20	
铸钢件		吨	15	

第三联交财务科

库管员：李欢　　　　领货人：程黎明

图 9-3　出库单

（2）开票员在电子税务局“开票业务”中开具“增值税专用发票”，点击提交，即可查看发票，必要时可下载或打印保存，如图 9-4 所示。

电子发票（增值税专用发票）　发票号码：50006929970000033890

开票日期：2023 年 10 月 8 日

（印章：全国统一发票监制章 国家税务总局 重庆市税务局）

下载次数：1

购买方信息	名称：重庆百盛家具厂 统一社会信用代码/纳税人识别号：500106501120000	销售方信息	名称：国网重庆电力公司市区供电分局 统一社会信用代码/纳税人识别号：500106505000000

项目名称	规格型号	单位	数量	单价	金额	税率/征收率	税额
铸铁件		吨	20	7200	144000.00	13%	18720.00
铸钢件		吨	15	8000	120000.00	13%	15600.00
合　计：					¥264000.00		¥34320.00
价税合计（大写）	⊗人民币贰拾玖万捌仟叁佰贰拾元整				（小写）¥298320.00		
备注							

开票人：游飞

图 9-4　电子增值税专用发票

（3）出纳人员收取并保管好“银行承兑汇票”，如图 9-5 所示。

银行承兑汇票　　2　　30900040 27033030

出票日期（大写）　贰零贰叁年零壹拾月零捌日

出票人全称	重庆百盛家具厂	收款人	全称	重庆胜利铸件厂
出票人账号	6831 0215 0234 5694 002		账号	6217 2131 3333 8888 000
付款行全称	中国农业银行邻水县支行		开户银行	中国工商银行歌乐山营业所
出票金额	人民币（大写）贰拾玖万捌仟叁佰贰拾元整		亿千百十万千百十元角分	¥29832000
汇票到期日（大写）	贰零贰肆年零壹月零柒日	付款行	行号	309303001900
承兑协议编号	11003E0514022		地址	四川省邻水县一支路 25 号
本汇票请你行承兑，到期无条件付款 出票人签章		本汇票已经承兑，到期日由本行付款 承兑行签章 承兑日期 2023 年 10 月 08 日		复核　记账

图 9-5　银行承兑汇票

（4）会计人员根据“出库单”“增值税专用发票”等填制记账凭证，并交审核人员审核，如图 9-6 所示。

记　账　凭　证

2023 年 10月 8日　　记字第 × 号

摘要	总账科目	明细科目	借方金额（亿千百十万千百十元角分）	贷方金额（亿千百十万千百十元角分）	记账
销售产品	应收票据	重庆百盛家具厂	29832000		√
	主营业务收入			26400000	√
	应交税费	应交增值税（销项税额）		3432000	√
附件 3 张	合计		¥29832000	¥29832000	

会计主管 侯耀　记账 游飞　出纳　审核 魏小小　制证 游飞

图 9-6　记账凭证

（5）会计人员依据审核后的记账凭证登记“应收票据”“主营业务收入”“应交税费”总分类账和明细分类账。

【业务二】　到期收到商业汇票票面金额的核算

【业务资料】2024 年 1 月 7 日，重庆百盛家具厂 2023 年 10 月 8 日开具的银行承兑汇票到期，收到票面金额 298 320 元。

【业务分析】到期收到银行承兑汇票票面金额时，借记“银行存款”账户，贷记“应收票据”账户。

【业务流程及核算】

（1）出纳人员在银行承兑汇票到期前一周，在汇票背面背书，并到银行填写“托收凭证”办理委托收款，如图 9-7、图 9-8 所示。

<table>
<tr><td>被背书人 中国工商银行歌乐山营业所委托收款</td><td>被背书人</td></tr>
<tr><td>重庆胜利铸件厂
财务专用章
官谭
印兴

背书人签章
2024 年 1 月 7 日</td><td>背书人签章
年 月 日</td></tr>
</table>

图 9-7 汇票背面

托收凭证（受理回单）

委托日期 2023 年 12 月 31 日

<table>
<tr><td colspan="2">业务类型</td><td colspan="3">委托收款（□邮划、✓电划）</td><td colspan="4">托收承付（□邮划、□电划）</td></tr>
<tr><td rowspan="3">付款人</td><td>全称</td><td colspan="3">重庆百盛家具厂</td><td rowspan="3">收款人</td><td>全称</td><td colspan="2">重庆胜利铸件厂</td></tr>
<tr><td>账号</td><td colspan="3">6831 0215 0234 5694 002</td><td>账号</td><td colspan="2">6217 2131 3333 8888 000</td></tr>
<tr><td>地址</td><td>四川省邻水县</td><td>开户行</td><td>中国农业银行邻水县支行</td><td>地址</td><td>省 重庆 市 开户行</td><td>中国工商银行歌乐山营业所</td></tr>
<tr><td>金额</td><td>人民币（大写）</td><td colspan="3">贰拾玖万捌仟叁佰贰拾元整</td><td colspan="4">亿 千 百 十 万 千 百 十 元 角 分
　 　 ¥ 2 9 8 3 2 0 0 0</td></tr>
<tr><td colspan="2">款项内容</td><td>货款</td><td>托收凭据名称</td><td colspan="2">银行承兑汇票 30900040-27033030</td><td>附寄单证张数</td><td colspan="2"></td></tr>
<tr><td colspan="2">商品发运情况</td><td colspan="2">商品已发运</td><td colspan="2">合同名称号码</td><td colspan="3"></td></tr>
<tr><td colspan="3">备注：

复核　　记账</td><td colspan="3">款项收妥日期

年 月 日</td><td colspan="3">中国工商银行股份有限公司
歌乐山营业所
2023.12.31
受理凭证章
收妥抵用
收款人开户银行签章
年 月 日</td></tr>
</table>

图 9-8 托收凭证回单

（2）出纳人员在银行承兑汇票到期时，到银行取得“入账通知书”，如图 9-9 所示。

（3）会计人员根据“入账通知书”等填制记账凭证，并交审核人员审核，如图 9-10 所示。

（4）会计人员依据审核后的记账凭证登记“银行存款”“应收票据”总分类账和明细分类账。

（5）出纳依据审核后的记账凭证登记“银行存款”日记账。

中国工商银行

大额支付入账通知书

付款方户名：重庆百盛家具厂
付款方账号：6831 0215 0234 5694 002
付款方开户行：中国农业银行邻水县支行
收款方户名：重庆胜利铸件厂
收款方账号：6217 2131 3333 8888 000
收款方开户行：中国工商银行歌乐山营业所
入账日期：20240107　　小写金额：298 320.00　　大写金额：贰拾玖万捌仟叁佰贰拾元整
报单日期：20240107　　币种：人民币
发起行行号：309303001900
发起行名称：中国农业银行邻水县支行
接收行行号：103545222000
接收行名称：中国工商银行歌乐山营业所
附言：
支付交易序号：322756　　业务种类：汇兑-普通汇兑
交易种类：大额　　受托凭证日期：20240107　　受托凭证号码：27033030

打印日期：20240107　　行号：　　打印柜员：9999　　页码：[60]

中国工商银行股份有限公司重庆歌乐山营业所
2024年1月7日
转讫

图 9-9　入账通知书

记　账　凭　证

2024 年 1月 7日　　记字第 × 号

06号　深圳市前通实业有限公司出品

摘要	总账科目	明细科目	借方金额（亿千百十万千百十元角分）	贷方金额（亿千百十万千百十元角分）	记账√
商业汇票到期收到	银行存款	中国工商银行歌乐山营业所	29832000		√
票面金额	应收票据	重庆百盛家具厂		29832000	√
附件 1 张	合计		¥29832000	¥29832000	

会计主管 侯耀　记账 游飞　出纳 何成成　审核 魏小小　制证 游飞

图 9-10　记账凭证

（二）主营业务成本的账务处理

1. 账户设置

“主营业务成本”账户：用来核算小企业确认销售产品、提供劳务等主营业务收入时应结转的产品成本。该账户属于费用类账户，借方登记已确认主营业务收入的售出产品成本；贷方登记期末转入“本年利润”账户的主营业务成本，期末结转后无余额。其结构如图 9-11 所示。

借方　　主营业务成本	贷方
已确认主营业务收入的售出产品成本	转入“本年利润”账户的主营业务成本
期末无余额	

图 9-11　“主营业务成本”账户结构

2. 账务处理

小企业对外销售产品、提供劳务时，如果已经确认了主营业务收入，应当同时将其产品的成本在当月进行结转，确认为主营业务成本，即借记“主营业务成本”账户，贷记“库存商品”账户；如果没有确认主营业务收入，则不应当结转相关的成本，而应继续保留在库存商品成本中。

【业务三】 结转已售产品成本的核算

【业务资料】2023 年 10 月 31 日，重庆胜利铸件厂结转 10 月 8 日向重庆百盛家具厂销售的铸铁件 20 吨，每吨成本 5 054.22 元，合计 101 084.40 元；铸钢件 15 吨，每吨成本 6 622.37 元,合计 99 335.55 元。

【业务分析】结转销售产品成本时，借记“主营业务成本”账户，贷记“库存商品”账户。

【业务流程及核算】

（1）会计人员根据既定的成本计算方法，编制“领用产品成本计算表”，如图 9-12 所示。

领用产品成本计算表

2023 年 10 月 31 日

产品名称	规格型号	计量单位	出库数量	单位成本	总成本
铸铁件		吨	20	5 054.22	101 084.40
铸钢件		吨	15	6 622.37	99 335.55

编制：游飞　　　　审核：侯耀

图 9-12　领用产品成本计算表

（2）会计人员根据“领用产品成本计算表”等填制记账凭证，并交审核人员审核，如图 9-13 所示。

记　账　凭　证

2023 年 10月　31日　　　　记字第　×　号

06号 深圳市前通实业有限公司出品

摘要	会计科目 总账科目	会计科目 明细科目	借方金额（亿千百十万千百十元角分）	贷方金额（亿千百十万千百十元角分）	记账√
结转已售产品成本	主营业务成本	铸铁件	10108440		√
	主营业务成本	铸钢件	9933555		√
	库存商品	铸铁件		10108440	√
	库存商品	铸钢件		9933555	√
附件 1 张	合计		¥20041995	¥20041995	

会计主管　侯耀　　记账　游飞　　出纳　　审核　魏小小　　制证　游飞

图 9-13　记账凭证

（3）会计人员依据审核后的记账凭证登记“主营业务成本”“库存商品”总分类账和明细分类账。

任务二　其他业务的核算

【任务描述】

能理解《小企业会计准则》中其他业务的范围；认识并会填写与其他业务相关的原始凭证；能进行销售其他业务的核算。

【知识准备】

一、其他业务概述

小企业在生产经营过程中，其生产经营范围除营业执照上规定的主营业务外，还会从事一些兼营业务，如销售材料、出租固定资产、出租无形资产等业务。因此，小企业销售除主营业务范围以外的兼营业务所实现的收入，应作为其他业务收入，并应按照其他业务收入类别进行明细核算。

小企业对外销售了材料，获取了租金，实现了其他业务收入，在这种情况下，应结转所售材料的成本，计提固定资产的折旧费、计提无形资产的摊销费等，就构成了销售材料、出租收入的当期其他业务成本。

二、其他业务的账务处理

（一）其他业务收入的账务处理

1. 账户设置

（1）“其他业务收入”账户：用来核算小企业除主营业务活动以外的其他经营活动实现的收入。包括销售材料、出租固定资产、出租无形资产等实现的收入。该账户贷方登记小企业实现的兼营业务收入，借方登记期末转入“本年利润”账户的兼营业务收入，期末结转后无余额。其结构如图 9-14 所示。

借方　　其他业务收入	贷方
转入“本年利润”账户的兼营业务收入	兼营业务实现的收入
	（期末无余额）

图 9-14　“其他业务收入”账户结构

（2）“应收账款”账户：用来核算小企业因销售货物，提供劳务等日常生产经营活动而应收取的款项。包括：小企业销售货物或提供劳务等应向购货方或接受劳务方收取的价款或代购货单位垫付的运杂费、包装费等。该账户属资产类账户。借方登记应收取的款项，贷方登记收回的款项，期末余额一般在借方，表示尚未收回的款项。其结构如图 9-15

所示。

借方	应收账款 贷方
销售货物应收的款项	收回的款项
尚未收回的款项	

图 9-15　应收账款账户结构

2. 账务处理

小企业因销售材料等尚未收到的款项，借记“应收账款”账户；小企业因销售材料等而收到的商业汇票，按照商业汇票的票面金额，借记“应收票据”账户，按照确认的销售材料收入或出租固定资产、无形资产的租金收入，贷记“其他业务收入”账户，涉及增值税销项税额的，还应按照增值税专用发票上注明的增值税销项税额，贷记“应交税费—应交增值税(销项税额)”账户。“应收账款”“应收票据”账户下，应按客户单位进行明细分类核算；“其他业务收入”账户下，应按照业务类别进行明细分类核算。

【业务一】　销售材料的核算

【业务资料】2013 年 10 月 21 日，重庆胜利铸件厂向重庆新都机械制造有限公司销售生铁 2 吨，每吨售价 5 000 元，合计 10 000 元，增值税额 1 300 元，货已经发出，货款未收。

【业务分析】销售材料时，按价税合计，借记“应收账款”账户；按销售售价，贷记“其他业务收入”账户，按应收取的销项税额，贷记“应交税费—应交增值税(销项税额)”账户。

【业务流程及核算】

(1) 库管人员根据销售合同的要求，填写“出库单”发货。

(2) 开票人员在电子税务局“开票业务”中开具“增值税专用发票”，点击提交，即可查看发票，必要时可下载或打印保存，

(3) 会计人员根据“出库单”“增值税专用发票”等填制记账凭证，并交审核人员审核，如图 9-16 所示。

记　账　凭　证

2023 年 10月　21日　　　　记字第 × 号

06号

摘要	会计科目 总账科目	明细科目	借方金额 亿	千	百	十	万	千	百	十	元	角	分	贷方金额 亿	千	百	十	万	千	百	十	元	角	分	记账
销售材料	应收账款	重庆新都机械制造有限公司					1	1	3	0	0	0	0												√
	其他业务收入																	1	0	0	0	0	0	0	√
	应交税费	应交税费（销项税额）																	1	3	0	0	0	0	√
附件 2 张	合	计				¥	1	1	3	0	0	0	0				¥	1	1	3	0	0	0	0	

深圳市前通实业有限公司出品

会计主管　侯耀　　记账　游飞　　出纳　　审核　魏小小　　制证　游飞

图 9-16　记账凭证

（4）会计人员依据审核后的记账凭证登记“应交税费”“应收账款”“主营业务收入”总分类账和明细分类账。

【业务二】 收到货款的核算

【业务资料】2023 年 11 月 21 日，重庆胜利铸件厂收到重庆新都机械制造有限公司开具的转账支票 11 300 元，以支付 2 吨生铁的货款，如图 9-17 所示。

中国工商银行　　转账支票　　10205032 04735050

付款期限自出票之日起十天

出票日期（大写）贰零贰叁年壹拾壹月贰拾壹日　　付款行名称：中国工商银行渝中区分行

收款人：重庆胜利铸件厂　　出票人账号：0200064115304485697

人民币（大写）	百	十	万	千	百	十	元	角	分
壹万壹仟叁佰元整		¥	1	1	3	0	0	0	0

用途：货款　　密码 5803 0000 2222 3333

上列款项请从　　行号 309303001900

我账户内支付

出票人签章　　（重庆新都机械制造有限公司 财务专用）（张海强印）　　复核　　记账

图 9-17　转账支票正面

【业务分析】收到转账支票时，借记“银行存款”账户，贷记“应收账款”账户。

【业务流程及核算】

（1）出纳人员在转账支票背面背书，并到银行填写“进账单”办理委托收款，如图 9-18、图 9-19 所示。

支票背面：

附加信息：	被背书人 中国工商银行歌乐山营业所委托收款	被背书人
	（重庆胜利铸件厂 财务专用章）（谭兴官印） 背书人签章 2023 年 11 月 21 日	背书人签章 年 月 日

图 9-18　转账支票背面

（2）会计人员根据“进账单回单”等填制记账凭证，并交审核人员审核，如图 9-20 所示。

（3）会计人员依据审核后的记账凭证登记“银行存款”“应收账款”总分类账和明细分类账。

中国工商银行进账单（回单）

2023年11月21日　　　　NO. 1245

汇款人	全　称	重庆新都机械制造有限公司	收款人	全　称	重庆胜利铸件厂
	账　号	0200064115304485697		账　号	6217213133338888000
	开户银行	中国工商银行渝中区分行		开户银行	中国工商银行歌乐山营业所

人民币（大写）	千	百	十	万	千	百	十	元	角	分
壹万壹仟叁佰元整			¥	1	1	3	0	0	0	0

票据种类	转账支票	中国工商银行股份有限公司 歌乐山营业所 2023年11月21日 转讫 收款人开户行盖章
票据张数	1张	
单位主管　　会计		
复核　　记账		

图 9-19　进账单回单

记　账　凭　证

2023 年 11月　21日　　　　记字第 × 号

06号　深圳市前通实业有限公司出品

摘要	会计科目		借方金额											贷方金额											记账
	总账科目	明细科目	亿	千	百	十	万	千	百	十	元	角	分	亿	千	百	十	万	千	百	十	元	角	分	√
收回货款	银行存款	中国工商银行歌乐山营业所					1	1	3	0	0	0	0												√
	应收账款	重庆新都机械制造有限公司																1	1	3	0	0	0	0	√
附件 1 张	合计					¥	1	1	3	0	0	0	0				¥	1	1	3	0	0	0	0	

会计主管　侯耀　　记账　游飞　　出纳　何成成　　审核　魏小小　　制证　游飞

图 9-20　记账凭证

（4）出纳根据经济业务的时间顺序逐笔登记“银行存款”日记账。

（二）其他业务成本的账务处理

1. 账户设置

“其他业务成本”账户：用来核算小企业确认销售材料、租金收入等其他业务收入时应结转的兼营业务成本，包括销售材料的成本、出租固定资产的折旧额、出租无形资产的摊销额。该账户属于费用类账户，借方登记已确认其他业务收入的售出材料成本或出租成本；贷方登记期末转入“本年利润”账户的其他业务成本，期末结转后无余额。其结构如图 9-21 所示。

2. 账务处理

小企业对外销售材料，取得出租固定资产、出租无形资产的租金收入时，如果已经确认了其他业务收入，应当同时将其材料成本、出租固定资产的折旧额、出租无形资产的摊销额在当月进行结转，确认为其他业务成本，即借记“其他业务成本”账户，贷记“原材料”“累计折旧”“累计摊销”账户；如果没有确认其他业务收入，则不应当结转相关的成本，而应继续保留在原材料成本和固定资产、无形资产中。

借方　　其他业务成本	贷方
已售材料成本、出租固定资产折旧额、出租无形资产摊销额	转入“本年利润”账户的其他业务成本
期末无余额	

图 9-21　“其他业务成本”账户结构

【业务三】　结转已售材料成本的核算

【业务资料】2013 年 10 月 31 日，重庆胜利铸件厂结转 10 月 21 日向重庆新都机械制造有限公司销售的生铁 2 吨，每吨成本 4 000 元，合计 8 000 元。

【业务分析】结转销售材料成本时，借记“其他业务成本”账户，贷记“原材料”账户。

【业务流程及核算】

（1）会计人员根据既定的成本计算方法，编制“领用材料成本计算单”，如图 9-22 所示。

领用材料成本计算单

2023 年 10 月 31 日

材料名称	计量单位	出库数量	单位成本	总成本
生铁	吨	2	4 000	8 000.00

编制：游飞　　　　审核：侯耀

图 9-22　领用材料成本计算单

（2）会计人员根据“领用材料成本计算单”等填制记账凭证，并交审核人员审核，如图 9-23 所示。

记　账　凭　证

2023 年 10月　31日　　　　记字第 × 号

06号　深圳市前通实业有限公司出品

摘要	会计科目		借方金额											贷方金额											记账
	总账科目	明细科目	亿	千	百	十	万	千	百	十	元	角	分	亿	千	百	十	万	千	百	十	元	角	分	√
结转已售材料成本	其他业务成本	生铁						8	0	0	0	0	0												√
	原材料	生铁																	8	0	0	0	0	0	√
附件 1 张	合计						¥	8	0	0	0	0	0					¥	8	0	0	0	0	0	

会计主管　侯耀　　记账　游飞　　出纳　　审核　魏小小　　制证　游飞

图 9-23　记账凭证

(3) 会计人员依据审核后的记账凭证登记“其他业务成本”“原材料”总分类账和明细分类账。

【议一议】

出租固定资产、出租无形资产如何核算?

任务三　销售费用的核算

【任务描述】

能理解《小企业会计准则》中销售费用核算的范围;认识并会填写与销售费用相关的原始凭证;能进行销售费用的核算。

【知识准备】

一、销售费用概述

销售费用,是指小企业在销售商品或提供劳务过程中发生的各种费用。小企业所生产出来的产品,在出售前,其经济利益只能说是潜在的,只有等产品真正售出后,才能实现现实的经济利益,而小企业为销售产品,必然发生一定的支出,这部分支出是小企业为获取收入而产生的必要的正常的支出。包括广告费、展览费、运输费、装卸费、包装费、保险费、商品维修费、业务宣传费、销售部门费用及人员的职工薪酬、差旅费等。

小企业在实务中如果实际发生了销售佣金、代销手续费、经营性租赁费等费用也计入销售费用。

二、销售费用的账务处理

1. 账户设置

“其他应收款”账户:用来核算小企业除应收票据、应收账款、预付账款、应收股利、应收利息等以外的其他各种应收及暂付款项。其主要内容包括:

(1) 应收的各种赔款,如因小企业财产等遭受意外损失而应向有关保险公司收取的赔款等;

(2) 应收的出租包装物租金;

(3) 应向职工收取的各种垫付款项,如为职工垫付的水电费、应由职工负担的医药费、房租费等;

(4) 存出保证金,如租入包装物支付的押金;

（5）其他各种应收、暂付款项；

该账户属资产类账户，借方登记其他应收款的增加，贷方登记其他应收款的收回，期末余额一般在借方，表示尚未收回的其他应收款项。其结构如图 9-24 所示。

借方　　　　其他应收款	贷方
其他应收款的增加	其他应收款的收回
尚未收回的其他应收款	

图 9-24　“其他应收款”账户结构

2. 账务处理

小企业销售商品、提供劳务过程中发生的广告费、展览费、运输费、装卸费、包装费、保险费、商品维修费、业务宣传费、销售部门费用及人员的职工薪酬、差旅费等费用，按其实际发生额借记“销售费用”账户，贷记“库存现金”“银行存款”“其他应收款”等账户。“销售费用”账户下，应按销售费用项目进行明细分类核算；“其他应收款”账户下，可以按照单位、个人进行明细分类核算。

【业务一】　出借差旅费的核算

【业务资料】2023 年 10 月 18 日，重庆胜利铸件销售部人员徐勇到南京出差，向公司借 3 000 元现金。

【业务分析】公司出借款项时，借记“其他应收款”账户，贷记“库存现金”账户。

【业务流程及核算】

（1）出纳人员审核“借款单”上领导签章是否齐备，支付现金并盖上现金付讫专用章，如图 9-25 所示。

借　款　单

2023 年 10 月 18 日　　　　NO. 002

部门	销售部		借款人	徐勇	
借款金额	金额（大写）叁仟元整			¥3 000.00	
借款事由	出差				
领导审批	张天[illegible]	财务主管	侯耀	借款人签字	徐勇

现金付讫

重庆胜利铸件厂　财务专用章

图 9-25　借款单

（2）会计人员根据“借款单”等填制记账凭证，并交审核人员审核，如图 9-26 所示。

（3）会计人员依据审核后的记账凭证登记“其他应收款”“库存现金”总分类账和明细分类账。

（4）出纳人员根据经济业务的时间顺序逐笔登记“库存现金”日记账。

记 账 凭 证

2023 年 10月 18日　　　　记字第 × 号

06号

摘要	会计科目		借方金额											贷方金额											记账
	总账科目	明细科目	亿	千	百	十	万	千	百	十	元	角	分	亿	千	百	十	万	千	百	十	元	角	分	√
预借差旅费	其他应收款	徐勇						3	0	0	0	0	0												√
	库存现金																		3	0	0	0	0	0	√
附件 1 张	合计						¥	3	0	0	0	0	0					¥	3	0	0	0	0	0	

深圳市前通实业有限公司出品

会计主管 侯耀　记账 游飞　出纳 何成成　审核 魏小小　制证 游飞

图 9-26　记账凭证

【业务二】 报销差旅费的核算

【业务资料】2023 年 10 月 25 日，重庆胜利铸件厂销售部人员徐勇到南京出差归来，报销差旅费 2 174 元，余款退回。

【业务分析】报销差旅费时，借记“销售费用”“库存现金”等账户，贷记“其他应收款”账户。

【业务流程及核算】

（1）出纳人员审核“差旅费报销单”领导签章是否齐备，所附原始凭证是否齐全，金额是否正确，如图 9-27 所示。

差旅费报销单

部门：销售部　　2023 年 10 月 25 日　　NO：003

日期	出发地	到达地	市内交通补助		伙食补贴		车（船）票	住宿费	其它	合计金额
			天数	金额	天数	金额				
10.19-10.22	重庆	南京	4×30	120.00	4×50	200.00	786.00	1068.00		2174.00
合计			人民币（大写）贰仟壹佰柒拾肆元整							¥2174.00

附单据叁张

领导审批：张天舒　财务主管：侯耀　出纳：何成成　报销人：徐勇

图 9-27　差旅费报销单

（2）出纳人员填写“收据”，收取现金，如图 9-28 所示。

收　　据

2023 年 10 月 22 日　　No. 2023005

今收到 徐勇交回多余差旅费

现金收讫

金额（大写）捌佰贰拾陆元整　　¥826.00

单位盖章（重庆胜利铸件厂 财务专用章）　　经手人签章：何成成

第三联交客户

图 9-28　收据

（3）会计人员根据“差旅费报销单”“收据”等填制记账凭证，并交审核人员审核，如图 9-29 所示。

记　账　凭　证

2023 年 10月　22日　　　　记字第 × 号

0 6 号　深圳市前通实业有限公司出品

摘要	会计科目：总账科目	会计科目：明细科目	借方金额（亿千百十万千百十元角分）	贷方金额（亿千百十万千百十元角分）	记账 √
报销差旅费	销售费用	差旅费	2 1 7 4 0 0		√
	库存现金		8 2 6 0 0		√
	其他应收款	徐勇		3 0 0 0 0 0	√
附件 2 张	合计		¥ 3 0 0 0 0 0	¥ 3 0 0 0 0 0	

会计主管　侯耀　　记账　游飞　　出纳　何成成　　审核　魏小小　　制证　游飞

图 9-29　记账凭证

（4）会计人员依据审核后的记账凭证登记“其他应收款”“库存现金”“销售费用”总分类账和明细分类账。

（5）出纳人员根据经济业务的时间顺序逐笔登记“库存现金”日记账。

【议一议】

1. 广告费如何核算？
2. 运输费如何核算？
3. 展览费如何核算？

任务四　税费的核算

【任务描述】

能理解《小企业会计准则》中税费核算主要有哪些；认识并会填写与税费相关的原始凭证；能进行相关税费的核算。

【知识准备】

一、税费概述

小企业开展日常生产经营活动过程中，一般应负担的税费包括增值税、消费税、资源税、城市维护建设税、土地增值税、城镇土地使用税、房产税、车船税、印花税、企业所得税和教育费附加、矿产资源补偿费、环境保护税等。

在进行账务处理时，小企业无论是主营业务还是其他业务发生的税费（除企业所得税、允许抵扣的增值税外），均应在“税金及附加”账户核算，而不应在“主营业务成本”账户和“其他业务成本”账户核算。“税金及附加”通常是小企业与税务机关或财政部门之间发生税务关系。但是小企业向税务机关交纳的税收滞纳金及罚款不构成税金及附加，而应作为营业外支出。

二、税费的账务处理

以工业企业为例，本部分内容只简单讲解增值税、城市维护建设税和教育费附加，其余税费在《税费的计算和缴纳》中进行学习。

（一）增值税的账务处理

1. 增值税的计算

本月应交增值税＝本月销项税额－本月进项税额

2. 账务处理

小企业销售产品，确认营业收入后，月末计算应缴纳增值税时，借记“应交税费—应交增值税(转出未交增值税)”账户，贷记“应交税费—未交增值税”账户；实际缴纳增值税时，借记“应交税费—未交增值税”账户，贷记“银行存款”账户。

【知识拓展】

小规模纳税人的增值税

【业务一】 应交增值税的核算

【业务资料】2023 年 10 月 31 日，重庆胜利铸件厂本月增值税进项税额 5 300 元，销项税额 7 800 元，计算本月应交的增值税额为 2 500 元。

【业务分析】月末计算应交增值税时，借记“应交税费—应交增值税(转出未交增值税)”账户，贷记“应交税费—未交增值税”账户。

【业务流程及核算】

(1) 会计人员根据已经认证的增值税进项税额和销项税额，编制“增值税计算表”，如图 9-30 所示。

增值税计算表

2023 年 10 月　　　　单位：元

项目	行次	金额
本月销项税额	1	7 800.00
本月进项税额	2	5 300.00
本月进项税额转出	3	
上期留抵税额	4	
本月未交增值税额	5	2 500.00

编制：游飞　　　　审核：侯耀

图 9-30　增值税计算表

（2）会计人员根据“增值税计算表”等填制记账凭证，并交审核人员审核，如图 9-31 所示。

记 账 凭 证

2023 年 10月 31日　　　　记字第 × 号

06号　深圳市前通实业有限公司出品

摘要	总账科目	明细科目	借方金额	贷方金额	记账√
计算应交增值税	应交税费	应交增值税（转出未交增值税）	250000		√
	应交税费	未交增值税		250000	√
附件 1 张	合计		¥250000	¥250000	

会计主管 侯耀　记账 游飞　出纳　审核 魏小小　制证 游飞

图 9-31 记账凭证

（3）会计人员依据审核后的记账凭证登记“应交税费”总分类账和明细分类账。

【业务二】 申报并交纳增值税的核算

【业务资料】2023 年 11 月 5 日，重庆胜利铸件厂申报 10 月增值税并扣税 2 500 元。

【业务分析】申报并交纳增值税时，借记“应交税费—未交增值税”账户，贷记“银行存款”账户。

【业务流程及核算】

（1）会计人员填制“增值税及附加税申报表”，进行纳税申报并扣税。

（2）出纳人员到银行取得“客户专用回单”，如图 9-32 所示。

中国工商银行　　中国工商银行客户专用回单

转账日期：2023 年 11 月 05 日　　凭证字号：202311051017000400

纳税人全称及纳税人识别号：重庆胜利铸件厂 500106505000000

付款人全称：重庆胜利铸件厂　　咨询投诉电话：

付款人账号：6217 2131 3333 8888 000　　征收机关名称（委托方）：重庆市沙坪坝区国家税务局

付款人开户银行：中国工商银行歌乐山营业所　　收款国库（银行）名称：国家金库重庆市沙坪坝区支库

小写（合计）金额：¥2 500.00　　缴款书交易流水号：2023110122233300

大写（合计）金额：人民币贰仟伍佰元整　　税票号码：320141111 1003456660

税（费）种名称	所属日期	实缴金额
增值税	20231001-20231031	2 500.00

中国工商银行 电子回单 专用章

图 9-32 客户专用回单

（3）会计人员根据“客户专用回单”等填制记账凭证，并交审核人员审核，如图 9-33 所示。

记 账 凭 证

2023 年 11月 5日 记字第 × 号

06号 深圳市前通实业有限公司出品

摘要	会计科目 总账科目	会计科目 明细科目	借方金额（亿千百十万千百十元角分）	贷方金额（亿千百十万千百十元角分）	记账 ✓
缴纳增值税	应交税费	未交增值税	250000		✓
	银行存款			250000	✓
附件 1 张	合	计	¥250000	¥250000	

会计主管 侯耀　记账 游飞　出纳 何成成　审核 魏小小　制证 游飞

图 9-33 记账凭证

（4）会计人员依据审核后的记账凭证登记“应交税费”“银行存款”总分类账和明细分类账。

（5）出纳根据经济业务的时间顺序逐笔登记“银行存款”日记账。

（二）城市维护建设税及教育费附加的账务处理

1. 账户设置

“税金及附加”账户：用来核算小企业开展日常生产经营活动应负担的消费税、资源税、城市维护建设税、土地增值税、城镇土地使用税、房产税、车船税、印花税和教育费附加、环境保护税等。该账户属于费用类账户，借方登记小企业按照税法规定计算应负担的税费；贷方登记期末转入“本年利润”账户的税费。期末结转后无余额。其结构如图 9-34所示。

借方　　税金及附加	贷方
应缴纳的消费税、资源税、城市维护建设税、土地增值税、城镇土地使用税、房产税、车船税、印花税和教育费附加、环境保护税等	转入“本年利润”账户的税费
期末无余额	

图 9-34 “税金及附加”账户结构

2. 城市维护建设税及教育费附加的计算

（1）城市维护建设税的计算：

本月应交城市维护建设税 =（本月应交增值税 + 本月应交消费税）×7%

（2）教育费附加的计算：

本月应交教育费附加 =（本月应交增值税 + 本月应交消费税）×3%

本月应交地方教育费附加 =（本月应交增值税 + 本月应交消费税）×2%

3. 账务处理

月末计算应缴纳的城市维护建设税和教育费附加时，借记“税金及附加”账户，贷记“应交税费”账户；实际缴纳时，借记“应交税费”账户，贷记“银行存款”账户。“税金及附加”账户下，应按税费项目进行明细分类核算。

【业务三】 应交城市维护建设税和教育费附加的核算

【业务资料】2023 年 10 月 31 日，重庆胜利铸件厂本月应交的增值税额为 2 500 元，计算应交城市维护建设税 175 元，应交教育费附加 75 元。

【业务分析】月末计算应交城市维护建设税、教育费附加时，借记“税金及附加”账户，贷记“应交税费”账户。

【业务流程及核算】

（1）会计人员编制“城建税和教育费附加计算表”，如图 9-35 所示。

城建税和教育费附加计算表

2023 年 10 月　　　　单位：元

税（费）种	计税基数	税（费）率	税（费）额
城市维护建设税	2 500	7%	175.00
教育费附加	2 500	3%	75.00
合计	2 500		250.00

编制：游飞　　　　审核：侯耀

图 9-35　城建税和教育费附加计算表

（2）会计人员根据“城建税和教育费附加计算表”等填制记账凭证，并交审核人员审核，如图 9-36 所示。

记　账　凭　证

2023 年 10月 31日　　　　记字第 × 号

06号　深圳市前通实业有限公司出品

摘要	会计科目：总账科目	会计科目：明细科目	借方金额	贷方金额	记账
计算应交城建税	税金及附加	城市维护建设税	17500		√
教育费附加	税金及附加	教育费附加	7500		√
	应交税费	应交城市维护建设税		17500	√
	应交税费	应交教育费附加		7500	√
附件 1 张	合	计	¥250000	¥250000	

会计主管 侯耀　记账 游飞　出纳 何成成　审核 魏小小　制证 游飞

图 9-36　记账凭证

（3）会计人员依据审核后的记账凭证登记“应交税费”“税金及附加”总分类账和明细分类账。

【业务四】 申报并交纳城市维护建设税和教育费附加的核算

【业务资料】2023 年 11 月 5 日，重庆胜利铸件厂申报 10 月份城市维护建设税和教育费附加并扣税费 250 元。

【业务分析】申报并交纳城市维护建设税和教育费附加时，借记“应交税费—应交城市维护建设税”“应交税费—应交教育费附加”，贷记“银行存款”账户。

【业务流程及核算】

（1）会计人员填制“增值税及附加税申报表”，进行纳税申报并扣税。

（2）出纳人员到银行取得“客户专用回单”，如图 9-37 所示。

中国工商银行　　中国工商银行客户专用回单

转账日期：2023 年 11 月 05 日　　凭证字号：2023110510170024560

纳税人全称及纳税人识别号：重庆胜利铸件厂 500106505000000	
付款人全称：重庆胜利铸件厂	咨询投诉电话：
付款人账号：6217 2131 3333 8888 000	征收机关名称（委托方）：重庆市沙坪坝区国家税务局
付款人开户银行：中国工商银行歌乐山营业所	收款国库（银行）名称：国家金库重庆市沙坪坝区支库
小写（合计）金额：¥250.00	缴款书交易流水号：2023110522233444
大写（合计）金额：人民币贰佰伍拾元整	税票号码：3201411111003456777

税（费）种名称	所属日期	实缴金额
城市维护建设税	20231001-20231031	175.00
政府性基金收入	20231001-20231031	75.00

中国工商银行 电子回单专用章

图 9-37　客户专用回单

（3）会计人员根据“客户专用回单”等填制记账凭证，并交审核人员审核，如图 9-38 所示。

记　账　凭　证

2023 年 11 月 5 日　　记字第 × 号

06号 深圳市前通实业有限公司出品

摘要	会计科目：总账科目	会计科目：明细科目	借方金额	贷方金额	记账
缴纳城建税和教育费附加	应交税费	应交城市维护建设税	17500		√
	应交税费	应交教育费附加	7500		√
	银行存款	工商银行歌乐山营业所		25000	√
附件 1 张	合计		¥25000	¥25000	

会计主管 侯耀　记账 游飞　出纳 何成成　审核 魏小小　制证 游飞

图 9-38　记账凭证

（4）会计人员依据审核后的记账凭证登记“应交税费”“银行存款”总分类账和明细分类账。

（5）出纳根据经济业务的时间顺序逐笔登记“银行存款”日记账。

【议一议】

本月销项税额-本月进项税额=负数，如何核算？本月是否还应缴纳城市维护建设税和教育费附加？

【做一做】

根据下列经济业务填制通用记账凭证并登记总分类账及明细分类账。

1. 2023 年 9 月 10 日，销售 A 产品 5 吨，每吨售价 12 000 元，增值税税率 13%，产品已经发出，收到一张 4 个月期限银行承兑汇票。

2. 2023 年 9 月 13 日，销售乙材料 1 吨，每吨售价 6 000 元，增值税税率 13%，材料已经发出，材料款暂欠。

3. 2023 年 9 月 17 日，销售人员出差，借差旅费 5 000 元。

4. 2023 年 9 月 23 日，销售人员报销差旅费 5 600 元，出纳补付其现金 600 元。

5. 2023 年 9 月 23 日，开出交通银行转账支票支付广告费 39 000 元。

6. 2023 年 9 月 24 日，通过交通银行支付销售产品的运输费 2 300 元，增值税税率 9%，增值税额 207 元。

7. 2023 年 9 月 31 日，结转已售 A 产品成本，每吨 8 500 元，共销售 5 吨。

8. 2023 年 9 月 31 日，结转已售乙材料的成本 6 500 元。

9. 2023 年 9 月 31 日，本月销项税额 8 580 元，共认证抵扣的进项税额 3 600 元，计算本月应缴纳的增值税额，并结转未交的增值税。

10. 2023 年 9 月 31 日，根据本月应交的增值税计算应交纳的城市维护建设税和教育费附加。

11. 2023 年 10 月 9 日，通过交通银行交纳 3 月的增值税和城建税及教育费附加。

12. 2023 年 10 月 16 日，接招商银行收款通知，所售材料款 6 780 元对方已汇。

13. 2023 年 10 月 30 日，本月销项税额 7 500 元，认证抵扣的进项税额 9 400 元，计算本月应交的增值税，并结转多交的增值税。

14. 2024 年 1 月 10 日，前办理的银行承兑汇票委托收款已经到账，接招商银行收款通知，共计 67 800 元。

项目十 财务成果业务分析、凭证填制及账簿登记

项目目标

1. 会分析生产企业常见财务成果业务。
2. 会进行营业外收入的核算。
3. 会进行营业外支出的核算。
4. 会进行企业所得税的核算。
5. 会进行财务成果的核算。

项目内容

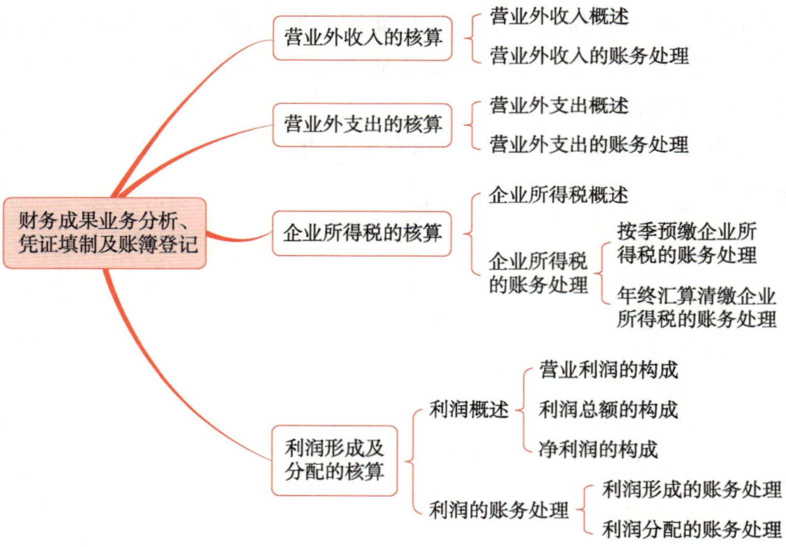

学时建议

12 学时

【导入案例】

重庆胜利铸件厂从 2023 年 12 月至 2024 年 2 月发生的财务成果相关业务的资料如下：

（1）2023 年 12 月 8 日，收到违约金。

（2）2023 年 12 月 8 日，确认坏账损失。

（3）2023 年 12 月 31 日，确认应预交的企业所得税。

（4）2023 年 12 月 31 日，结转本月收入。

（5）2023 年 12 月 31 日，结转本月费用。

（6）2023 年 12 月 31 日，结转本年净利润。

（7）2023 年 12 月 31 日，股东会决定提取法定盈余公积。

（8）2023 年 12 月 31 日，股东会决定向投资者分配利润。

（9）2023 年 12 月 31 日，结转提取法定盈余公积和应付利润。

（10）2024 年 1 月 5 日，申报并扣缴企业所得税。

（11）2024 年 2 月 6 日，向投资者支付利润。

- 出纳人员如何办理向投资者分配利润和交纳企业所得税？
- 出纳人员如何登记与财务成果业务有关的银行存款日记账和现金日记账？
- 会计人员如何办理企业所得税的预缴和申报，以及年终汇算清缴？
- 会计人员如何编制财务成果业务的记账凭证，登记总分类账及明细分类账？
- 审核人员和会计主管如何对财务成果业务进行审核？

小企业作为一种依法成立的营利性经济组织，应当以收入抵补其费用，实现盈利和可持续发展。这里所讲财务成果是小企业在一定会计期间的经营成果，它是小企业在一定会计期间内实现的收入减去费用后的净额，主要包括几方面的内容：第一，小企业发生营业外收入；第二，小企业发生营业外支出；第三，小企业还应交纳企业所得税；第四，净利润形成后，还涉及利润分配。因此，营业外收入的核算、营业外支出的核算、企业所得税的核算、利润形成和分配的核算等就构成财务成果业务核算的主要内容。

任务一　营业外收入的核算

【任务描述】

理解《小企业会计准则》中营业外收入的定义及构成；认识并会填写与营业外收入相关的原始凭证；能进行营业外收入的核算。

【知识准备】

一、营业外收入概述

营业外收入是指小企业非日常生产经营活动形成的、应当计入当期损益、会导致所有者权益增加、与所有者投入资本无关的经济利益的流入。营业外收入应当计入当期损益，是指应当计入利润，作为小企业利润的重要组成部分。与收入相比，营业外收入实际上是一种纯收入，而不是毛收入，不可能也不需要与有关费用进行配比。因此，在会计处理上，应当严格区分营业外收入与营业收入的界限。

小企业的营业外收入包括：非流动资产处置净收益、政府补助、捐赠收益、盘盈收益、汇兑收益、出租包装物和商品的租金收入、逾期未退包装物押金收益、确实无法偿付的应付款项、已作坏账损失处理后又收回的应收款项、违约金收益等。

二、营业外收入的账务处理

1. 账户设置

"营业外收入"账户：用来核算小企业非日常生产经营活动取得的收入。该账户属于损益类账户，贷方登记发生的营业外收入；借方登记期末转入"本年利润"账户的营业外收入；期末结转后无余额。其结构如图 10-1 所示。

借方　　　　营业外收入	贷方
转入"本年利润"账户的营业外收入	发生的营业外收入
	期末无余额

图 10-1　"营业外收入"账户结构

2. 账务处理

通常，小企业的营业外收入应当在实现时按照其实现金额计入当期损益。发生营业外收入时，借记"银行存款""应付账款""其他应付款""待处理财产损益"等账户，贷记"营业外收入"账户。"营业外收入"账户应按照项目进行明细分类核算。

【业务一】　违约金收益的核算

【业务资料】12 月 8 日，重庆胜利铸件厂原与重庆新都机械制造有限公司签订了铸铁件合同，由于重庆新都机械制造有限公司搬迁，决定不再履行合同，同时收到重庆新都机械制造有限公司的转账支票并注明违约金 80 000 元。

【业务分析】收到违约金时，借记"银行存款"账户，贷记"营业外收入"账户。

【业务流程及核算】

（1）财务主管审核违约金是否与合同约定相符。

（2）出纳人员在转账支票背面背书，并到银行填写"进账单"办理委托收款，如图 10-2 所示。

中国工商银行歌乐山营业所进账单（回单）

2023 年 12 月 8 日　　　　NO. 12389

汇款人	全称	重庆新都机械制造有限公司	收款人	全称	重庆胜利铸件厂
	账号	6217213133338888000		账号	0200064115304485697
	开户银行	中国工商银行歌乐山营业所		开户银行	中国工商银行渝中区分行
人民币（大写）捌万元整			千百十万千百十元角分		¥8000000
票据种类	转账支票		中国工商银行股份有限公司重庆渝中区分行 2023年12月08日 转讫		
票据张数	1 张		收款人开户行盖章		
单位主管	会计				
复核	记账				

图 10-2　进账单（回单）

（3）会计根据“进账单（回单）”等填制记账凭证，并交审核人员审核，如图 10-3 所示。

记　账　凭　证

2023 年 12 月 8 日　　　　记字第 ×号

摘要	总账科目	明细科目	借方金额（亿千百十万千百十元角分）	贷方金额（亿千百十万千百十元角分）	记账√
收到违约金	银行存款	工行歌乐山营业所	8000000		√
	营业外收入	违约金		8000000	√
附件 1 张	合计		¥8000000	¥8000000	

会计主管 侯耀　记账 游飞　出纳 何成成　审核 魏小小　制证 游飞

图 10-3　记账凭证

（4）会计依据审核后的记账凭证登记“银行存款”“营业外收入”总分类账和明细分类账。

（5）出纳根据经济业务的时间顺序逐笔登记“银行存款”日记账。

【议一议】

1. 出租包装物，取得租金如何核算？
2. 无法支付的应付款项如何核算？
3. 已作坏账损失处理后，又收回款项如何核算？

任务二　营业外支出的核算

【任务描述】

理解《小企业会计准则》中营业外支出的定义及构成；认识并会填写与营业外支出相关的原始凭证；能够进行营业外支出的核算。

【知识准备】

一、营业外支出概述

营业外支出，是指小企业非日常生产经营活动发生的、应当计入当期损益、会导致所有者权益减少、与向所有者分配利润无关的经济利益的净流出。营业外支出应当计入当期损益，是指应当计入利润，作为小企业利润减少的重要组成部分。与费用相比，营业外支出实际上是一种纯损失，不可能也不需要与有关收入进行配比。因此，在会计处理上，应当严格区分营业外支出与费用的界限。

小企业的营业外支出包括：存货的盘亏、毁损、报废损失，非流动资产处置净损失，坏账损失，无法收回的长期债券投资损失，无法收回的长期股权投资损失，自然灾害等不可抗力因素造成的损失，税收滞纳金，罚金，罚款，被没收财物的损失，捐赠支出，赞助支出等。

二、营业外支出的账务处理

1. 账户设置

"营业外支出"账户：用来核算小企业非日常生产经营活动发生的支出。该账户属于损益类账户，贷方登记期末转入"本年利润"账户的营业外支出，借方登记发生的营业外支出，期末结转后无余额。其结构如图 10–4 所示。

借方　　　　营业外支出	贷方
发生的营业外支出	转入"本年利润"账户的营业外支出
期末无余额	

图 10–4　"营业外支出"账户结构

2. 账务处理

通常，小企业的营业外支出应当在发生时按照其发生额计入当期损益。发生营业外支出时，借记“营业外支出”账户，贷记“银行存款”“应收账款”“其他应收款”“待处理财产损溢”等账户。“营业外支出”账户下，应按照项目进行明细分类核算。

【业务一】　坏账损失的核算

【业务资料】重庆胜利铸件厂 2023 年 12 月 8 日，原重庆百盛家具厂销售的铸钢件 5 吨，每吨售价 8 000 元，价税合计 45 200 元，因百盛家具厂破产，确实无法收回，作坏账损失处理。

【业务分析】确定坏账损失时，借记“营业外支出”账户；贷记“应收账款”账户。

【业务流程及核算】

（1）财务主管申请百盛家具厂欠款的处理，处理决定如图 10-5 所示。

重庆百盛家具厂欠款处理决定

重庆胜利铸件厂于 2023 年 11 月 27 日向重庆百盛家具厂销售的铸钢件 5 吨，每吨售价 8 000 元，价税合计 45 200 元，因百盛家具厂破产，确实无法收回，作坏账损失处理。

重庆胜利铸件厂股东会
2023 年 12 月 8 日

图 10-5　百胜家具厂欠款处理决定

（2）会计根据百盛家具厂欠款处理决定等填制记账凭证，并交审核人员审核，如图 10-6 所示。

记　账　凭　证

2023 年 12 月 8 日　　记字第 ×号

摘要	总账科目	明细科目	借方金额 亿	千	百	十	万	千	百	十	元	角	分	贷方金额 亿	千	百	十	万	千	百	十	元	角	分	记账√
确认坏账损失	营业外支出	坏账损失					4	5	2	0	0	0	0												√
	应收账款	重庆百盛家具厂																4	5	2	0	0	0	0	√
附件 1 张	合	计				¥	4	5	2	0	0	0	0				¥	4	5	2	0	0	0	0	

06号　深圳市前通实业有限公司出品

会计主管 侯耀　记账 游飞　出纳　审核 魏小小　制证 游飞

图 10-6　记账凭证

（3）会计依据审核后的记账凭证登记“应收账款”“营业外支出”总分类账和明细分类账。

【知识拓展】

企业会计准则坏账准备的核算

【议一议】

1. 罚款支出如何核算？
2. 赞助支出如何核算？
3. 自然灾害造成的损失如何核算？

任务三　企业所得税的核算

【任务描述】

理解《小企业会计准则》中纳税调整事项；认识并会填写与企业所得税相关的原始凭证；能进行企业所得税的核算。

【知识准备】

一、企业所得税概述

根据我国《企业所得税法》的规定，小企业作为法人有义务向国家交纳企业所得税。企业所得税是建立在利润总额基础上的，但是在分配顺序上，国家凭借政治权力优先于企业的投资者。因此，从会计角度讲，小企业应当计算确定当期所得税费用，然后才能确定净利润，从而确定向投资者的回报。

（一）所得税费用的确认原则

小企业应当按照《企业所得税法》的规定计算当期应纳税额，确认所得税费用。

（二）所得税费用的计算方法

小企业应当在利润总额的基础上，按照《企业所得税法》规定进行纳税调整，计算出当期应纳税所得额，按照应纳税所得额与适用所得税税率计算确定当期应纳税额。

1. 计算公式

应纳所得税额＝应纳税所得额×适用税率

应纳税所得额＝利润总额+纳税调整增加额－纳税调整减少额－弥补以前年度亏损

2. 计算基础：利润总额

企业所得税的计算基础为企业利润总额。根据我国《企业所得税法》的规定，我国企业所得税采用 25%的比例税率。

3. 计算方法：纳税调整

(1) 纳税调增项目：

例如，税收滞纳金，不得扣除，应全额作为纳税调整增加额计入应纳税所得额中。

(2) 纳税调减项目：

例如，免税收入，包括国债利息收入，符合条件的居民企业之间的股息、红利等权益性投资收益。

4. 交纳方式

我国的企业所得税实行按年计征、分月或分季预缴、年终汇算清缴的方式。即每月或者每季度申报缴纳，向税务机关报送“中华人民共和国企业所得税月(季)度预缴纳税申报表”，年终计算该纳税年度实际需要交纳的税额，向税务机关报送“中华人民共和国企业所得税年度纳税申报表”，实行多退少补。

二、企业所得税的账务处理

1. 账户设置

“所得税费用”账户：用来核算小企业确认的应从当期利润总额中扣除的所得税费用。该账户属于费用类账户，借方登记本期应缴纳的所得税费用，贷方登记期末转入“本年利润”账户的所得税费用。其结构如图 10-7 所示。

借方　　所得税费用	贷方
应缴纳的企业所得税费用	转入“本年利润”账户的所得税费用
期末无余额	

图 10-7 “所得税费用”账户结构

2. 账务处理

通常，小企业在实务中，为简化核算手续，按季预缴企业所得税时，一般按照利润总额乘以适用税率进行预缴，借记“所得税费用”账户，贷记“应交税费—应交企业所得税”账户；季度终了 15 日内，实际申报并缴纳时，借记“应交税费—应交企业所得税”账户，贷记“银行存款”等账户。“所得税费用”账户下，可以不进行明细分类核算。

【业务一】 按季应缴纳企业所得税的核算

【业务资料】重庆胜利铸件厂从 2023 年 7 月 1 日成立到 2023 年 12 月 31 日，利润总额 116 000 元，9 月末已经预缴企业所得税 12 000 元，企业所得税税率 25%，计算第四季度应预缴的企业所得税的应纳税额为 17 000 元。

【业务分析】季末计算应预缴企业所得税时，借记“所得税费用”账户，贷记“应交税费—应交企业所得税”账户。

【业务流程及核算】

(1) 会计人员根据 12 月份利润表中本年累计数的利润总额，结合 9 月份的《中华人民共和国企业所得税月(季)度预缴纳税申报表》，编制企业所得税计算表，如图 10-8 所示。

企业所得税计算表

2023年12月　　　　单位：元

项目	行次	金 额
利润总额本年累计数	1	116 000
企业所得税税率	2	25%
应纳税额本年累计数	3	29 000
已预缴应纳税额	4	12 000
本期应预缴应纳税额	5	17 000

编制：游飞　　　　审核：侯耀

图 10-8　企业所得税计算表

（2）会计根据“企业所得税计算表”等填制记账凭证，并交审核人员审核，如图 10-9 所示。

记　账　凭　证

2023　年 12　月　31　日　　　　记字第　×号

06号　深圳市前通实业有限公司出品

摘要	会计科目 总账科目	明细科目	借方金额（亿千百十万千百十元角分）	贷方金额（亿千百十万千百十元角分）	记账√
确认所得税费用	所得税费用		1700000		√
	应交税费	应交企业所得税		1700000	√
附件　1　张	合	计	¥1700000	¥1700000	

会计主管 侯耀　记账 游飞　出纳 何成成　审核 魏小小　制证 游飞

图 10-9　记账凭证

（3）会计依据审核后的记账凭证登记“应交税费”“所得税费用”“应交税费”总分类账和明细分类账。

【业务二】　申报并预缴企业所得税的核算

【业务资料】2024 年 1 月 5 日，重庆胜利铸件厂申报第四季度企业所得税并扣税 17 000元。

【业务分析】申报并交纳企业所得税时，借记“应交税费—应交企业所得税”账户，贷记“银行存款”账户。

【业务流程及核算】

（1）会计填制《中华人民共和国企业所得税月(季)度预缴纳税申报表》，进行纳税申报并扣税。

（2）出纳到银行取得客户专用回单，如图 10-10 所示。

中国工商银行　　中国工商银行客户专用回单

转账日期：2024 年 1 月 05 日　　凭证字号：2024010510170005555

纳税人全称及纳税人识别号：重庆胜利铸件厂
500106505000000

付款人全称：重庆胜利铸件厂　　咨询投诉电话：

付款人账号：6217213133338888000　　征收机关名称（委托方）：重庆市沙坪坝区国家税务局

付款人开户银行：工行歌乐山营业所　　收款国库（银行）名称：国家金库重庆市沙坪坝区支库

小写（合计）金额：¥17 000.00　　缴款书交易流水号：20131105222111

大写（合计）金额：人民币壹万柒仟元　　税票号码：32014111[redacted]0034[redacted]

税（费）种名称	所属日期	实缴[redacted]额
企业所得税	20231001-20231231	17 000.00

中国工商银行 电子回单专用章

图 10-10　客户专用回单

（3）会计根据客户专用回单等填制记账凭证，并交审核人员审核，如图 10-11 所示。

记　账　凭　证

2024 年 01 月 5 日　　记字第 ×号

06号 深圳市前通实业有限公司出品

摘要	会计科目：总账科目	会计科目：明细科目	借方金额（亿千百十万千百十元角分）	贷方金额（亿千百十万千百十元角分）	记账 √
缴纳所得税	应交税费	应交企业所得税	1700000		√
	银行存款	工行歌乐山营业所		1700000	√
附件 1 张	合计		¥1700000	¥1700000	

会计主管 侯耀　记账 游飞　出纳　审核 魏小小　制证 游飞

图 10-11　记账凭证

（4）会计依据审核后的记账凭证登记“应交税费”“银行存款”总分类账和明细分类账。

（5）出纳根据经济业务的时间顺序逐笔登记“银行存款”日记账。

任务四　利润形成及分配的核算

【任务描述】

理解《小企业会计准则》中利润及构成的规定；认识并会填写与利润形成和分配相关的

原始凭证；能进行利润形成和分配的核算。

【知识准备】

一、利润概述

利润是指小企业在一定会计期间的经营成果。小企业在一定期间内获得的经营成果表现为盈利和亏损两个方面。

利润由收入减去费用后的净额、投资收益、营业外收入、营业外支出和所得税费用共同构成。其中，收入减去费用后的净额和投资收益反映小企业日常活动的经营业绩，营业外收入和营业外支出反映小企业非日常活动取得的收入或发生的支出。

利润根据其构成内容的不同，具体可以分为营业利润、利润总额和净利润三个概念，三个利润概念实际上是编制利润表的三个步骤。

（一）营业利润的构成

小企业的营业利润是由营业收入减去营业成本、税金及附加、销售费用、管理费用、财务费用加上投资收益（或减去投资损失）后的金额确定的。其中，营业收入是指小企业销售商品和提供劳务所实现的收入总额。营业收入与营业成本之间存在配比关系。营业利润可用公式表示如下：

营业利润＝营业收入－营业成本－税金及附加－销售费用－管理费用－财务费用＋投资收益（－投资损失）

其中：营业收入＝主营业务收入＋其他业务收入

营业成本＝主营业务成本＋其他业务成本

投资收益＝现金股利（或利润）＋债券利息收入＋处置股权投资和债券投资取得的价款与成本之间的差额

（二）利润总额的构成

小企业的利润总额是由营业利润加上营业外收入，减去营业外支出后的金额确定的。利润总额可用公式表示如下：

利润总额＝营业利润＋营业外收入－营业外支出

（三）净利润的构成

小企业的净利润是由利润总额减去所得税费用后的金额。净利润可用公式表示如下：

净利润＝利润总额－所得税费用

其中：所得税费用是指小企业按照税法规定计算的当期应纳税额。

【知识拓展】

预缴企业所得税的计算

二、利润的账务处理

（一）利润形成的账务处理

1. 账户设置

（1）“本年利润”账户：用来核算小企业在某一会计期间实现的净利润（或发生的净亏损）。该账户属于所有者权益类账户，贷方登记转入的收入数，借方登记转入的费用数，期末贷方余额表示实现的利润，期末借方余额表示发生的亏损。年度终了，小企业应将全年实现的利润（或发生的亏损）转入“利润分配—未分配利润”账户，结转后，“本年利润”账户年末无余额。其结构如图 10-12 所示。

借方	本年利润　　　　　　贷方
月末转入的费用	月末转入的收入
发生的亏损 年末将利润转出	实现的利润 年末将亏损转出
	（年末无余额）

图 10-12　“本年利润”账户结构

（2）“利润分配”账户：用来核算企业利润的分配（或亏损的弥补）和历年分配利润（或弥补亏损）后的未分配利润（或未弥补的亏损）。该账户属于所有者权益类账户，贷方登记年末转入的利润数和盈余公积补亏数，借方登记年末转入的亏损数和利润分配数，年末贷方余额表示历年累计未分配利润，年末借方余额表示历年累计未弥补亏损数。其结构如图 10-13 所示。

借方	利润分配　　　　　　贷方
利润分配数 年末从“本年利润”账户转入的亏损数	盈余公积补亏数 年末从“本年利润”账户转入的利润数
历年累计未弥补亏损数	历年累计未分配利润数

图 10-13　“利润分配”账户结构

2. 账务处理

月末，小企业应将本月实现的收入转入“本年利润”账户的贷方，将本月发生的费用转入“本年利润”账户的借方。年末，应将本年实现的净利润从“本年利润”账户转入“利润分配—未分配利润”账户的贷方，将本年发生的亏损从“本年利润”账户转入“利润分配—未分配利润”账户的借方，本年利润年末结转后无余额。“利润分配”账户下，应分别设“提取法定盈余公积”“提取任意盈余公积”“应付利润”“盈余公积补亏”“未分配利润”等明细分类账进行核算。“本年利润”账户可以不进行明细分类账核算。

【业务一】 月末利润形成的核算

【业务资料】2023 年 12 月 31 日，重庆胜利铸件厂本月主营业务收入 250 000 元，主营业务成本 200 000 元，税金及附加 900 元，销售费用 8 500 元，管理费用 16 500 元，财务费用 120 元，其他业务收入 23 000 元，其他业务成本 20 000 元，营业外收入 80 000 元，营业外支出 45 200 元，所得税费用 17 000 元。月末结转本月收入、费用。

【业务分析】月末结转收入时，借记“主营业务收入”“其他业务收入”账户，贷记“本年利润”账户；月末结转费用时，借记“本年利润”账户，贷记“主营业务成本”“税金及附加”“销售费用”“管理费用”“财务费用”等账户。

【业务流程及核算】

（1）会计人员根据 12 月份各项收入的总分类账、明细分类账金额，填制记账凭证，并交审核人员审核，如图 10-14 所示。

记　账　凭　证

2023　年 12　月　31　日　　　　记字第　×号

06号 深圳市前通实业有限公司出品

摘要	会计科目 总账科目	明细科目	借方金额（亿千百十万千百十元角分）	贷方金额（亿千百十万千百十元角分）	记账 √
结转收入和利得	主营业务收入		25000000		√
	其他业务收入		2300000		√
	营业外收入		8000000		√
	本年利润			35300000	√
附件 0 张	合计		¥35300000	¥35300000	

会计主管 侯耀　　记账 游飞　　出纳　　审核 魏小小　　制证 游飞

图 10-14　记账凭证

（2）会计人员根据 12 月份各项费用的总分类账、明细分类账金额，填制记账凭证，并交审核人员审核，如图 10-15 所示。

（3）会计人员依据审核后的记账凭证登记“主营业务收入”“其他业务收入”“主营业务成本”“其他业务成本”“税金及附加”“销售费用”“管理费用”“财务费用”“营业外收入”“营业外支出”“所得税费用”“本年利润”总分类账和相关明细分类账，如图 10-16 所示。

记 账 凭 证

2023 年 12 月 31 日 记字第 ×号

06号 深圳市前通实业有限公司出品

摘要	总账科目	明细科目	借方金额（亿千百十万千百十元角分）	贷方金额（亿千百十万千百十元角分）	记账√
结转费用和损失	本年利润		3082200 0		√
	主营业务成本			20000000	√
	其他业务成本			2000000	√
	税金及附加			90000	√
	销售费用			850000	√
	管理费用			1650000	√
	财务费用			12000	√
	营业外支出			4520000	√
	所得税费用			1700000	√
附件 0 张	合	计	¥30822000	¥30822000	

会计主管 侯耀 记账 游飞 出纳 审核 魏小小 制证 游飞

图 10-15 记账凭证

总 分 类 账

总第 200 页 分第 195 页

2023 年 度 会计科目及编号：本年利润

2023年 月	日	凭证号数 种类	号数	摘要	对方科目	借方（亿千百十万千百十元角分）	√	贷方（亿千百十万千百十元角分）	√	借或贷	余额（亿千百十万千百十元角分）	√
11				……								
11	30			本月合计		18450000		18230000		贷	5422000	
12	31	记	×	结转收入				35300000		贷	40722000	
12	31	记	×	结转费用		30822000				贷	9900000	

图 10-16 “本年利润”总分类账

【业务二】 年末结转本年利润的核算

【业务资料】2023 年 12 月 31 日，重庆胜利铸件厂本年利润贷方余额 99 000 元，年末结转本年利润。

【业务分析】年末结转本年利润时，借记“本年利润”账户，贷记“利润分配—未分配利润”账户。

【业务流程及核算】

（1）会计人员根据 12 月份本年利润总账账簿的余额，填制记账凭证，并交审核人员审核，如图 10-17 所示。

记 账 凭 证

2023 年 12 月 31 日 记字第 ×号

06号 深圳市前通实业有限公司出品

摘要	总账科目	明细科目	借方金额（亿千百十万千百十元角分）	贷方金额（亿千百十万千百十元角分）	记账√
结转本年利润	本年利润		9900000		√
	利润分配	未分配利润		9900000	√
附件 0 张	合	计	¥9900000	¥9900000	

会计主管 侯耀 记账 游飞 出纳 审核 魏小小 制证 游飞

图 10-17 记账凭证

（2）会计人员依据审核后的记账凭证登记“利润分配”“本年利润”总分类账和明细分类账，如图 10-18 所示。

总分类账

总第 200 页 分第 195 页

2023 年 度　　　　会计科目及编号：本年利润

2023年 月	日	凭证号数 种类	号数	摘要	对方科目	借方（亿千百十万千百十元角分）	√	贷方（亿千百十万千百十元角分）	√	借或贷	余额（亿千百十万千百十元角分）	√
11				……								
11	30			本月合计		18450000		18230000		贷	5422000	
12	31	记	×	结转收入				35300000		贷	40722000	
12	31	记	×	结转费用		30822000				贷	9900000	
12	31	记	×	结转本年利润		9900000				平	0	
12	31			本月合计		40722000		35300000		平	0	

图 10-18　“本年利润”总分类账

（二）利润分配的账务处理

1. 利润分配概述

小企业以当年净利润弥补以前年度亏损等剩余的税后利润，可用于向投资者进行分配。小企业（公司制）在分配当年税后利润时，应当按照《公司法》的规定提取法定公积金和任意公积金。法定公积金应当按照净利润的 10%提取，当提取的法定公积金达到注册资本的 50%时可不再提取；任意公积金的提取比例由企业股东会或者股东大会决议自行确定。其净利润分配顺序如下：①提取法定公积金。②提取任意公积金。③向投资者分配。因此，可供投资者分配的利润计算公式如下：

可供投资者分配的利润＝当年净利润＋年初未分配利润（或年初未弥补亏损）＋其他转入

2. 账户设置

（1）“盈余公积”账户：用来核算小企业从净利润中提取的公积金。该账户属于所有者权益类账户，贷方登记盈余公积的提取数，借方登记转增资本或弥补亏损的盈余公积数，期末贷方余额表示盈余公积的结余数。其结构如图 10-19 所示。

借方　　　　盈余公积	贷方
转增资本或弥补亏损的盈余公积数	盈余公积的提取数
	盈余公积的结余数

图 10-19　“盈余公积”账户结构

（2）“应付利润”账户：用来核算小企业应付给投资者的利润。该账户属于负债类账户，贷方登记分配给投资者尚未支付的利润，借方登记实际支付给投资者的利润，余额在贷方表示尚未向投资者支付的利润。其结构如图 10-20 所示。

借方　　　　应付利润	贷方
实际支付给投资者的利润	分配给投资者尚未支付的利润
	尚未向投资者支付的利润

图 10-20　“应付利润”账户结构

3. 账务处理

年末，小企业按照相关规定，根据全年净利润的一定比例提取盈余公积时，借记“利润分配—提取法定盈余公积”账户，贷记“盈余公积—法定盈余公积”账户；根据股东会决议，向投资者分配利润时，借记“利润分配—应付利润”账户，贷记“应付利润”账户；实际向投资者支付利润时，借记“应付利润”账户，贷记“银行存款”账户。“应付利润”账户下，应按投资者进行明细分类核算，“盈余公积”账户下，应按盈余公积种类进行明细分类核算。

【业务三】　税后利润分配的核算

【业务资料】2023 年 12 月 31 日，重庆胜利铸件厂本年净利润 99 000 元，股东会决议按 10%提取法定公积金，暂不提取任意公积金。

【业务分析】年末，根据股东会决议提取法定公积金时，借记“利润分配—提取法定盈余公积”，贷记“盈余公积—法定盈余公积”账户。

【业务流程及核算】

（1）财务主管将财务报表提交股东会，股东会通过“税后利润分配决定”，如图 10-21 所示。

税后利润分配决定

重庆胜利铸件厂截止 2023 年 12 月 31 日，全年净利润 99 000 元，按照《中华人员共和国公司法》的规定，决定对税后利润分配如下：

1. 按照净利润的 10%提取法定公积金。
2. 暂不提取任意公积金。
3. 决定向投资者分配利润 30 000 元，根据出资比例谭兴官 50%、张天舒 30%、刘浩 20%进行分配。

谭兴官印　张天舒印　刘浩印

重庆胜利铸件厂股东会

2023 年 12 月 31 日

图 10-21　税后利润分配决定

（2）会计人员根据股东会“税后利润分配决定”，填制记账凭证，并交审核人员审核，如图 10-22 所示。

记　账　凭　证

2023　年 12　月　31　日　　　记字第　×号

06号 深圳市前通实业有限公司出品

摘要	总账科目	明细科目	借方金额	贷方金额	记账√
税后利润分配	利润分配	提取法定盈余公积	990000		√
	利润分配	应付利润	3000000		√
	盈余公积	法定盈余公积		990000	√
	应付利润	谭兴管		1500000	√
	应付利润	张天舒		900000	√
	应付利润	刘浩		600000	√
附件 1 张	合计		¥3990000	¥3990000	

会计主管 侯耀　记账 游飞　出纳　审核 魏小小　制证 游飞

图 10-22　记账凭证

（3）会计人员依据审核后的记账凭证登记“利润分配”“盈余公积”“应付利润”总分类账和明细分类账。

【业务四】 年末结转“利润分配”明细账户的核算

【业务资料】2023 年 12 月 31 日，重庆胜利铸件厂结转提取法定盈余公积 9 900 元，应付利润 30 000 元。

【业务分析】年末结转利润分配明细账户时，借记“利润分配—未分配利润”账户，贷记“利润分配—提取法定盈余公积”“利润分配—应付利润”账户。

【业务流程及核算】

（1）会计人员根据 12 月份提取法定盈余公积、应付利润明细账账簿的余额，填制记账凭证，并交审核人员审核，如图 10-23 所示。

记 账 凭 证

2023 年 12 月 31 日 记字第 ×号

06号 深圳市前通实业有限公司出品

摘要	会计科目：总账科目	会计科目：明细科目	借方金额（亿千百十万千百十元角分）	贷方金额（亿千百十万千百十元角分）	记账√
结转提取法定盈余	利润分配	未分配利润	3990000		√
公积、应付利润	利润分配	提取法定盈余公积		990000	√
	利润分配	应付利润		3000000	√
附件 0 张	合	计	¥3990000	¥3990000	

会计主管 侯耀　记账 游飞　出纳　审核 魏小小　制证 游飞

图 10-23 记账凭证

（2）会计人员依据审核后的记账凭证登记“利润分配”总分类账和明细分类账。

【业务五】 实际向投资者支付利润的核算

【业务资料】2024 年 2 月 6 日，重庆胜利铸件厂向投资者支付利润 30 000 元。

【业务分析】向投资者实际支付利润时，借记“应付利润”，贷记“库存现金”账户。

【业务流程及核算】

（1）出纳人员填制现金支票，经领导签章，到银行提取现金。

（2）出纳人员编制股东利润领取表，股东签字，同时支付现金，如图 10-24 所示。

（3）会计人员根据现金支票存根、股东签字领款单填制记账凭证，并交审核人员审核，如图 10-25 所示。

（4）会计人员依据审核后的记账凭证登记“应付利润”“库存现金”总分类账和“应付利润”明细分类账。

股东利润领取表

2024年02月06日　　　　单位：元

姓名	金额	签字
谭兴官	1 5000	谭兴官
张天舒	9 000	张天舒
刘浩	6 000	刘浩
合计	30 000	

编制：何成成　　　　审核：侯耀

图 10-24　股东利润领取表

记　账　凭　证

2024 年 2 月 6 日　　　　记字第 ×号

06号　深圳市前通实业有限公司出品

摘要	会计科目：总账科目	会计科目：明细科目	借方金额（亿千百十万千百十元角分）	贷方金额（亿千百十万千百十元角分）	记账√
支付现金股利	应付利润	谭兴官	1500000		√
	应付利润	张天舒	900000		√
	应付利润	刘浩	600000		√
	库存现金			3000000	√
附件 2 张	合	计	¥3000000	¥3000000	

会计主管 侯耀　记账 游飞　出纳 何成成　审核 魏小小　制证 游飞

图 10-25　记账凭证

【做一做】

根据下列经济业务填制通用记账凭证并登记总账及明细账。

1. 2023 年 12 月 31 日，结转本年利润的贷方余额 435 000 元。

2. 2023 年 12 月 31 日，股东会决定对 2023 年的净利润 435 000 元进行分配，按 10%提取法定盈余公积，5%提取任意盈余公积，向投资者分配利润 200 000 元。

3. 2023 年 12 月 31 日，结转提取法定盈余公积、提取任意盈余公积、应付利润。

4. 2024 年 1 月 25 日，开出交通银行的转账支票向投资者支付利润 200 000 元。

5. 2024 年 2 月 9 日，一笔 4 700 元的应付账款确实无法支付，转作营业外收入。

6. 2024 年 2 月 21 日，开出招商银行转账支票 150 000 元，对某体育项目进行赞助。

7. 2024 年 3 月 12 日，通过交通银行支付税收滞纳金 234 元。

8. 2024 年 3 月 14 日，出租包装物取得租金收入 3 400 元，存入银行。

9. 2024 年 3 月 31 日，结转本月主营业务收入 340 000 元，其他业务收入 28 600 元，营业外收入 3 400 元。

10. 2024 年 3 月 31 日，结转本月主营业务成本 238 000 元，税金及附加 1 224 元，销售费用 18 600 元，管理费用 23 000 元，财务费用 165 元，其他业务成本 20 600 元，营业外支出 234 元。

11. 2024 年 3 月 31 日，截至 3 月底，利润总额 65 000 元，计算第一季度应预缴的企业所得税，企业所得税税率 25%。

12. 2024 年 4 月 9 日，对第一季度的企业所得税进行纳税申报并扣缴。

项目十一 对账业务分析、凭证填制及账簿登记

项目目标

1. 会分析生产企业常见对账业务。
2. 会进行错账更正。
3. 会编制试算平衡表。
4. 能够进行财产清查。
5. 会进行财产清查结果的核算。

项目内容

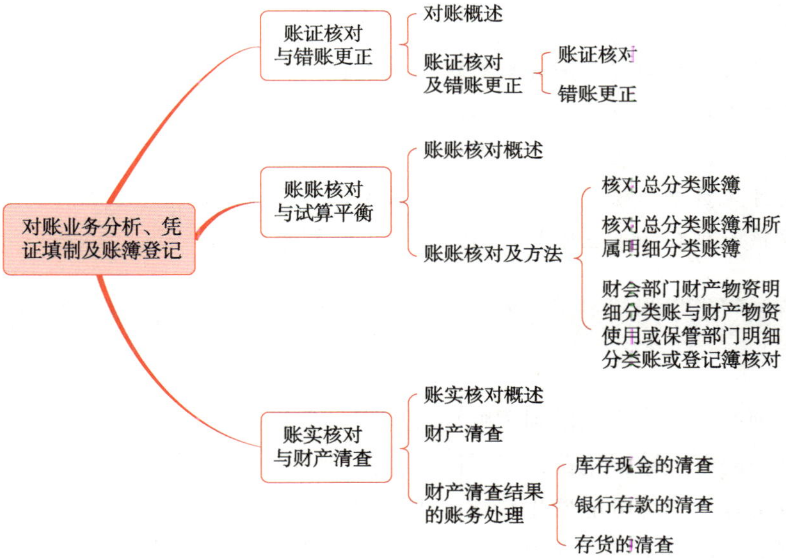

学时建议

10 学时

【导入案例】

2023 年 11 月，重庆胜利铸件厂进行了账证核对、账账核对、账实核对，其核对资料如下：

（1）12 日，会计账证核对，发现凭证正确，账簿登记错误。

（2）15 日，盘盈现金。

（3）20 日，会计进行总账核对，需要编制试算平衡表。

（4）20 日，会计核对部分明细账与总账是否相符。

（5）24 日，会计检查发现记账凭证科目错误，并已登记入账。

（6）26 日，会计检查发现记账凭证和账簿都少记。

（7）30 日，会计对材料明细账与库管账进行核对。

（8）30 日，出纳核对银行存款日记账和银行对账单，需要编制银行存款余额调节表。

（9）30 日，部分材料盘盈。

（10）30 日，部分材料盘亏。

- 出纳人员如何办理现金清查？
- 出纳人员如何核对银行存款日记账和银行对账单，怎样编制银行存款余额调节表？
- 会计人员如何进行账证核对和错账更正？
- 会计人员如何进行账账核对和编制试算平衡表？
- 会计人员如何进行账实核对和财产清查？
- 会计人员如何编制对账业务的记账凭证、登记总账及明细账？
- 审核人员和会计主管如何对对账业务进行审核？

在账务处理过程中，应该做到记账凭证与原始凭证相符，账簿记录与记账凭证相符，账簿与账簿之间的有关数据相符，账簿记录与实际情况相符。但是，在实际工作中由于种种原因，在各个环节上都可能发生错误，因此，在总结某一时期账簿记录，即结账之前，就有必要按照对账制度对各种账簿记录加以核对，以保证账证相符、账账相符、账实相符。因此对账业务主要包括三方面的内容：①账证核对及错账更正。②账账核对及试算平衡表的编制。③账实核对及财产清查。所以，错账更正，编制试算平衡表，财产清查及结果的账务处理等就构成对账业务核算的主要内容。

任务一 账证核对与错账更正

【任务描述】

能进行账证核对；会运用划线更正法更正账簿错误；会运用红字冲销法、补充登记法更正凭证和账簿错误。

【知识准备】

一、对账概述

对账就是核对账目，也就是将账簿记录与会计凭证、财产物资核对，以及进行账簿记录之间有关数字的核对，以保证账簿记录的真实可靠。

对账主要包括：账证核对、账账核对、账实核对。

二、账证核对及错账更正

（一）账证核对

账证核对就是核对会计账簿记录与会计凭证记录的时间、凭证字号、内容、金额是否一致，记账方向是否相符。一般来说，这项核对可在日常工作中进行，使错误能及时更正，随时保证账证一致。如在账证核对不符或试算不平衡时，应对有问题账户的账证进行重点核对。在核对过程中，首先核对记账凭证及所附原始凭证，如进行数字加总，判断业务内容分类是否符合规定等，其次核对记账凭证和总账、明细账，检查是否错记、漏记等。

账簿登记通常发生的错误有串户、反方、错位、写错、倒码等。发生上述错误，可按下列步骤处理：首先，确认错误金额；其次，明确错误在借方还是贷方；最后，根据差错产生的具体情况，分析差错可能产生的原因，选取相应的查找方法来缩短时间、减少工作量。

1. *差数法*

差数法是先确定错误的差额，找出差数所在的范围，直接从账账之间的差额数字来查找错误的方法。适用于漏记、重记的差错。例如会计凭证记录是：

借：应交税费—应交企业所得税	35 000
—应交个人所得税	2 237.5
贷：银行存款	37 237.5

若会计人员在记账时漏记了个人所得税 2 237.5 元，那么在进行应交税费总账和明细账核对时，就会出现总账借方余额比明细账借方余额多 2 237.5 元的现象。对于此类差错，

会计人员可通过回忆相关金额的记账凭证进行查找。

2. 尾数法

如果账簿记录发生金额错误，且差错是角、分，可以只检查元以下的尾数即可，以提高查错的效率。例如账簿数据只差 0.05 元，查找错误时，只需看一下尾数有 0.05 的金额，看是否将其登记入账。

3. 除 2 法

如果在记账过程中出现将记账方向记反了，借方记入了贷方，贷方记入了借方，这种差错会导致该账户一方合计数增多，另一方合计数减少的情况，而差额正好是记错方向金额的两倍，且差数应该为偶数，能被 2 整除。对于这种错误，可以采用除 2 法进行查找。例如会计凭证记录是：

借：管理费用—办公费　　300

　　贷：库存现金　　300

若会计人员登记日记账时，错将库存现金 300 元登记入借方，总账与日记账核对时，就会出现库存现金日记账借方余额大于总账借方余额 600 元，将 600 元除以 2，正好是库存现金日记账借方错记的 300 元。

4. 除 9 法

除 9 法是指用差数除以 9 来查找错账的方法。该方法适用于查找数字错位和相邻数字颠倒引起的差错。

（1）数字错误。在登记账簿时，会计人员有时会把位数看错，可能把小数看大，也可能把大数看小。这种情况下，可以采用除 9 法进行检查。例如将 200 元看成 2 000 元并登记入账，此时在对账时会出现余额差 2 000-200=1 800(元)，用 1 800 元除以 9，商为 200 元，则 200 元就是应该记录的正确金额。

（2）相邻数字颠倒。在记账时，有时易将相邻的两位数或三位数的数字颠倒，例如将 68 记成 86 或者将 215 记成 512，它们的差分别是 18 和 297，都可以被 9 整除，这样知道错误点后，就可以进一步查找登记错误的凭证金额。

（二）错账更正

会计人员填制会计凭证、登记会计账簿必须严肃认真、一丝不苟，尽最大的努力把账记好算对，防止差错，保证会计核算的质量。一旦账簿记录发生错误，则应根据具体情况按规定的更正方法更正，严禁刮擦、挖补、涂改或用化学药物褪色。更正错账的方法主要有划线更正法、红字冲销法和补充登记法。

1. 划线更正法

划线更正法是用划红线来更正错账的一种方法。划线更正法适用于记账凭证正确，但在登记账簿时由于笔误或计算错误，造成账簿上文字错误或数字错误。

更正步骤：在需要更正的文字或数字上划一条红线，表示注销；然后在红线上方书写正确的文字或数字；最后由更正人在更正处签章。更正时需要注意两点：一是划线处原有错误的文字或数字必须清晰可见；二是更正文字时，可只更正单个文字，更正数字时则必须把该笔数字全部划去重写，不得进行局部更正。

【业务一】 划线更正法更正账簿错误

【业务资料】2023 年 11 月 12 日，重庆胜利铸件厂会计人员检查发现，销售人员报销差旅费 2 600 元，在登记“销售费用”总分类账时，因为笔误，“摘要”栏写成了办公费，借方金额登记成了 6 200，导致余额也登记错误，而“销售费用”明细分类账、“库存现金”总分类账都无错误，记账凭证也无错误。

【业务分析】该错误属于记账凭证正确，账簿记录错误，应该采用划线更正法。

【业务流程及核算】

（1）会计人员更正摘要栏的文字错误，即在错误文字“办公”上划一条红线，再在红线上方空白处写上正确文字“差旅”，最后签章。

（2）会计人员更正借方发生额的数字错误，即在整个错误数字“6 200”上划一条红线，再在红线上方空白处写上正确数字“2 600”，最后签章。

（3）会计人员更正余额的数字错误，最后签章，如图 11-1 所示。

总 分 类 账

总第 200 页 分第 100 页

2023 年 度　　　　会计科目及编号：销售费用

2023年		凭证号数		摘要	对方科目	借方											√	贷方											√	借或贷	余额											√
月	日	种类	号数			亿	千	百	十	万	千	百	十	元	角	分		亿	千	百	十	万	千	百	十	元	角	分			亿	千	百	十	万	千	百	十	元	角	分	
09				……																																						
10				……																																						
11	03	记	×	支付办公费								3	6	8	0	0														借							3	6	8	0	0	
11	07	记	×	支付办公费								2	2	0	0	0														借							2	2	0	0		游飞
11	12	记	×	报销~~办公~~差旅费 游飞							2 ~~6~~	6 ~~2~~	0 ~~0~~	0 ~~0~~	0 ~~0~~	0 ~~0~~	游飞													借						3 ~~6~~	1 ~~7~~	8 ~~8~~	8 ~~8~~	0 ~~0~~	0 ~~0~~	

图 11-1 “销售费用”总分类账

2. 红字冲销法

红字冲销法是指用红字来冲销错账的一种方法。红字冲销法包括全额冲销法和差额冲销法两种。

（1）全额冲销法适用于记账后，经核对发现由于原记账凭证中的会计科目名称或应借、应贷方向错误，而导致账簿记录错误。

更正步骤为：在当年内发现填写错误时，填写一张与原错误记账凭证相同的、金额为红字的记账凭证，在摘要栏用蓝字注明“冲销某月某日某号凭证”，同时用蓝字重新填制一张正确的记账凭证，注明“更正某月某日某号凭证”。然后将两张记账凭证登记入账。

（2）差额冲销法适用于记账后，经核对发现原记账凭证中会计科目、应借应贷方向无误，只是记账凭证所记金额大于应记的金额，而导致账簿记录错误。

更正步骤为：在当年内发现填写错误时，将多记的金额用红字填制一张与原错误记账凭证所记载的会计科目、借贷方向相同的记账凭证，在摘要栏月注明“冲销某月某日某号凭证多记金额”，然后将记账凭证登记入账。

【业务二】 红字冲销法更正错误

【业务资料】2023 年 11 月 24 日，重庆胜利铸件厂会计人员检查发现，2023 年 11 月 20 日销售人员报销差旅费 1 200 元，编制记账凭证时记入了“管理费用”账户，并已经登记入账。

【业务分析】该错误属于记账凭证科目错误，同时导致账簿记录错误，应该采用红字冲销法中的全额冲销法。

【业务流程及核算】

（1）会计人员填写一张与原错误记账凭证相同的、金额为红字的记账凭证，在“摘要”栏用蓝字注明“冲销某月某日某号凭证”，如图 11-2 所示。

记　账　凭　证

2023　年 11　月　24　日　　　　记字第　×号

06号　深圳市前通实业有限公司出品

摘要	会计科目：总账科目	会计科目：明细科目	借方金额（亿千百十万千百十元角分）	贷方金额（亿千百十万千百十元角分）	记账√
冲销11月20日×号	管理费用	差旅费	120000		√
凭证	库存现金			120000	√
附件　0　张	合	计	¥120000	¥120000	

会计主管　侯耀　　记账　游飞　　出纳　何成成　　审核　魏小小　　制证　游飞

图 11-2　记账凭证

（2）会计人员冲销“管理费用”总分类账和明细分类账的错误，冲销“库存现金”总分类账的金额，如图 11-3～图 11-5 所示。

总 分 类 账

总第　200　页　分第 95　页

2023　年　度　　　　会计科目及编号：管理费用

2023年 月	日	凭证号数 种类	号数	摘要	对方科目	借方（亿千百十万千百十元角分）	√	贷方（亿千百十万千百十元角分）	√	借或贷	余额（亿千百十万千百十元角分）	√
09				……								
10				……								
11	03	记	×	支付办公费		50000				借	50000	
11	20	记	×	报销差旅费		120000				借	170000	
11	22	记	×	报销办公费		20000				借	190000	
11	24	记	×	冲销11月20日×号凭证		120000				借	70000	

图 11-3　“管理费用”总分类账

（3）会计人员用蓝字重新填制一张正确的记账凭证，注明“更正某月某日某号凭证”，如图 11-6 所示。

（4）会计人员将正确的记账凭证所涉及账户“库存现金”登记总分类账、“销售费用”登记总分类账和明细分类账，如图 11-7～图 11-9 所示。

明细分类账

科目 管理费用

2023年 月	日	凭证 种类	号数	摘要	办公费	差旅费	工资	社会保险费
11	03	记	×	支付办公费	50000			
11	20	记	×	报销差旅费		120000		
11	22	记	×	报销办公费	20000			
11	24	记	×	冲销11月20日×号凭证		120000		

图 11-4 “管理费用”明细分类账

总 分 类 账

总第 200 页 分第 15 页

2023 年 度　　会计科目及编号：库存现金

2023年 月	日	凭证号数 种类	号数	摘要	对方科目	借方	√	贷方	√	借或贷	余额	√
09				……								
10				……						借	870000	
11	03	记	×	支付办公费				50000		借	820000	
11	20	记	×	报销差旅费				120000		借	700000	
11	22	记	×	报销办公费				20000		借	680000	
11	24	记	×	冲销11月20日×号凭证				120000		借	800000	

图 11-5 “库存现金”总分类账

记 账 凭 证

2023 年 11 月 24 日　　记字第 ×号

06号

深圳市前通实业有限公司出品

摘要	总账科目	明细科目	借方金额	贷方金额	记账√
更正11月20日×号	销售费用	差旅费	120000		√
凭证	库存现金			120000	√
附件 0 张	合计		¥120000	¥120000	

会计主管 侯耀　记账 游飞　出纳 何成成　审核 魏小小　制证 游飞

图 11-6 记账凭证

总 分 类 账

总第 200 页 分第 15 页

2023 年 度　　会计科目及编号：库存现金

2023年 月	日	凭证号数 种类	号数	摘要	对方科目	借方	√	贷方	√	借或贷	余额	√
09				……								
10				……						借	870000	
11	03	记	×	支付办公费				50000		借	820000	
11	20	记	×	报销差旅费				120000		借	700000	
11	22	记	×	报销办公费				20000		借	680000	
11	24	记	×	冲销11月20日×号凭证				120000		借	800000	
11	24	记	×	更正11月20日×号凭证				120000		借	680000	

图 11-7 “库存现金”总分类账

总 分 类 账

总第 200 页 分第 100 页

2023 年 度　　　　会计科目及编号：销售费用

2023年 月	日	凭证号数 种类	号数	摘要	对方科目	借方（亿千百十万千百十元角分）	√	贷方（亿千百十万千百十元角分）	√	借或贷	余额（亿千百十万千百十元角分）	√
09				……								
10				……								
11	03	记	×	支付办公费		36800				借	36800	
11	07	记	×	支付办公费		22000				借	22000	游飞
11	12	记	×	报销~~办公~~费 差旅 游飞		~~620000~~ 260000	游飞			借	~~678800~~ 318800	
11	24	记	×	更正11月20日×号凭证		120000				借	438800	

图 11-8 “销售费用”总分类账

明细分类账

科目　销售费用

2023年 月	日	凭证 种类	号数	摘 要	办公费（亿千百十万千百十元角分）	差旅费（亿千百十万千百十元角分）	广告费（亿千百十万千百十元角分）	工资（亿千百十万千百十元角分）
11	02	记	×	支付办公费	36800			
11	07	记	×	支付办公费	22000			
11	12	记	×	报销差旅费		260000		
11	24	记	×	更正11月20日×号凭证		120000		

图 11-9 “销售费用”明细账

3. 补充登记法

补充登记法是指对金额错误予以补充登记来更正错账的一种方法。补充登记法适用记账后，经核对发现原记账凭证中会计科目、应借应贷方向无误，只是记账凭证所记金额小于应记的金额，而导致账簿记录错误。

更正步骤：在当年内发现填写错误时，可将少记金额用蓝字编制一张与原记账凭证会计科目和方向相同的凭证，在摘要栏用蓝字注明“补记某月某日某号凭证少记金额”，并将记账凭证登记入账。

【业务三】 补充登记法更正错误

【业务资料】2023 年 11 月 26 日，重庆胜利铸件厂会计人员检查发现，2023 年 11 月 3 日，支付的财务部办公费 800 元，错记为 500 元，并且已经登记入账。

【业务分析】由于属于当年内会计科目和方向没有填制错误，只是金额少记而导致账簿记录的错误，所以应该采用补充登记法。

【业务流程及核算】

（1）会计人员填写一张正确数字与错误数字之间差额的记账凭证，在摘要栏用蓝字注明“补充某月某日某号凭证少记金额”，如图 11-10 所示。

（2）会计人员补充登记“管理费用”总分类账和明细分类账，补充登记“库存现金”总分类账，如图 11-11～图 11-13 所示。

（3）出纳人员根据审核无误的补充记账凭证登记日记账。

记账凭证

2023 年 11 月 26 日　　　　记字第 ×号

06号 深圳市前通实业有限公司出品

摘要	会计科目 总账科目	会计科目 明细科目	借方金额（亿千百十万千百十元角分）	贷方金额（亿千百十万千百十元角分）	记账 √
补充11月3日×号	管理费用	办公费	30000		√
凭证少记金额	库存现金			30000	√
附件 0 张	合计		¥30000	¥30000	

会计主管 侯耀　记账 游飞　出纳 何成成　审核 魏小小　制证 游飞

图 11-10 记账凭证

总分类账

总第 200 页 分第 95 页

2023 年 度　　会计科目及编号：管理费用

2023年 月	日	凭证号数 种类	号数	摘要	对方科目	借方（亿千百十万千百十元角分）	√	贷方（亿千百十万千百十元角分）	√	借或贷	余额（亿千百十万千百十元角分）	√
09				......								
10				......								
11	03	记	×	支付办公费		50000				借	50000	
11	20	记	×	报销差旅费		120000				借	170000	
11	22	记	×	报销办公费		20000				借	190000	
11	24	记	×	冲销11月20日×号凭证		120000				借	70000	
11	26	记	×	补充11月3日×号凭证少记金额		30000				借	100000	

图 11-11 “管理费用”总分类账

明细分类账

科目 管理费用

2023年 月	日	凭证 种类	号数	摘要	办公费（亿千百十万千百十元角分）	差旅费（亿千百十万千百十元角分）	工资（亿千百十万千百十元角分）	社会保险费（亿千百十万千百十元角分）
11				......				
11	13	记	×	支付办公费	50000			
11	20	记	×	报销差旅费		120000		
11	22	记	×	报销办公费	20000			
11	24	记	×	冲销11月20日×号凭证		120000		
11	26	记	×	补充11月3日×号凭证少记金额	30000			

图 11-12 “管理费用”明细分类账

总分类账

总第 200 页 分第 15 页

2023 年 度　　会计科目及编号：库存现金

2023年 月	日	凭证号数 种类	号数	摘要	对方科目	借方（亿千百十万千百十元角分）	√	贷方（亿千百十万千百十元角分）	√	借或贷	余额（亿千百十万千百十元角分）	√
09				......								
10				......						借	870000	
11	03	记	×	支付办公费				50000		借	820000	
11	20	记	×	报销差旅费				120000		借	700000	
11	22	记	×	报销办公费				20000		借	680000	
11	24	记	×	冲销11月20日×号凭证				120000		借	800000	
11	24	记	×	更正11月20日×号凭证				120000		借	680000	
11	26	记	×	补充11月3日×号凭证少记金额				30000		借	650000	

图 11-13 “库存现金”总分类账

【议一议】

1. 如果[业务三]是金额多记了300元，应采用何种更正方法？该如何更正？
2. 如果在登记账簿前就发现记账凭证错误，则如何处理？

任务二　账账核对与试算平衡

【任务描述】

能理解试算平衡的原理；能进行账账核对；会编写试算平衡表。

【知识准备】

一、账账核对概述

账账核对是核对不同会计账簿之间有关数字是否相符。这种核对每月至少在结账前进行一次。其主要内容包括：①核对总分类账簿数据是否准确。②核对总分类账簿与其所属明细分类账簿之间数据是否相符。③核对总分类账簿与日记账之间数据是否相符。④核对财会部门财产物资明细账与财产物物使用或保管部门明细账之间数据是否相符。

二、账账核对及方法

（一）核对总分类账簿

总分类账簿数据是否准确，可以通过定期编制试算平衡表进行。一方面将总账账簿的本期借方发生额合计数与本期贷方发生额合计数进行核对，检查是否相等；另一方面将总账账簿的期末借方余额合计数与期末贷方余额合计数进行核对，检查是否相等。

1. 试算平衡原理

以“有借必有贷，借贷必相等”的借贷记账规则为理论基础，记账凭证按不同账户记录的每一笔经济业务的借贷两方都是平衡的，因此按不同账户的借方和贷方登记到总账账簿后，全部科目的借贷两方发生额合计数也必然平衡。

以“资产=负债+所有者权益”会计恒等式为平衡原理，总账账簿各账户期末结出余额后，全部账户期末借方余额合计数与期末贷方余额合计数同样是平衡的。这种平衡关系式主要表现为以下两个方面：

（1）发生额平衡。其计算公式如下：

全部账户的借方发生额合计数=全部账户的贷方发生额合计数

（2）余额平衡。其计算公式如下：

全部账户的期初借方余额合计数=全部账户的期初贷方余额合计数

全部账户的期末借方余额合计数=全部账户的期末贷方余额合计数

【知识拓展】

试算平衡的局限性

2. 试算平衡表的编制

在实际工作中，为了检查账户记录是否正确，我们可以根据总账账簿各账户的本期发生额及余额编制试算平衡表，以检查和验算过账中是否发生错误。试算平衡表的格式一般有两种，即余额试算平衡表和发生额及余额试算平衡表。

（1）余额试算平衡表：

余额试算平衡表只对全部账户期末余额进行试算平衡，用于检查全部账户期末借方余额合计数是否等于全部账户期末贷方余额合计数，该表在实务中用途广泛，会计人员可以随时根据总账账簿各账户余额编制。余额试算平衡表根据会计恒等式“资产＝负债+所有者权益”的原理，各项资产总额与各项权益总额（包括负债和所有者权益）必然相等。在借贷记账法下，由于资产的期末数额表现为账户的借方余额，权益的期末数额表现为账户的贷方余额，因此，一般来说，所有账户借方余额合计即为资产总额，所有账户贷方余额合计即为权益总额，两者必然相等。其结构如表 11-1 所示。

表 11-1　余额试算平衡表

编制单位：　　　　　　　　年　月　日　　　　　　　　单位：元

账户名称	借方余额	贷方余额
合计		

（2）发生额及余额试算平衡表：

发生额及余额试算平衡表同时对全部账户的期初余额、本期发生额和期末余额进行试算平衡，全面检查全部账户的平衡关系。

其中，发生额试算平衡根据借贷记账法的记账规则“有借必有贷，借贷必相等”的原理，全部账户的借方发生额合计与全部账户的贷方发生额合计必然相等。其结构如表 11-2所示。

表 11-2 发生额及余额试算平衡表

编制单位： 年 月 日 单位：元

账户名称	期初余额		本期发生额		期末余额	
	借方	贷方	借方	贷方	借方	贷方
……						
合计						

【业务一】 余额试算平衡表的编制

【业务资料】2023 年 11 月 20 日，重庆胜利铸件厂总账账簿各账户余额如下：

借方余额：库存现金 13 326 元，银行存款 223 000 元，应收票据 268 000 元，应收账款 248 000 元，其他应收款 3 600 元，原材料 377 000 元，生产成本 129 000 元，库存商品 265 000 元，固定资产 718 400 元，无形资产 400 000 元，管理费用 34 000 元，销售费用 15 800元，财务费用 87 元。

贷方余额：累计折旧 35 800 元，累计摊销 13 333 元，短期借款 80 000 元，长期借款 200 000 元，应付账款 64 980 元，应付票据 54 000 元，其他应付款 6 800 元，实收资本 2 000 000元，本年利润 41 000 元，主营业务收入 198 000 元，其他业务收入 1 300 元。会计人员编制余额试算平衡表。

【业务分析】由于重庆胜利铸件厂会计平时在登记总账账簿中都会结出余额，随时可以通过编制“余额试算平衡表”检查总账账簿记录。

【业务流程及核算】

（1）会计人员结出当天总账账簿各账户余额。

（2）会计人员根据总账账簿各账户余额，编制“余额试算平衡表”。如表 11-3 所示。

表 11-3 余额试算平衡表

编制单位：重庆胜利铸件厂 2023 年 11 月 20 日 单位：元

账户名称	借方余额	贷方余额
库存现金	13 326	
银行存款	223 000	
应收票据	268 000	
应收账款	248 000	
其他应收款	3 600	
原材料	377 000	
生产成本	129 000	
库存商品	265 000	

续表

账户名称	借方余额	贷方余额
固定资产	718 400	
无形资产	400 000	
管理费用	34 000	
销售费用	15 800	
财务费用	87	
累计折旧		35 800
累计摊销		13 333
短期借款		80 000
长期借款		200 000
应付票据		54 000
应付账款		64 980
其他应付款		6 800
实收资本		2 000 000
本年利润		41 000
主营业务收入		198 000
其他业务收入		1 300
合计	2 695 213	2 695 213

【问一问】

1. 问：试算结果如果不平衡，是否说明账户记录或计算结果肯定有错误？

答：是。因为根据会计恒等式和借贷记账规则的平衡原理，要求其必须平衡。

2. 问：试算结果如果平衡，是否说明账户记录或计算结果肯定正确？

答：不一定。因为有些错误并不影响借贷双方的平衡。如重复或漏记一张记账凭证、将记入甲账户的金额记入了乙账户等。

因此，要保证会计核算的正确性，除了进行试算平衡以外，更重要的是会计核算时必须认真细致，尽量在日常会计核算工作中不出现差错。

（二）核对总分类账簿和所属明细分类账簿

为了便于账户记录的核对，保证会计核算资料的正确性和完整性，总分类账户与其所属明细分类账户采用平行登记的方法进行登记。

在平行登记的过程中，每一会计事项记入总分类账户的金额与记入其所属明细分类账户的金额之和相等。

因此，总分类账户的记录与明细分类账户平行登记后的数量关系可用公式表示如下：

总分类账户本期发生额＝所属明细分类账户本期发生额合计

总分类账户期末余额＝所属明细分类账户期末余额合计

【业务二】 部分总账账户与所属明细账的核对

【业务资料】2023 年 11 月 20 日，重庆胜利铸件厂“库存商品”总账账户借方余额 265 000 元,“库存商品—铸铁件”明细账户借方余额 148 000 元，“库存商品—铸钢件”明细账户借方余额 117 000 元。

【业务分析】由于该检查属于总分类账记录与所属明细分类账记录之间的核对，因此采用总分类账户余额等于所属明细分类账户余额合计数的方式。

【业务流程及核算】

（1）会计人员结出当天需核对的总账账户余额和所属明细账账户的余额。

（2）会计人员根据公式“总分类账户期末余额=所属明细分类账户期末余额合计”进行验算。

库存商品：265 000=148 000+117 000

（三）财会部门财产物资明细分类账与财产物资使用或保管部门明细分类账或登记簿核对

月末，财会部门要将财产物资明细分类账与财产物资使用或保管部门的实物账簿进行核对。如核对时不符，需查明原因，必要时需进行财产清查。

【业务三】 材料明细账和库管账的核对

【业务资料】2023 年 11 月 30 日，重庆胜利铸件厂材料明细如下：

生铁 18 吨，单位成本 4 000 元，金额 72 000 元；

硅铁 6 吨，单位成本 7 000 元，金额 42 000 元；

增碳剂 10 吨，单位成本 5 800 元，金额 58 000 元；

废钢 7 吨，单位成本 2 800 元，金额 19 600 元；

锰铁 5 吨，单位成本 8 500 元，金额 42 500 元。

【业务分析】会计人员对材料明细账进行核对，除了与总账账簿核对外，还应与库管员的库管账簿进行核对。

【业务流程及核算】

（1）库管员编制需核对材料的数量。

（2）会计人员根据库管员提供的产品数量，编制“原材料核对表”，如表 11-4 所示。

表 11-4 原材料核对表

2023 年 11 月 30 日

产品名称	规格型号	单位	账面数量	库管数量	差异数量
生铁		吨	18	17.8	+0.2
硅铁		吨	6	6	
增碳剂		吨	10	9.9	-0.1
废钢		吨	7	7	
锰铁		吨	5	5	

核对人：李 欢　　　　审核人：侯 耀

（3）会计人员与库管员进一步检查不符原因，必要时，针对不符产品进行实地盘点。

任务三 账实核对与财产清查

【任务描述】

能理解财产物资的盘存制度；能对货币资金、存货进行财产清查；会填写与财产清查相关的原始凭证；会编制“银行存款余额调节表”；会进行财产清查结果的核算。

【知识准备】

一、账实核对概述

账实核对是核对会计账簿记录与各项财产物资实有数额是否相符，这通常通过定期或不定期的财产清查来完成。其主要核对内容包括：

（1）现金日记账的账面余额与库存现金的实际数核对。

（2）银行存款日记账的账面余额与银行对账单余额核对。

（3）财产物资明细账账面余额与实际数量核对。

（4）各种应收、应付款项明细账账面余额与债权债务单位或个人核对。

二、财产清查

（一）财产清查概述

会计核算的任务之一，是反映和监督财产物资的保管和使用情况，保护单位财产物资的安全完整，提高各项财产物资的使用率。各单位可以通过凭证的填制与审核、账簿的登记与核对来正确反映和监督各项财产物资的增减变动情况和结果．但账簿记录的正确并不能说明其实际结存情况也正确。在实际工作中可能由于一些自然或人为的原因而使财产物资的账面记录与实际结存数发生差异，造成账实不符，其原因有：

（1）因实物收发手续不严，造成品种、数量、规格或质量上的差错。

（2）因制度不严或工作人员的疏忽，造成漏记、错记或计算上的错误。

（3）因实物保管、运输和销售过程中发生的自然损耗或自然溢余。

（4）因管理不善或工作人员过失而导致财产物资的腐烂变质或毁损。

（5）因贪污盗窃、营私舞弊、非法侵占等违法行为而造成实物资产数量的短缺。

（6）因未达账项而引起的银行存款、往来账款的账实数额不符。

（7）其他原因。

为了使会计核算资料如实地反映财产物资的实际结存数，在账证、账账相符的情况下仍必须运用财产清查的方法予以查核，做到账实相符。因此，财产清查就是通过对现金、原材料、固定资产等财产物资的实地盘点和对银行存款、应收、应付等往来款项的核对查询来确定其在一定时点的实际结存数与账面结存数是否相符的一种专门的会计核算方法。

（二）财产清查的作用

财产清查既是会计核算的一种专门方法，又是单位内部实施会计控制和会计监督的一种活动。其作用主要表现在：①可以确保账实相符，保证会计核算资料真实可靠，为正确编制财务会计报告奠定基础。②可以充分挖掘财产物资的潜力，提高其利用率和使用效果。③可以强化物资管理，促进企业健全规章制度，保护财产的安全和完整。

（三）财产清查的种类

财产清查的对象和范围往往视不同情况而定，在时间上也有特殊要求，一般有以下几种分类：

1. 按清查的对象和范围不同，可以分为全面清查和局部清查

（1）全面清查：

全面清查是指对单位的实物资产、货币资产以及债权债务等进行全面、彻底的盘点与核对。原则上讲，全面清查的范围应包括资产、负债和所有者权益的所有项目。

全面清查的特点：内容多、范围广、投入人力多、耗费时间长。

实施全面清查的范围：由于全面清查涉及的范围广，清查的对象繁杂，工作量大，所以通常在下列情况下进行：①年终编制决算财务报表之前；②单位撤销、破产、合并或改变隶属关系时；③单位更换主要负责人时；④单位改制等需要进行资产评估时。

（2）局部清查：

局部清查是指对单位流动性较强、易发生损耗及较贵重的资产进行盘点与核对。

局部清查的特点：内容少，范围小，人力与时间的耗费较少，但专业性强。

实施局部清查的范围：①库存现金于每日业务终了进行的实地盘点。②单位的银行存款至少每月与银行核对一次。③企业与有关单位之间形成的债权和债务在年度内至少核对一至二次。④原材料、在产品和库存商品等流动性较大或易发生溢余、短缺的财产物资，每月应有计划地重点抽查。⑤对贵重的财产物资，至少每月清查盘点一次。⑥经管人员经管的财产物资办理交接时。

2. 按清查的时间不同，可以分为定期清查和不定期清查

（1）定期清查：

定期清查是指按预先确定的时间，对单位的全部或部分财产物资进行的清查。定期清查通常在月末、季末、半年末、年末结账时进行。

定期清查的特点：定期清查的对象和范围不定，可以是全面清查，也可以是局部清查，目的是及时发现账实不符，调整错误，保证财务报表的真实完整。

（2）不定期清查：

不定期清查是指事先未计划清查时间，根据某种特殊需要进行的临时性清查。

不定期清查的特点：可以是全面清查，也可以是局部清查。实施不定期清查主要在：①财产物资经营人员（出纳员、仓库保管员）发生变动时。②实物物资遭受自然灾害或贪污

盗窃时。③单位兼并、破产、改制和改变隶属关系时。④上级或国家有关部门，如财政、审计、税务等部门进行会计检查时。⑤清产核资工作时。

三、财产清查结果的账务处理

（一）库存现金的清查

1. 库存现金的清查方法

库存现金的清查采用实地盘点法。在清查当日，通过盘点确定现有的库存数额，并与现金日记账当天的账面结存金额相核对以查明实际情况。

2. 账户设置

“待处理财产损溢”账户：用来核算小企业在财产清查过程中发生的各种财产物资的盘盈和盘亏。该账户属于资产类账户，借方登记盘亏数和报批后核销的盘盈数，贷方登记盘盈数和报批后核销的盘亏数，期末处理后，该账户应无余额。其结构如图 11-14 所示。

借方　　　　待处理财产损溢	贷方
盘亏数	盘盈数
报批后核销的盘盈数	报批后核销的盘亏数

图 11-14 “待处理财产损溢”账户结构

3. 库存现金清查结果的账务处理

（1）如果有挪用现金、白条顶库的情况，应及时予以纠正。

（2）对于超限额留存的现金应及时送存银行。

（3）如果账实不符，发现有待查明原因的现金短缺或溢余，应先通过“待处理财产损溢”科目核算，按管理权限经批准后，分别按以下情况处理：

① 如为现金短缺，属于应由责任人赔偿或保险公司赔偿的部分，计入其他应收款；属于无法查明原因的，计入管理费用。

② 如为现金溢余，属于应支付给有关人员或单位的，计入其他应付款；属于无法查明原因的，计入营业外收入。

“待处理财产损溢”账户下，应分别按“待处理流动资产损溢”和“待处理非流动资产损溢”进行明细分类核算。

【业务一】 库存现金清查及结果的核算

【业务资料】2023 年 11 月 15 日，重庆胜利铸件厂确定对库存现金进行临时清查，现金日记账账面余额 5 620.5 元，实际盘存金额 5 644 元，盘盈现金 23.5 元，系找零导致，经批准转作营业外收入。

【业务分析】盘盈时，借记“库存现金”账户，贷记“待处理财产损溢”账户；批准后，借记“待处理财产损溢”账户，贷记“库存现金”账户。

【业务流程及核算】

（1）出纳人员结出“库存现金日记账”账面余额。

（2）盘点时，清查人员和出纳人员共同在场清点现金实存数。

（3）清查人员将盘点结果填列在“现金盘点报告表”内，如图 11-15 所示。

现金盘点报告表

单位名称:重庆胜利铸件厂　　2023 年 11 月 15 日　　单位：元

实存金额	账存金额	清查结果		备注
		盘盈	盘亏	
5 644	5 620.5	23.5		找零导致
处理意见：转作营业外收入　张天舒印				

盘点人（签章）：侯耀　　出纳员（签章）：何成成

图 11-15　现金盘点报告表

（4）会计人员根据“现金盘点报告表”填制记账凭证，并交审核人员审核。如图 11-16、图 11-17 所示。

记　账　凭　证

2023 年 11 月 15 日　　记字第 ×号

06号 深圳市前通实业有限公司出品

摘要	会计科目		借方金额											贷方金额											记账√
	总账科目	明细科目	亿	千	百	十	万	千	百	十	元	角	分	亿	千	百	十	万	千	百	十	元	角	分	
现金盘盈	库存现金									2	3	5	0												√
	待处理财产损溢	待处理流动资产损溢																			2	3	5	0	√
附件 1 张	合计								¥	2	3	5	0							¥	2	3	5	0	

会计主管 侯耀　记账 游飞　出纳 何成成　审核 魏小小　制证 游飞

图 11-16　记账凭证

记　账　凭　证

2023 年 11 月 15 日　　记字第 ×号

06号 深圳市前通实业有限公司出品

摘要	会计科目		借方金额											贷方金额											记账√
	总账科目	明细科目	亿	千	百	十	万	千	百	十	元	角	分	亿	千	百	十	万	千	百	十	元	角	分	
批准处理现金盘盈	待处理财产损溢	待处理流动资产损溢								2	3	5	0												√
	营业外收入																				2	3	5	0	√
附件见记字×号所附凭证张	合计								¥	2	3	5	0							¥	2	3	5	0	

会计主管 侯耀　记账 游飞　出纳 何成成　审核 魏小小　制证 游飞

图 11-17　记账凭证

（5）会计依据审核后的记账凭证登记“库存现金”“待处理财产损溢”“营业外收入”总分类账和明细分类账。

（6）出纳根据经济业务的时间顺序逐笔登记“库存现金”日记账。

【议一议】

1. 如果因为找零导致现金盘亏，该如何核算？

2. 在现金清查中，如果有白条顶库，该如何整改？

（二）银行存款的清查

1. 银行存款的清查方法

银行存款的清查主要采用核对的方法。小企业将银行存款日记账与开户银行转来的“银行对账单”逐笔进行核对，以查明账实是否相符。

2. 银行存款清查账实不符原因

对于银行存款清查，往往会出现企业银行存款日记账的账面余额和银行对账单上的存款余额不相符的情况。究其原因主要有：①一方或双方记账错误，如错记、漏记、串户记账等。②企业和银行入账时间不同所致未达账项。

所谓未达账项是指企业与银行之间对于同一项经济业务，因结算凭证传递时间差异，从而导致发生的一方已取得结算凭证并已登记入账，另一方尚未取得结算凭证且尚未入账的款项。

未达账项有以下四种情形：

（1）企业已收，银行未收的账项。例如，企业销售产品收到转账支票，送存银行填制进账单后，即登记银行存款的增加，而银行要收妥后再登记增加。如果此时对账，就会出现企业已收，银行未收的款项。

（2）企业已付，银行未付的账项。例如，企业签发转账支票支付购料款后，即根据支票存根、购货发票和入库单等原始凭证登记银行存款的减少，而持票人尚未到银行办理转账手续，银行尚未登记减少。如果此时对账，就会出现企业已付，银行未付的款项。

（3）银行已收，企业未收的账项。例如，外地客户给本企业汇来货款，银行收到货款后即登记银行存款增加，而企业由于尚未取得银行的收款通知，所以未登记银行存款增加。如果此时对账，就会出现银行已收，企业未收的款项。

（4）银行已付，企业未付的账项。例如，企业委托银行代付的款项（如水电费等），银行在付款后即登记银行存款减少，而单位尚未接到银行付款通知，所以未登记银行存款减少。如果此时对账，就会出现银行已付，企业未付的款项。

3. 银行存款清查结果的处理

（1）若为记账错误引起，属于银行责任的，应督促银行更正。

（2）属于单位责任的，应查明原因，采用一定的方法予以更正。

（3）若由未达账项引起的，应编制“银行存款余额调节表”，以查明银行存款余额的真实数字，掌握企业可动用的银行存款实际数额。其编制时的计算公式如下：

企业银行存款日记账余额+银行已收企业未收数额-银行已付企业未付数额=银行对账单余额+企业已收银行未收数额-企业已付银行未付数额

【业务二】 编制银行存款余额调节表

【业务资料】2023 年 11 月 30 日，重庆胜利铸件厂 2023 年 11 月份银行存款日记账和银行对账单资料如表 11-5、表 11-6 所示。

表 11-5 银行存款日记账 单位：元

2023 年		凭证号数	摘要	借方	贷方	方向	余额
月	日						
11	1	记×	期初余额			借	41 860.00
11	3	记×	付货款		30 000.00	借	11 860.00
11	9	记×	收货款	50 000.00		借	61 860.00
11	10	记×	取现		20 000.00	借	55 360.00
11	10	记×	付税款		6 500.00	借	35 360.00
11	10	记×	收货款	50 000.00		借	85 360.00
11	10	记×	付税款		780.00	借	84 580.00
11	24	记×	利息收入	65.50		借	84 645.50
11	27	记×	支付手续费		10.00	借	84 635.50
11	27	记×	支付手续费		0.50	借	84 635.00
11	29	记×	收货款	6 000.00		借	90 635.00
11	30	记×	付运费		500.00	借	90 135.00
11	30	记×	付货款		35 000.00	借	55 135.00
11	30	记×	当前合计	106 065.50	57 790.50	借	55 135.00
11	30	记×	当前累计	654 050.50	788 200.64	借	55 135.00

表 11-6 中国工商银行对账单

户名：重庆胜利铸件厂 账号：6217213133338888000 币种：人民币

日期	交易类型	凭证种类	摘要	借方发生额	贷方发生额	余额
2023-11-03	转账	0	货款	30 000.00	0.00	11 860.00
2023-11-09	汇划	资金汇划补充凭证	实时清算	0.00	50 000.00	61 860.00
2023-11-10	转账	0	代理国库税收收缴	6 500.00	0.00	55 360.00
2023-11-10	现金类交易	现金支票		20 000.00	0.00	35 360.00

续表

日期	交易类型	凭证种类	摘要	借方发生额	贷方发生额	余额
2023-11-10	转账	0	货款	0.00	50 000.00	85 360.00
2023-11-10	转账	0	代理国库税收收缴	780.00	0.00	84 580.00
2023-11-23	转账	0	利息	0.00	65.50	84 645.50
2023-11-25	转账	0		10.00	0.00	84 635.50
2023-11-27	转账	0	材料款	0.00	50 000.00	134 635.50
2023-11-27	转账	0		0.50	0.00	134 635.00
2023-11-28	转账	0	货款	60 000.00	0.00	74 635.00
2023-11-28	转账	0	运费	500.00	0.00	74 135.00
2023-11-29	转账	0	运费	3 000.00	0.00	71 135.00

【业务分析】月末，出纳根据银行对账单上显示的流水，与银行存款日记账上的记录逐笔核对，如果双方账面余额不符，则编制银行存款余额调节表。

【业务流程及核算】

（1）清查前，出纳先检查银行存款日记账，确保所有银行业务均已入账。

（2）出纳将银行存款日记账与银行对账单逐笔核对，查找出未达账项。

（3）出纳根据查找出的未达账项，编制银行存款余额调节表，如表 11-7 所示。

表 11-7 银行存款余额调节表

2023 年 11 月 30 日　　单位：元

项目	金额	项目	金额
企业日记账余额	55 135.00	银行对账单余额	71 135.00
加：银行已收，企业未收	50 000.00	加：企业已收，银行未收	6 000.00
减：银行已付，企业未付	60 000.00	减：企业已付，银行未付	35 000.00
	3 000.00		
调节后余额	42 135.00	调节后余额	42 135.00

编制：何成成　　审核：侯　耀

【问一问】

1. 问：出纳人员能否将试算平衡表作为其登记日记账的依据，并进行日记账的调整？

答：不能。如果调节后双方余额相等，则说明银行存款日记账与银行对账单余额不等是未达账项所致，待原始凭证实际到达时，再据以入账。

2. 问：如果调节后的余额仍然不等，应如何处理？

答：应进一步检查双方有无记错账的情况。如果是银行错误，则协助银行进行纠正；

如果是企业记账错误，则应采用适当的更正方法进行更正。

（三）存货的清查

1. 存货的清查方法

（1）实地盘点法：通过点数、过磅、量尺等方式、确定存货实有数量的盘点方法。该方法易于操作，大部分实物资产的盘点采用此法。

（2）技术推算盘点法：通过技术推算（如量方、计尺等）推算存货实有数量的盘点方法。对难以逐一清查的量大成堆、笨重的实物采取此法。

2. 财产物资的盘存制度

财产清查的重要环节是盘点财产物资的实存数量。为使盘点工作顺利进行，应建立一定的盘点制度。一般来说，财产物资的盘存制度有两种，即永续盘存制和实地盘存制。

（1）永续盘存制：

① 永续盘存制的概念。永续盘存制是指企业的各项财产物资，根据会计凭证逐日逐笔地在账簿中登记其收入和发出数额，并随时结出账面结存数额的一种盘存制度。其计算公式如下：

期末账面结存的数额=期初账面结存数额+本期收入数额-本期发出数额

② 永续盘存制的优、缺点。优点：可以及时反映和掌握财产物资收入、发出和结存的数量和金额，有利于加强对财产的监督、控制和管理。缺点：登记财产物资明细账簿的工作量较大，耗用的人力、物力较多。

③ 适用范围。这种盘存制度手续比较严密，有利于加强财产管理，为大多数单位所使用。

（2）实地盘存制：

① 实地盘存制的概念。实地盘存制是指对单位的各项财产物资，平时在账簿中只登记收入数额，不登记发出数额，期末通过实物盘点来确定其结存数额，倒挤出本期发出数额的一种盘存制度。其计算公式如下：

本期发出数额=账面期初余额+本期收入数额-期末实际结存数额

② 实地盘存制的优、缺点。优点：简便易行、平时对各项财产物资的发出和结存数量不作明细记录，大大简化了明细核算工作。缺点：不能随时反映财产物资收入、发出和结存动态状况；由于以存计耗，倒挤出的本期发出数额中可能包含了各项损耗、差错损失和短缺等。

③ 适用范围。这种盘存制度适用于鲜活、易变质腐烂的农副产品盘存。

因此，在实际工作中，对于财产物资的核算和管理一般均采用永续盘存制。为了确保账实相符，也有必要加强盘点工作，定期采用与实地盘存制相结合的财产清查方法。

3. 存货清查结果的账务处理

（1）由于自然灾害、人为原因造成的存货毁坏，由于技术标准、质量要求、人为操作等原因造成的存货报废，由于企业被盗造成的存货灭失等确实给企业造成了损失，出现存货盘亏，则应当计入营业外支出。

（2）由于自然生溢、收发计量等原因造成的存货盘盈，增加了小企业的经济利益，但又不是生产经济活动直接产生的，应计入营业外收入。

【业务三】 存货盘盈盘亏的核算

【业务资料】2023 年 11 月 30 日，重庆胜利铸件厂针对原材料明细分类账和库管账之间在核对中的差异，启动了原材料的财产清查，清查结果如下：生铁盘盈 0.2 吨，增碳剂盘亏 0.1 吨（见表 11-8），不考虑增值税。

表 11-8 存货盘点报告表

公司名称：重庆胜利铸件厂　　　　2023 年 11 月 30 日

材料名称	规格型号	单位	单位成本	实存		账存		盘亏		盘盈	
				数量	金额	数量	金额	数量	金额	数量	金额
生铁		吨		17.8		18				0.2	
增碳剂		吨		9.9		10		0.1			

清查人：侯　耀　　　　库管：李　欢　　　　会计：游　飞

【业务分析】批准处理前，盘盈材料借记“原材料”账户，贷记“待处理财产损溢—待处理流动资产损溢”账户；盘亏材料借记“待处理财产损溢—待处理流动资产损溢”账户，贷记“原材料”账户。批准处理后，盘盈借记“待处理财产损溢—待处理流动资产损溢”账户，贷记“营业外收入”账户；盘亏借记“营业外支出”账户，贷记“待处理财产损溢—待处理流动资产损溢”账户。

【业务流程及核算】

（1）根据盘点结果，清查人员填制“存货盘点报告表”，并由清查人员和库管员签名盖章在，如表 11-8 所示。

（2）会计人员计算盘盈盘亏材料成本，如表 11-9 所示。

表 11-9 盘盈盘亏材料成本计算表

公司名称：重庆胜利铸件厂　　　　2023 年 11 月 30 日　　　　单位：元

材料名称	规格型号	单位	单位成本	盘亏		盘盈	
				数量	金额	数量	金额
生铁		吨	4 000			0.2	800.00
增碳剂		瓶吨	5 800	0.1	580.00		
合计				0.1	580.00	0.2	800.00

财务主管：侯　耀　　　　会计：游　飞

（3）会计人员根据存货盘点报告表编制记账凭证，并交审核人员审核，如图 11-18、图 11-19 所示。

记　账　凭　证

2023 年 11 月 30 日　　　　记字第 ×号

06号 深圳市前通实业有限公司出品

摘要	会计科目		借方金额											贷方金额											记账
	总账科目	明细科目	亿	千	百	十	万	千	百	十	元	角	分	亿	千	百	十	万	千	百	十	元	角	分	√
材料盘盈	原材料	生铁							8	0	0	0	0												√
	待处理财产损溢	待处理流动资产损溢																		8	0	0	0	0	√
附件 2 张	合	计						¥	8	0	0	0	0						¥	8	0	0	0	0	

会计主管 侯耀　记账 游飞　出纳 何成成　审核 魏小小　制证 游飞

图 11-18　记账凭证

记　账　凭　证

2023 年 11 月 30 日　　　　记字第 ×号

06号 深圳市前通实业有限公司出品

摘要	会计科目		借方金额											贷方金额											记账
	总账科目	明细科目	亿	千	百	十	万	千	百	十	元	角	分	亿	千	百	十	万	千	百	十	元	角	分	√
材料盘亏	待处理财产损溢	待处理流动资产损溢							5	8	0	0	0												√
	原材料	增碳剂																		5	8	0	0	0	√
附件见记字×号所附凭证张	合	计						¥	5	8	0	0	0						¥	5	8	0	0	0	

会计主管 侯耀　记账 游飞　出纳 何成成　审核 魏小小　制证 游飞

图 11-19　记账凭证

（4）会计依据审核后的记账凭证登记“原材料”“待处理财产损溢”总分类账和明细分类账。

（5）财务主管申请对盘盈材料和盘亏材料进行处理，处理批复如图 11-20 所示。

关于盘盈材料和盘亏材料的处理批复

公司财务部：

经研究决定，2023 年 11 月针对原材料的财产清查，其清查结果按以下决定核销：

盘盈生铁 0.2 吨，价值 800 元，批准转作营业外收入，盘亏增碳剂 0.1 吨，价值 580 元，批准转作营业外支出。

重庆胜利铸件厂

2023 年 11 月 30 日

（印章：重庆胜利铸件厂）

图 11-20　关于盘盈材料和盘亏材料的处理批复

（6）会计依据盘盈材料和盘亏材料的处理批复编制记账凭证，并交审核人员审核，如图 11-21、图 11-22 所示。

记 账 凭 证

2023 年 11 月 30 日 记字第 ×号

06号 深圳市前通实业有限公司出品

摘要	会计科目		借方金额											贷方金额											记账√
	总账科目	明细科目	亿	千	百	十	万	千	百	十	元	角	分	亿	千	百	十	万	千	百	十	元	角	分	
批准处理材料盘盈	待处理财产损溢	待处理流动资产损溢							8	0	0	0	0												√
	营业外收入																			8	0	0	0	0	√
附件 1 张	合	计						¥	8	0	0	0	0						¥	8	0	0	0	0	

会计主管 侯耀 记账 游飞 出纳 何成成 审核 魏小小 制证 游飞

图 11-21 记账凭证

记 账 凭 证

2023 年 11 月 30 日 记字第 ×号

06号 深圳市前通实业有限公司出品

摘要	会计科目		借方金额											贷方金额											记账√
	总账科目	明细科目	亿	千	百	十	万	千	百	十	元	角	分	亿	千	百	十	万	千	百	十	元	角	分	
批准处理材料盘亏	营业外支出								5	8	0	0	0												√
	待处理财产损溢	待处理流动资产损溢																		5	8	0	0	0	√
附件见记字×号所附凭证张	合	计						¥	5	8	0	0	0						¥	5	8	0	0	0	

会计主管 侯耀 记账 游飞 出纳 何成成 审核 魏小小 制证 游飞

图 11-22 记账凭证

（7）会计依据审核后的记账凭证登记“营业外收入”“待处理财产损溢”“营业外支出”总分类账和明细分类账。

【议一议】

如果企业存货采用的是实地盘存制，那么企业存货会不会出现盘盈和盘亏问题，为什么？

【做一做】

根据下列经济业务填制通用记账凭证并登记总分类账及明细分类账。

1. 2023 年 7 月 15 日，盘亏现金 8.40 元，原因待查。

2. 2023 年 7 月 16 日，盘亏现金 8.40 元，经领导批准，转作管理费用。

3. 2023 年 7 月 21 日，会计人员检查发现，现金支付办公费 450 元，编制记账凭证误记成了 540 元，并已登记入账，请编制一张更正凭证。

4. 2023 年 7 月 25 日，会计人员检查发现，销售人员报销差旅费 860 元，误记成了 680

元，并已登记入账，请编制一张更正凭证。

5. 2023 年 7 月 31 日，盘盈 A 产品，成本 4 500 元，原因待查。

6. 2023 年 7 月 31 日，盘亏乙材料，成本 2 300 元，原因待查。

7. 2023 年 7 月 31 日，盘盈现金 200 元，原因待查。

8. 2023 年 7 月 31 日，经领导批准，盘盈 A 产品转作营业外收入。

9. 2023 年 7 月 31 日，经领导批准，盘亏乙材料转作营业外支出。

10. 2023 年 7 月 31 日，盘盈现金 200 元，经查，系少付张凯工资。

项目十二 财务报表

项目目标

1. 熟悉财务报表结构和概念。
2. 掌握财务报表项目内容和填列方法。
3. 会编制资产负债表。
4. 会编制利润表。

项目内容

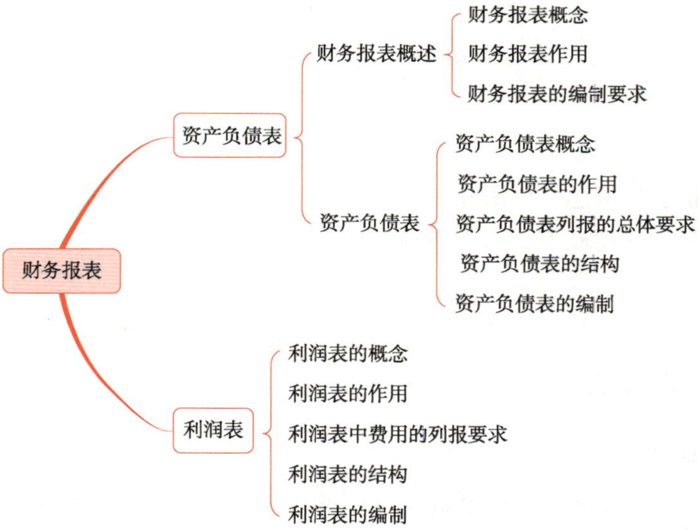

学时建议

8 学时

【导入案例】

2023 年 12 月 31 日，重庆胜利铸件厂会计游飞、会计主管侯耀在完成对账的基础上，分析了总分类账和明细分类账的数据，并编制了如下财务报表：

(1) 2023 年 12 月 31 日，编制利润表。
(2) 2023 年 12 月 31 日，编制资产负债表。

- 会计人员如何编制资产负债表？
- 会计人员如何编制利润表？
- 会计主管如何对财务报表进行审核？

小企业进行日常会计核算，需要定期通过一套完整的结构化的报表体系来科学地列报其生产经营的有关情况。因此，财务报表是对日常核算资料进行整理、分类、计算和汇总编制而成的，既是小企业会计核算工作的总结，也是沟通投资者、债权人、税务部门等财务报表外部使用者与小企业管理层之间信息的桥梁。所以小企业资产负债表的编制、利润表的编制、现金流量表的编制、附注说明就构成财务报表编报的主要内容。由于是初学，本部分内容不涉及比较复杂的现金流量表。

任务一　资产负债表

【任务描述】

能理解财务报表的概念、作用和编制要求；能理解资产负债表的概念和结构；能掌握资产负债表项目内容和填列方法；会编制资产负债表。

【知识准备】

一、财务报表概述

（一）财务报表概念

财务报表，是指对小企业财务状况、经营成果和现金流量的结构性表述。小企业的财务报表至少应当包括资产负债表、利润表、现金流量表和附注。

其中，资产负债表、利润表和现金流量表分别从不同角度反映小企业的财务状况、经营成果、现金流量；附注是财务报表不可或缺的组成部分，是对在资产负债表、利润表和现金流量表等报表中列示项目的文字描述或明细资料，以及对未能在这些报表中列示项目的说明等。

（二）财务报表作用

财务报表是小企业对外提供会计信息的重要载体。其使用者主要包括投资者、债权人、税务部门和小企业的管理者。其具体作用表现在以下几个方面：

(1) 财务报表为内部管理者进行日常经营管理提供依据。

(2) 财务报表为投资者作出投资决策提供依据。

(3) 财务报表为债权人观察企业资金运转情况、判断企业偿债能力提供依据。

(4) 财务报表为税务部门实施税务检查提供依据。

(三) 财务报表的编制要求

编制财务报表必须以保证质量为前提，才能使提供的会计信息有用。为此，应符合以下编制要求：

1. 数字真实

财务报表必须根据登记完整、核对无误、计算准确的账簿记录进行编制，如实反映小企业的经营活动，不得任意估算数字和弄虚作假。

2. 内容完整

编制财务报表时必须将表内项目和补充资料填列完整。如果报表内容不全，就无法提供分析所需完整数据，从而影响经营决策。

3. 报送及时

财务报表必须按照财务制度规定的期限如期编制、及时对外报送，以满足各方面对会计信息的需要。

4. 说明清楚

报表中列示项目的文字描述或明细资料，以及其他有助于理解和分析报表的事项应当在财务报表附注栏中加以说明。

二、资产负债表

(一) 资产负债表概念

资产负债表，是指反映小企业在某一特定日期的财务状况的报表。是特定时点，而不是特定期间，从会计科目的角度来看，反映的是会计科目在某一时点的结余数。

(二) 资产负债表的作用

(1) 可以提供某一日期资产的总额及其结构，表明小企业拥有或控制的资源及其分布情况，有助于使用者了解小企业在某一特定日期所拥有的资产总量及其结构。

(2) 可以提供某一日期的负债总额及其结构，表明小企业未来需要用多少资产或劳务来清偿债务以及清偿时间的早晚。

(3) 可以反映小企业的所有者在小企业拥有的权益，从而有助于小企业的所有者据以判断资本保值、增值情况。

(三) 资产负债表列报的总体要求

1. 分类别列报

资产负债表列报的最根本目标就是如实反映小企业在资产负债表日所拥有的资源、所承担的负债以及所有者所拥有的权益。因此，资产负债表应当按照资产、负债、所有者权益三大类别分类列报。

2. 资产和负债按流动性列报

资产和负债应当按照流动性分别分为流动资产和非流动资产、流动负债和非流动负债进行列示。资产负债表应先列报流动性强的资产或负债，再列报流动性弱的资产或负债。流动性，通常按资产的变现或耗用时间长短或者负债的偿还时间长短来确定。

3. 列报的汇总金额

根据所反映信息范围大小的不同，在资产负债表中应单独列示的汇总额包括三类，按照从小到大的顺序：

（1）资产类有两个合计额：流动资产合计和非流动资产合计。

（2）负债类有三个合计额：流动负债合计、非流动负债合计和负债合计。

（3）所有者权益类有一个合计额：所有者权益合计。

（4）有两个总计额：资产总计、负债和所有者权益总计。

（四）资产负债表的结构

资产负债表的结构有账户式和报告式。我国资产负债表采用账户式结构，属于左右结构：左方列示资产各项目，大体按资产的流动性强弱排列，流动性强的资产如“货币资金”“短期投资”等排在前面，流动性小的资产如“长期股权投资”“固定资产”等排在后面；右方列示负债和所有者权益各项目，一般按要求清偿时间的先后顺序排列，“短期借款”“应付票据”“应付账款”等需要在一年以内或者长于一年的一个正常营业周期内偿还的流动负债排在前面，“长期借款”等在一年以上才需要偿还的非流动负债排在中间，在企业清算之前不需要偿还的所有者权益项目排在后面。

账户式资产负债表中资产各项目的总计等于负债和所有者权益各项目的总计，即资产负债表左右双方平衡，遵循了“资产=负债+所有者权益”这一会计恒等式的要求。其格式如表 12-1 所示。

表 12-1　资产负债表

编制单位：　　　　　　　　年　月　日　　　　　　　　单位：元

资产	行次	期末余额	年初余额	负债和所有者权益（或股东权益）	行次	期末余额	年初余额
流动资产：				流动负债：			
货币资金	1			短期借款	31		
短期投资	2			应付票据	32		
应收票据	3			应付账款	33		
应收账款	4			预收账款	34		
预付账款	5			应付职工薪酬	35		

续表

资产	行次	期末余额	年初余额	负债和所有者权益(或股东权益)	行次	期末余额	年初余额
应收股利	6			应交税费	36		
应收利息	7			应付利息	37		
其他应收款	8			应付利润	38		
存货	9			其他应付款	39		
其中：原材料	10			其他流动负债	40		
在产品	11			流动负债合计	41		
库存商品	12			非流动负债：			
周转材料	13			长期借款	42		
其他流动资产	14			长期应付款	43		
流动资产合计	15			递延收益	44		
非流动资产：				其他非流动负债	45		
长期债券投资	16			非流动负债合计	46		
长期股权投资	17			负债合计	47		
固定资产原价	18						
减：累计折旧	19						
固定资产账面价值	20						
在建工程	21						
工程物资	22						
固定资产清理	23						
生产性生物资产	24			所有者权益(或股东权益)：			
无形资产	25			实收资本(或股本)	48		
开发支出	26			资本公积	49		
长期待摊费用	27			盈余公积	50		
其他非流动资产	28			未分配利润	51		
非流动资产合计	29			所有者权益(或股东权益)合计	52		
资产总计	30			负债和所有者权益(或股东权益)总计	53		

单位负责人： 财务主管： 制表人：

（五）资产负债表的编制

1. 资产负债表项目的填列方法

资产负债表各项目均需填列“年初余额”和“期末余额”两栏。其中“年初余额”栏内各项数字，应根据上年末资产负债表的“期末余额”栏内所列数字填列。如果上年末资产负债表的项目名称和内容与本年度资产负债表不一致，应对上年末资产负债表项目名称和数字按本年度资产负债表的规定进行调整，并填入“年初余额”栏。“期末余额”栏主要有以下几种填列方法：

（1）根据总账科目余额填列。

“短期投资”“应收票据”“应收股利”“应收利息”“其他应收款”“长期股权投资”“固定资产原价”“累计折旧”“在建工程”“工程物资”“固定资产清理”“开发支出”“短期借款”“应付票据”“应付职工薪酬”“应交税费”“应付利息”“应付利润”“其他应付款”“实收资本”“资本公积”“盈余公积”等大部分项目，应根据有关总账科目的余额直接填列。有些项目则需要根据几个总账科目的期末余额计算填列，如“货币资金”项目，应根据“库存现金”“银行存款”“其他货币资金”三个总账科目期末余额的合计数填列。

（2）根据明细科目余额填列。如“未分配利润”项目，应根据“利润分配”科目中所属的“未分配利润”明细科目期末余额填列。

（3）根据总账科目和明细科目余额分析计算填列。

“应收账款”项目，应根据“应收账款”和“预收账款”科目所属的相关明细科目的期末借方余额合计数填列；如“应收账款”科目期末有贷方余额，应当在“预收账款”项目列示。

“预付账款”项目，应根据“预付账款”和“应付账款”科目所属的相关明细科目的期末借方余额合计数填列。如“预付账款”科目期末有贷方余额，应当在“应付账款”项目列示。属于超过1年期的预付账款的借方余额应当在“其他非流动资产”项目列示。

“应付账款”项目，应根据“应付账款”和“预付账款”科目所属的相关明细科目的期末贷方余额合计数填列。如“应付账款”科目期末有借方余额，应当在“预付账款”项目列示。

“预收账款”项目，应根据“预收账款”和“应收账款”科目所属的相关明细科目的期末贷方余额合计数填列；如“预收账款”科目期末有借方余额，应当在“应收账款”项目列示。属于超过1年期的预收账款的贷方余额应当在“其他非流动负债”项目列示。

（4）根据有关科目余额减去其备抵科目余额后的净额填列。

“固定资产账面价值”“生产性生物资产”“无形资产”项目，应根据相关科目的期末余额，减去相关“累计折旧”“累计摊销”后的净额填列。

（5）综合运用上述填列方法分析填列。

“存货”项目，应当根据“原材料”“库存商品”“发出商品”“周转材料”“委托加工物资”“材料采购”“在途物资”“消耗性生物资产”等科目的期末余额合计填列，材料采用计划成本核算，应减去或加上“材料成本差异”后的金额填列。

（6）根据有关项目的合计额填列。

流动资产合计、非流动资产合计、资产总计、流动负债合计、非流动负债合计、负债合计、所有者权益合计、负债和所有者权益总计等项目，应根据表中的相关项目的合计额填列。

（7）不得填列金额的 5 个特殊项目。

“流动资产：”项目、“非流动资产：”项目、“流动负债：”项目、“非流动负债：”项目和“所有者权益：”项目。

2. 资产负债表项目的内容

【业务一】 编制资产负债表

【业务资料】2023 年 12 月 31 日，重庆胜利铸件厂全部总分类账户和所属明细分类账户余额见表 12-2。

表 12-2 总分类账和明细分类账账户余额表

2023 年 12 月 31 日 单位：元

总账科目	明细科目	借方余额	贷方余额	总账科目	明细科目	借方余额	贷方余额
库存现金		3 400		短期借款			80 000
银行存款		254 000		应付票据			120 000
应收票据		50 000		应付账款			47 300
应收账款		651 000			天意物资		35 000
	新世纪	250 000			三峡物资		12 300
	重百	326 000		其他应付款			6 200
	家家乐	75 000		应付职工薪酬			89 553
其他应收款		5 000		应交税费			3 300
原材料		235 000		应付利润			30 000
生产成本		148 219		长期借款			200 000
库存商品		218 000		实收资本			2 000 000
固定资产		718 400		盈余公积			5 700
累计折旧			59 666	利润分配			21 300
无形资产		400 000					
累计摊销			20 000				

【业务分析】根据各总账账户余额、明细账账户余额，综合分析填列 2023 年 12 月 31 日的资产负债表的期末余额。

【业务流程及核算】

（1）会计人员填列资产类项目期末余额。

（2）会计人员填列负债类项目期末余额。

（3）会计人员计算汇总金额。

（4）会计主管对资产负债表进行审核。如表 12-3 所示。

表 12-3　资产负债表

编制单位：重庆胜利铸件厂　　　　2023 年 12 月 31 日　　　　单位：元

资产	行次	期末余额	年初余额	负债和所有者权益	行次	期末余额	年初余额
流动资产：				流动负债：			
货币资金	1	257 400	1 000 000	短期借款	31	80 000	
短期投资	2			应付票据	32	120 000	
应收票据	3	50 000		应付账款	33	47 300	
应收账款	4	651 000		预收账款	34		
预付账款	5			应付职工薪酬	35	89 553	
应收股利	6			应交税费	36	3 300	
应收利息	7			应付利息	37		
其他应收款	8	5 000		应付利润	38	30 000	
存货	9	601 219		其他应付款	39	6 200	
其中：原材料	10	235 000		其他流动负债	40		
在产品	11	148 219		流动负债合计	41	376 353	
库存商品	12	218 000		非流动负债：			
周转材料	13			长期借款	42	200 000	
其他流动资产	14			长期应付款	43		
流动资产合计	15	1 564 619	1 000 000	递延收益	44		
非流动资产：				其他非流动负债	45		
长期债券投资	16			非流动负债合计	46	200 000	
长期股权投资	17			负债合计	47	576 353	
固定资产原价	18	718 400	600 000				
减：累计折旧	19	59 666					
固定资产账面价值	20	658 734					
在建工程	21						
工程物资	22						
固定资产清理	23						
生产性生物资产	24			所有者权益（或股东权益）：			
无形资产	25	380 000	400 000	实收资本（或股本）	48	2 000 000	2 000 000
开发支出	26			资本公积	49		
长期待摊费用	27			盈余公积	50	5 700	
其他非流动资产	28			未分配利润	51	21 300	
非流动资产合计	29	1 038 734	1 000 000	所有者权益（或股东权益）合计	52	2 027 000	2 000 000
资产总计	30	2 603 353	2 000 000	负债和所有者权益（或股东权益）总计	53	2 603 353	2 000 000

单位负责人：谭兴官　　　　财务主管：侯　耀　　　　制表人：游　飞

任务二　利　润　表

【任务描述】

能理解利润表的概念和结构；掌握利润表项目内容和填列方法；会编制利润表。

【知识准备】

一、利润表的概念

利润表，是指反映小企业在一定会计期间的经营成果的报表。是一张反映某一特定会计期间，而不是某一特定时点的会计报表。从会计科目的角度来看，反映的是会计科目在某一会计期间的发生额。

二、利润表的作用

（1）可以反映小企业在一定会计期间的收入、费用、利润（亏损）的金额和构成情况。

（2）有助于使用者全面了解小企业的经营成果。

（3）有助于使用者分析小企业的获利能力及盈利增长趋势，从而为其作出经济决策提供依据。

三、利润表中费用的列报要求

我国利润表中费用按照功能分类，即按照费用在小企业所发挥的经济功能进行分类列报，分为营业成本、税金及附加、销售费用、管理费用和财务费用等。

按照费用功能法将其分开列报，有助于报表使用者了解费用发生的活动领域；有助于向报表使用者提供结构性的信息，能更清楚地揭示小企业经营业绩的主要来源和构成。

四、利润表的结构

目前比较普遍的利润表结构有多步式利润表和单步式利润表两种。我国一般采用多步式利润表，是按照收入、费用和利润及其相互关系，体现了"收入－费用＝利润"这一会计等式的要求，其格式如表 12-4 所示。

表 12-4　利　润　表

编制单位：　　　　　　　　　　年　　月　　　　　　　　　　单位：元

项　　目	行列	本年累计金额	本月金额
一、营业收入	1		
减：营业成本	2		

续表

项　　目	行列	本年累计金额	本月金额
税金及附加	3		
其中：消费税	4		
城市维护建设税	5		
资源税	6		
土地增值税	7		
城镇土地使用税、房产税、车船税、印花税	8		
教育费附加、环境保护税	9		
销售费用	10		
其中：商品维修费	11		
广告费和业务宣传费	12		
管理费用	13		
其中：开办费	14		
业务招待费	15		
研究费用	16		
财务费用	17		
其中：利息费用(收入以“-”号填列)	18		
加：投资收益(损失以“-”号填列)	19		
二、营业利润(亏损以“-”号填列)	20		
加：营业外收入	21		
其中：政府补助	22		
减：营业外支出	23		
其中：坏账损失	24		
无法收回的长期债券投资损失	25		
无法收回的长期股权投资损失	26		
自然灾害等不可抗力因素造成的损失	27		
税收滞纳金	28		
固定资产清理损失	29		
三、利润总额(亏损总额以“-”号填列)	30		
减：所得税费用	31		
四、净利润(净亏损以“-”号填列)	32		
	33		

单位负责人：　　　　财务主管：　　　　制表人：

五、利润表的编制

（一）利润表项目的填列方法

利润表各项目均需填列“本年累计金额”和“本月金额”两栏，其填列方法如下：

“本年累计金额”栏反映各项目自年初起至报告期末止的累计实际发生额。

“本月金额”栏反映各项目的本月实际发生额。小企业编制年度利润表时，应将“本月金额”栏改为“上年金额”栏，填列上年全年实际发生额。如果上年度利润表的项目名称和内容与本年度利润表不一致，应对上年度利润表的项目名称和内容按本年度的规定进行调整，填入报表的“上年金额”栏。

（二）利润表项目的内容及填列说明

1. 收入类项目的内容及填列说明

“营业收入”项目，反映小企业销售商品和提供劳务所实现的收入总额。本项目应根据“主营业务收入”科目和“其他业务收入” 科目的发生额合计填列。

2. 费用类项目的内容及填列说明

（1）“营业成本”项目，反映小企业所销售商品的成本和所提供劳务的成本。本项目应根据“主营业务成本”科目和“其他业务成本” 科目的发生额合计填列。

（2）“税金及附加”项目，反映小企业开展日常生产活动应负担的消费税、城市维护建设税、资源税、土地增值税、城镇土地使用税、房产税、车船税、印花税和教育费附加、环境保护税等。本项目应根据“税金及附加”科目的发生额填列。

（3）“销售费用”项目，反映小企业销售商品或提供劳务过程中发生的费用。本项目根据“销售费用”科目的发生额填列。

（4）“管理费用”项目，反映小企业为组织和管理生产经营发生的其他费用。本项目根据“管理费用”科目的发生额填列。

（5）“财务费用”项目，反映小企业为筹集生产经营所需资金发生的筹资费用。本项目根据“财务费用”科目的发生额填列。

（6）“投资收益”项目，反映小企业股权投资取得的现金股利（或利润）、债券投资取得的利息收入和处置股权投资和债券投资取得的处置价款扣除成本或账面余额、相关税费后的净额。本项目根据“投资收益”科目的发生额填列；如为投资损失，以“-”号填列。

3. 利润类项目的内容及填列说明

（1）“营业利润”项目，反映小企业当期开展日常生产经营活动实现的利润。本项目根据营业收入扣除营业成本、税金及附加、销售费用、管理费用和财务费用，加上投资收益后的金额填列。如为亏损，以“-”号填列。

（2）“营业外收入”项目，反映小企业实现的各项营业外收入金额。包括：非流动资产处置净收益、政府补助、捐赠收益、盘盈收益、汇兑收益、出租包装物和商品的租金收入、逾期未退包装物押金收益、确实无法偿付的应付款项、已作坏账损失处理后又收回的应收款项、违约金收益等。本项目根据“营业外收入”科目的发生额填列。

(3)“营业外支出”项目，反映小企业发生的各项营业外支出金额。包括：存货的盘亏、毁损、报废损失，非流动资产处置净损失，坏账损失，无法收回的长期债券投资损失，无法收回的长期股权投资损失，自然灾害等不可抗力因素造成的损失，税收滞纳金，罚金，罚款，被没收财物的损失，捐赠支出，赞助支出等。本项目根据“营业外支出”科目的发生额填列。

(4)“利润总额”项目，反映小企业当期实现的利润总额。本项目应根据营业利润加上营业外收入减去营业外支出后的金额填列。如为亏损总额，以“-”号填列。

(5)“所得税费用”项目，反映小企业根据企业所得税法确定的应从当期利润总额中扣除的所得税费用。本项目应根据“所得税费用”科目的发生额填列。

(6)“净利润”项目，反映小企业当期实现的净利润。本项目根据利润总额扣除所得税费用后的金额填列。如为净亏损，以“-”号填列。

【业务一】 编制利润表

【业务资料】重庆胜利铸件厂 2023 年 12 月有关损益类账户发生额资料如表 12-5 所示。

表 12-5 损益类账户发生额

2023 年 12 月

单位：元

账户名称	借方发生额	贷方发生额
主营业务收入		247 000
其他业务收入		8 000
主营业务成本	170 000	
税金及附加	612	
其中：城市维护建设税	357	
教育费附加	255	
其他业务成本	6 000	
销售费用	20 000	
管理费用	45 740	
其中：业务招待费	2 540	
财务费用	1 427	
其中：利息费用	1 360	
投资收益		
营业外收入		3 000
营业外支出	700	
所得税费用	17 000	

2023 年 11 月利润表中本年累计金额资料如表 12-6 所示。

表 12-6 利 润 表

编制单位：重庆胜利铸件厂　　2023 年 11 月　　单位：元

项　　目	行列	本年累计金额	本月金额
一、营业收入	1	745 000	
减：营业成本	2	596 000	
税金及附加	3	1 788	
其中：消费税	4		
城市维护建设税	5	1 043	
资源税	6		
土地增值税	7		
城镇土地使用税、房产税、车船税、印花税	8		
教育费附加、环境保护税	9	745	
销售费用	10	37 000	
其中：商品维修费	11		
广告费和业务宣传费	12		
管理费用	13	47 600	
其中：开办费	14		
业务招待费	15	3 460	
研究费用	16		
财务费用	17	576	
其中：利息费用（收入以“-”号填列）	18		
加：投资收益（损失以“-”号填列）	19		
二、营业利润（亏损以“-”号填列）	20		
加：营业外收入	21	4 600	
其中：政府补助	22		
减：营业外支出	23	4 157	
其中：坏账损失	24		
无法收回的长期债券投资损失	25		
无法收回的长期股权投资损失	26		
自然灾害等不可抗力因素造成的损失	27		
税收滞纳金	28		
固定资产清理损失	29		
三、利润总额（亏损总额以“-”号填列）	30	62 479	
减：所得税费用	31	2 000	
四、净利润（净亏损以“-”号填列）	32	60 479	

单位负责人：谭兴官　　会计主管：侯　耀　　制表人：游　飞

【业务分析】根据本月损益类账户发生额编制2023年12月利润表。

【业务流程及核算】

（1）会计人员根据2023年12月损益类账户发生额资料，填列2023年12月利润表中项目的“本月金额”栏。

（2）会计人员根据2023年11月本年累计金额资料，计算并填列2023年12月利润表中项目的“本年累计金额”栏。

（3）会计主管对利润表进行审核。如表12-7所示。

表12-7 利 润 表

编制单位：重庆胜利铸件厂　　2023年12月　　单位：元

项　目	行列	本年累计金额	本月金额
一、营业收入	1	1 000 000	255 000
减：营业成本	2	772 000	176 000
税金及附加	3	2 400	612
其中：消费税	4		
城市维护建设税	5	1 400	357
资源税	6		
土地增值税	7		
城镇土地使用税、房产税、车船税、印花税	8		
教育费附加、环境保护税	9	1 000	255
销售费用	10	57 000	20 000
其中：商品维修费	11		
广告费和业务宣传费	12		
管理费用	13	93 340	45 740
其中：开办费	14		
业务招待费	15	6 000	2 540
研究费用	16		
财务费用	17	2 003	1 427
其中：利息费用(收入以“-”号填列)	18	1 360	1 360
加：投资收益(损失以“-”号填列)	19		
二、营业利润(亏损以“-”号填列)	20	73 257	11 221
加：营业外收入	21	7 600	3 000
其中：政府补助	22		
减：营业外支出	23	4 857	700
其中：坏账损失	24		
无法收回的长期债券投资损失	25		
无法收回的长期股权投资损失	26		
自然灾害等不可抗力因素造成的损失	27		

续表

项目	行列	本年累计金额	本月金额
税收滞纳金	28		
固定资产清理损失	29		
三、利润总额（亏损总额以"－"号填列）	30	76 000	13 521
减：所得税费用	31	19 000	17 000
四、净利润（净亏损以"－"号填列）	32	57 000	－3 479

单位负责人：谭兴官　　财务主管：侯　耀　　制表人：游　飞

【问一问】

问：在编制财务报表过程中，如果报表中相关项目所反映的交易或事项，小企业没有发生，该项目能否填"0"？

答：不能，该项目应空置。因为"0"和"空置"两者表示的经济意义不同：以"0"填列，表明该项目所反映的交易或事项当期已经发生但余额为0；而空置才表示该项目反映的交易或事项没有发生。

【知识拓展】

财务报表分析

【做一做】

1. 根据表12-8编制资产负债表

表12-8　总分类账和明细分类账账户余额表

2023年12月31日　　单位：元

总账科目	明细科目	借方余额	贷方余额	总账科目	明细科目	借方余额	贷方余额
库存现金		24 000		短期借款			100 000
银行存款		144 000		原材料		165 000	
应收票据		50 000		生产成本		88 000	
应收账款		333 900		库存商品		18 5000	
	甲公司	189 000		固定资产		525 400	
	乙公司	76 400		累计折旧			59 000
	丙公司	68 500		无形资产		200 000	
其他应收款		5 000		累计摊销			56 000

续表

总账科目	明细科目	借方余额	贷方余额	总账科目	明细科目	借方余额	贷方余额
应付票据			100 900	应交税费			6 300
应付账款			222 600	应付利润			40 000
	A 公司		135 000	长期借款			200 000
	B 公司		87 600	实收资本			700 000
其他应付款			56 800	盈余公积			9 700
应付职工薪酬			89 000	利润分配			80 000

2. 根据表 12-9 编制利润表

表 12-9　损益类账户发生额

2023 年 12 月　　　　单位：元

账户名称	借方发生额	贷方发生额
主营业务收入		368 000
其他业务收入		12 000
主营业务成本	294 400	
税金及附加	883. 2	
其中：城市维护建设税	515. 2	
教育费附加	368	
其他业务成本	11 400	
销售费用	13 000	
管理费用	25 650	
其中：业务招待费	3 400	
财务费用	1 500	
其中：利息费用	1 200	
投资收益		
营业外收入		5 000
营业外支出	350	
所得税费用	2 300	

项目十三 会计核算程序

项目目标

1. 熟悉各种会计核算程序的流程和优缺点。
2. 会运用记账凭证核算程序完成小企业的会计核算。
3. 会运用科目汇总表核算程序完成小企业的会计核算。

项目内容

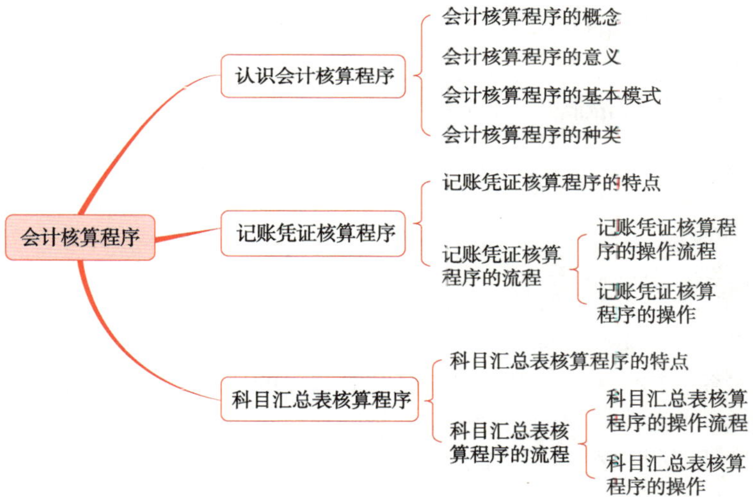

学时建议

8 学时

【导入案例】

（1）2023 年 12 月，重庆胜利铸件厂采用记账凭证核算程序完成会计核算。

（2）2023 年 12 月，重庆胜利铸件厂采用科目汇总表核算程序完成会计核算。

- 会计人员如何构建账簿组织；
- 会计人员如何采用记账凭证核算程序完成会计核算；
- 会计人员如何编制科目汇总表；
- 会计人员如何采用科目汇总表核算程序完成会计核算。

小企业科学合理地选择会计核算程序，对于正确组织会计核算工作，具有重要意义。会计凭证、会计账簿、财务报表是会计核算方法的三个基本环节，它们之间以一定的形式结合，构成一个完整的会计核算工作体系。所以小企业运用记账凭证核算程序、科目汇总表核算程序、汇总记账凭证核算程序、多栏式日记账核算程序就构成会计核算程序的主要内容。由于是初学，本部分内容只讲解记账凭证核算程序和科目汇总表核算程序。

任务一　认识会计核算程序

【任务描述】

能理解会计核算程序的概念、作用；了解会计核算程序的基本模式；了解会计核算程序的种类；

【知识准备】

一、会计核算程序的概念

会计核算程序又称账务处理程序，它是由账簿组织、记账程序和记账方法三者有机结合起来的账务体系。其中，账簿组织是会计核算程序的核心，它主要是指设置的凭证和账簿的种类、格式以及各种账簿的相互关系。记账程序是根据审核后的会计凭证登记各种账簿，根据账簿记录编制财务报表的工作程序。

具体地说，会计核算程序是指从审核原始凭证、填制记账凭证开始，到登记日记账、明细分类账和总分类账，再到编制财务报表的全过程组织程序和方法。

二、会计核算程序的意义

合理的会计核算程序对于科学组织会计核算工作，提高会计核算质量，保证会计信息真实，充分发挥会计在经济管理中的作用，都具有十分重要的意义。

（1）选用适当的会计核算程序，有利于科学地组织小企业的会计核算工作，具有保证会计数据的整个处理过程有条不紊地进行，保证会计记录正确、及时、完整的重要作用。

（2）能减少不必要的核算环节和手续，迅速编制财务报表，提高会计核算工作的效率。

（3）可以保证迅速形成财务信息，提高会计核算资料的质量，为小企业的经营管理提供准确的会计信息。

三、会计核算程序的基本模式

在实际工作中，虽然各企业的业务性质不一样，组织规模大小各异，经济业务有繁简之别，选用的会计核算程序不尽相同，但基本模式总是不变的。如图 13-1 所示。

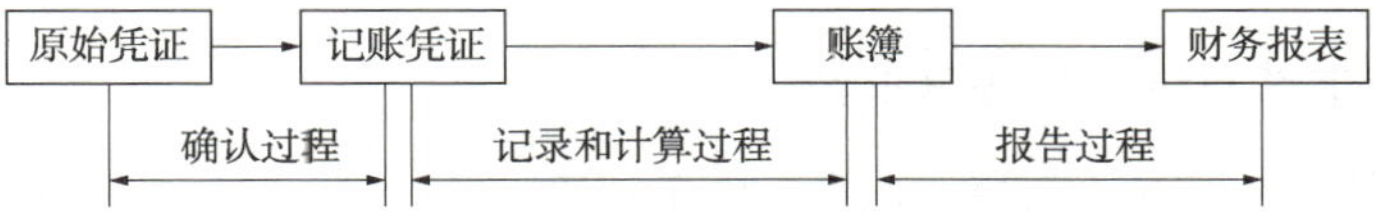

图 13-1 会计核算程序基本模式

首先，在审核分析原始凭证的合法性、合理性的基础上，编制记账凭证，此环节属于对经济业务初步确认的过程。

其次，将审核无误的记账凭证按照同一借贷方向及相等金额过入分类账中，此环节属于记录与计算的过程。

最后，根据账簿中的总账和明细账编制财务报表，反映企业财务状况、经营成果和现金流量的会计信息，此环节属于报告的过程。

四、会计核算程序的种类

会计凭证、会计账簿、财务会计报告是会计核算方法的三个基本环节，它们之间以一定的形式结合，构成一个完整的会计核算工作体系。合理、适用的会计核算程序能及时、准确地反映企业的经济活动情况，提高会计核算的效率。

目前，我国小企业采用的会计核算程序因其登记总账的依据和方法不同，主要有五种：记账凭证核算程序、科目汇总表核算程序、汇总记账凭证核算程序、多栏式日记账核算程序、日记总账核算程序。

其中，记账凭证核算程序是一种最基本的会计核算程序，其他几种会计核算程序都是在此基础上逐步发展变化而成的。在实际工作中，小企业应视其本身的业务性质、规模大小及经济活动的繁简程度正确地选择适应本企业的会计核算程序。

【知识拓展】

会计核算程序

任务二 记账凭证核算程序

【任务描述】

能理解记账凭证核算程序的账簿组织及特点；掌握记账凭证核算程序的优缺点及流

程；会运用记账凭证核算程序完成小型工业企业一个月的会计核算。

【知识准备】

一、记账凭证核算程序的特点

（一）记账凭证核算程序的账簿组织

在记账凭证核算程序下，记账凭证一般采用收款凭证、付款凭证和转账凭证三种格式，也可采用通用记账凭证格式。账簿的设置一般包括现金日记账、银行存款日记账、总分类账和明细分类账。日记账、总分类账一般采用三栏式，明细分类账根据管理上的需要，可采用三栏式、多栏式或数量金额式等不同形式。

（二）记账凭证核算程序的特点

记账凭证会计处理程序的基本特点是直接根据记账凭证逐笔登记总分类账。

（三）记账凭证核算程序的优缺点及适用性

1. 记账凭证会计处理的优点

记账层次清楚，核算程序比较简单，易于理解和掌握，并且在账簿中能比较详细地反映经济业务的来龙去脉，直接反映会计处理的全过程，便于查账。

2. 记账凭证会计处理的缺点

如果企业采用的是手工账，由于登记总账是根据记账凭证逐笔登记的，倘若企业规模大、经济业务量多，则势必造成登记总账的工作量大。

3. 记账凭证会计处理程序的适用范围

一般适用于规模较小、经济业务量较少的企业。

二、记账凭证核算程序的流程

（一）记账凭证核算程序的操作流程

（1）根据原始凭证填制记账凭证。

（2）根据收款凭证、付款凭证逐笔登记现金日记账、银行存款日记账。

（3）根据记账凭证直接逐笔登记总分类账。

（4）根据记账凭证及所附的原始凭证，登记有关明细分类账。

（5）定期将现金日记账、银行存款日记账余额和各种明细分类账余额的合计数分别与总分类账中有关账户的余额进行核对。

（6）期末，根据总分类账与有关明细分类账的资料编制财务报表。其操作流程如图13-2所示。

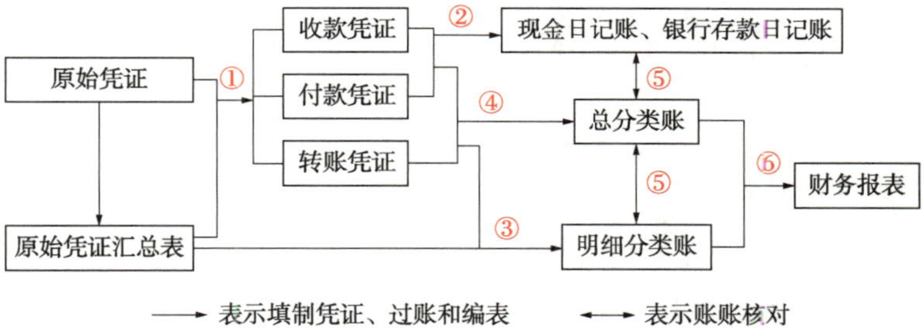

图 13-2 记账凭证核算程序

（二）记账凭证核算程序的操作

【业务一】 采用记账凭证核算程序进行企业业务核算

【业务资料】运用记账凭证核算程序，完成 2023 年 12 月的会计核算，重庆胜利铸件厂有关业务资料如下：

（1）1 日，公司成立，注册资金 100 万元，收到何军投入的 800 000 元，廖正天投入的 200 000 元。

（2）3 日，开出转账支票购进不需安装的设备 180 000 元，增值税额 23 400 元，已经交付使用。

（3）4 日，购进甲材料 30 000 元，材料增值税额 3 900 元，甲材料已经验收入库，货款采用电汇的方式，已经付款。

（4）6 日，购进乙材料 50 000 元，材料增值税额 6 500 元，对方代垫运费 2 000 元，运费增值税额 180 元，乙材料已经验收入库，货款暂欠。

（5）7 日，领用甲材料 12 000 元和乙材料 24 000 元，生产 A 产品。

（6）7 日，开出现金支票取得备用金 8 000 元。

（7）8 日，销售部人员报销差旅费 540 元，出纳审核后现金付讫。

（8）9 日，财务部用现金购买凭证、账簿等办公用品 478 元。

（9）10 日，向银行借入短期借款 100 000 元，月利率 0.75%，期限 5 个月，每月付息，到期还本。

（10）11 日，领用甲材料 10 000 元，乙材料 20 000 元，生产 A 产品。

（11）12 日，购进甲材料 84 000 元，乙材料 151 000 元，材料增值税额 30 550 元，对方代垫运费 15 000 元，运费增值税额 1 350 元，材料已经验收入库，开出银行承兑汇票一张。

（12）15 日，销售 A 产品，售价 65 000 元，增值税额 8 450 元，产品已经发出，货款已经收存银行。

（13）16 日，开出转账支票购买修理车间设备的零配件 3 000 元，增值税额 390 元。

（14）20 日，开出转账支票支付本月电费 5 600 元，增值税额 728 元，其中，车间 4 000 元,行政部 1 600 元。

(15) 20 日，开出支票支付广告费 34 000 元。

(16) 21 日，销售 A 产品，售价 78 000 元，增值税额 10 140 元，产品已经发出，货款暂欠。

(17) 22 日，支付前欠货款 60 720 元。

(18) 31 日，计提本月工资，其中工人工资 26 000 元，车间管理人员工资 4 600 元，销售人员工资 13 200 元，管理人员工资 25 800 元。

(19) 31 日，分配制造费用 11 600 元，该公司只生产 A 产品。

(20) 31 日，A 产品全部完工入库 103 600 元。

(21) 31 日，结转已售 A 产品成本 76 500 元。

(22) 31 日，本月销项税额 18 590 元，进项税额 66 998 元，结转本月多交增值税额 48 408元。

(23) 31 日，按利润总额计算本月应交的企业所得税，该公司企业所得税税率为 25%。

(24) 31 日，结转本月收入和费用。

【业务分析】根据本月资料，编制通用记账凭证；根据记账凭证登记总账；编制资产负债表和利润表。

【业务流程及核算】

(1) 会计人员根据资料，编制通用记账凭证。(略)

(2) 会计人员根据记账凭证直接登记总账。(略)

(3) 会计人员编制资产负债表和利润表。(略)

任务三　科目汇总表核算程序

【任务描述】

能理解科目汇总表核算程序的账簿组织及特点；掌握科目汇总表核算程序的优缺点及流程；会编制科目汇总表；会运用科目汇总表核算程序完成小型工业企业一个月的会计核算。

【知识准备】

一、科目汇总表核算程序的特点

(一) 科目汇总表核算程序的账簿组织

在科目汇总表核算程序下，会计凭证、会计账簿、财务会计报告，它们之间的结合形式、账簿组织与记账凭证核算程序大体一样，唯独多一张科目汇总表。科目汇总表是指不考虑账户的对应关系，定期将全部记账凭证涉及的每一账户的借方、贷方发生额予以分类汇总，据以登记总账的一览表。

（二）科目汇总表核算程序的特点

科目汇总表核算程序的基本特点是定期根据记账凭证编制科目汇总表，然后根据科目汇总表登记总账。

（三）科目汇总表核算程序的优缺点及适用性

1. 科目汇总表核算程序的优点

（1）根据科目汇总表登记总账，大大减轻了手工账登记总账的工作量。

（2）科目汇总表本身能对所编制的记账凭证起到试算平衡的作用，及时发现记账过程中的差错，可以保证会计核算资料的质量。

2. 科目汇总表核算程序的缺点

由于科目汇总表本身只反映各科目的借、贷方发生额，无法表明账户之间的对应关系，因而不便于对企业的经济活动进行分析和检查。

3. 科目汇总表核算程序的适用范围

适用于规模较大、经济业务量较多的大中型企业。

二、科目汇总表核算程序的流程

（一）科目汇总表核算程序的操作流程

（1）根据原始凭证填制记账凭证。

（2）根据收款凭证、付款凭证逐笔登记现金日记账、银行存款日记账。

（3）根据记账凭证及所附原始凭证逐笔登记各种明细分类账。

（4）根据记账凭证定期编制科目汇总表。

（5）根据科目汇总表汇总登记总分类账。

（6）定期将现金日记账、银行存款日记账余额以及各种明细分类账余额合计数分别与总分类账户余额核对。

（7）期末，根据总分类账和有关明细分类账的记录编制财务报表。其操作流程如图13-3所示。

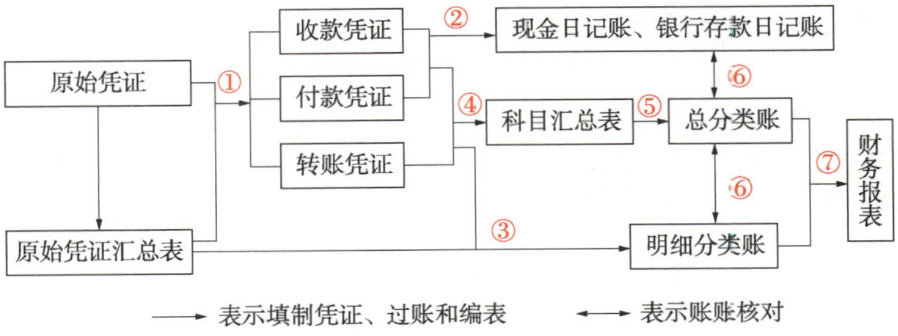

图13-3 科目汇总表核算程序

（二）科目汇总表核算程序的操作

【业务一】 采用科目汇总表核算程序进行企业业务核算

【业务资料】利用重庆胜利铸件厂在记账凭证核算程序的资料，每半月编制一张科目汇总表，采用科目汇总表核算程序完成2023年12月的会计核算。

【业务分析】根据本月资料，编制通用记账凭证；编制科目汇总表；根据科目汇总表登记总账；编制资产负债表和利润表。

【业务流程及核算】

（1）会计人员编制通用记账凭证。（略）

（2）会计人员根据记账凭证编制科目汇总表，如表13-1、表13-2所示。

表13-1 科目汇总表

2023年12月1日至15日　　　　汇字第1号

科目名称	记账凭证起止号数	借方发生额	贷方发生额	账页
库存现金		8 000	1 018	
银行存款		1 173 450	245 700	
原材料		332 000	66 000	
生产成本		66 000		
固定资产		180 000		
短期借款			100 000	
应付票据			281 900	
应付账款			58 680	
应交税费		65 880	8 450	
实收资本			1 000 000	
销售费用		540		
管理费用		478		
主营业务收入			65 000	
合计		1 826 348	1 826 348	

会计主管：侯　耀　　记账：　　复核：魏小小　　制表人：游　飞

表13-2 科目汇总表

2023年12月16日至31日　　　　汇字第2号

科目名称	记账凭证起止号数	借方发生额	贷方发生额	账页
银行存款			104 438	
应收账款		88 140		
制造费用		11 600	11 600	
生产成本		37 600	103 600	
库存商品		103 600	76 500	

续表

科目名称	记账凭证起止号数	借方发生额	贷方发生额	账页
应付职工薪酬			69 600	
应付账款		60 720		
应交税费		49 526	58 548	
主营业务成本		76 500	76 500	
销售费用		47 200	47 740	
管理费用		27 400	27 878	
主营业务收入		143 000	78 000	
本年利润		152 118	143 000	
合计		787 404	787 404	

会计主管：侯　耀　　　　记账：　　　　复核：魏小小　　　　制表人：游　飞

（3）会计人员根据科目汇总表登记总账，如图 13-4、图 13-5 所示。

总 分 类 账

总第 98 页　分第 1 页

2023 年 度　　会计科目及编号：库存现金

2023年 月	日	凭证号数 种类	号数	摘要	对方科目	借方	√	贷方	√	借或贷	余额	√
12	15	汇	1	12月1日至15日汇总过入		800000		101800		借	698800	

图 13-4　总分类账

总 分 类 账

总第 99 页　分第 1 页

2023 年 度　　会计科目及编号：银行存款

2023年 月	日	凭证号数 种类	号数	摘要	对方科目	借方	√	贷方	√	借或贷	余额	√
12	15	汇	1	12月1日至15日汇总过入		117345000		24570000		借	92775000	
12	31	汇	2	12月16日至31日汇总过入				10443800		借	82331800	

图 13-5　总分类账

（4）会计人员编制资产负债表和利润表。（略）

【做一做】

根据重庆胜利铸件厂 2023 年 12 月有关业务资料（见任务二中的［业务一］）：

1. 采用记账凭证核算程序，完成重庆胜利铸件厂 2023 年 12 月，填制记账凭证，登记总账账簿，编制资产负债表和利润表的整套会计核算。

2. 采用科目汇总表核算程序，完成重庆胜利铸件厂 2023 年 12 月，填制记账凭证，编制科目汇总表，登记总账账簿，编制资产负债表和利润表的整套会计核算。